Walter Mostert
Jesus Christus – Anfänger und Vollender der Kirche

TVZ

Walter Mostert

Jesus Christus –
Anfänger und Vollender der Kirche

Eine evangelische Lehre von der Kirche

Herausgegeben von
Jan Bauke-Ruegg, Peter Koller, Christian Möller und
Harald Weinacht
auf Grund des Manuskripts einer Vorlesung über
»Kirche, Taufe, Abendmahl
(Ekklesiologie und Sakramentenlehre)«,
die Prof. Dr. Walter Mostert im WS 1993/94 an der
Theologischen Fakultät der Universität Zürich hielt.

T V Z
Theologischer Verlag Zürich

Gedruckt mit freundlicher Unterstützung der Emil Brunner-Stiftung Zürich in Verbindung mit der evangelisch-reformierten Landeskirche des Kantons Zürich und des Zürcher Universitätsvereins.

Die Deutsche Bibliothek – Bibliografische Einheitsaufnahme

Die Deutsche Bibliothek verzeichnet diese Publikation in der Deutschen Nationalbibliografie; detaillierte bibliografische Daten sind im Internet über <http://dnb.ddb.de> abrufbar.

Umschlaggestaltung
www.gapa.ch gataric, ackermann und partner, Zürich

Druck
ROSCH-BUCH, Scheßlitz

2. Auflage 2007
ISBN 3-978-3-290-17375-3
© 2006 Theologischer Verlag Zürich
www.tvz-verlag.ch

.

INHALT

Vorwort

Im Sommer 1994 wurden Walter Mostert und ich von zwei unserer Promovenden zu einer dreitägigen Wanderung in den Solling, nahe bei Göttingen, eingeladen. Auf dieser Wanderung war es ein Erlebnis zuzuhören, wie Walter Mostert vor Ideen nur so sprühte, welche Geistesblitze von ihm ausgingen, was für Pläne zum Schreiben ihn bewegten. Eine Christologie sei nicht nur gedanklich in seinem Kopf fertig, sondern als Vorlesung schon gehalten, eine Christologie, in der er die gegenwärtig relevanten theologischen Themen in der Frage, wer Jesus Christus für uns heute ist, konzentrieren wolle. Eine Fundamentaltheologie schwebe ihm auch vor, die er als Vorlesung ebenso bereits entfaltet habe.

Wir wanderten mit an der Seite eines Theologen, der drauf und dran war, die Ernte einer über dreißigjährigen theologischen Forschung und einer fast zwanzigjährigen Lehrtätigkeit an der Theologischen Fakultät der Universität Zürich einzubringen. Ganz zum Schluss erwähnte er noch nebenbei, dass er am kommenden Montag zum Arzt gebeten sei, um sich über einen merkwürdigen Befund in seinem Blut informieren zu lassen.

Ein halbes Jahr später, am 4. März 1995, starb Walter Mostert im Alter von 58 Jahren an Leukämie. Die Theologische Fakultät in Zürich hatte einen beliebten Kollegen verloren, von dessen verlässlichem Denken so mancher weit über Zürich hinaus profitiert hatte. Im Nachruf auf seinen Schüler schrieb Gerhard Ebeling: »Je mehr wir uns in das Erbe vertiefen, das uns Walter Mostert hinterlassen hat, desto mehr werden wir Anteil bekommen an der – ich möchte sagen – Inbrunst, mit der er nach dem Wesen der Theologie gefragt und sich dieser Aufgabe hingegeben hat.« Ebeling spielte damit nicht nur auf Mosterts Dissertation über »Sinn oder Gewissheit. Versuche zu einer theologischen Kritik des dogmatistischen Denkens«, Tübingen 1976, und auf seine Habilitation über »Menschwerdung. Eine historische und dogmatische Untersuchung über das Motiv der Inkarnation des Gottessohnes bei Thomas von Aquin«, Tübingen 1978, und auf die Aufsätze an, die in einem Nachlassband über »Glaube und Hermeneutik«, Tübingen 1998, herausgegeben wurden. Er spielte ebenso auf »eine Aufarbeitung seines handschriftlichen Vorlesungsnachlasses« an, »der noch zu Entdeckungen führen könne«.

Diese Andeutung ließ mich nicht mehr ruhen, bis ich nicht wenigstens partiell Einblick in den Vorlesungsnachlass Walter Mosterts bekam, den mir Pfarrer Dr. Peter Koller freundlicherweise gewährte, indem er mir eine Kopie der im Wintersemester 1993/94 gehaltenen Vorlesung über »Kirche, Taufe, Abendmahl (Ekklesiologie und Sakramentenlehre)« überließ. Erst langsam buchstabierend, dann immer flüssiger lesend, bekam ich Einblick in ein Vorlesungsmanuskript, das Wort für Wort in einer gleichmäßigen, fast gestochenen Handschrift ausformuliert ist und Kenntnis gibt von einem leidenschaftlichen Ringen um die Wahrheit dessen, was Kirche, Gottesdienst, Predigt und Abendmahl ist. Ich gewann den Eindruck, daß seit Dietrich Bonhoeffers Dissertation »Sanctorum Communio« Christologie und Ekklesiologie nicht mehr so konzentriert und pointiert zusammengedacht worden sind wie hier.

Freilich erging es Mostert wie vielen seiner Kollegen, dass ihm die vierstündige Vorlesung im Wintersemester für alle Aspekte, die er sich vorgenommen hatte, nicht ausreichte, so dass er zum Thema »Taufe« nicht mehr kam. So gab mir Dr. Koller freundlicherweise noch zwei Manuskripte mit Predigten, in denen Walter Mostert 1964 und 1988 die Wahrheit der Taufe entfaltet hat.

Als ich mir beim Entziffern der Vorlesungs- und der Predigtmanuskripte immer wieder unsicher wurde, ob ich den genauen Wortlaut getroffen hatte, fragte ich bei Walter Mosterts ehemaligem Assistenten, Jan Bauke-Rüegg in Zürich, an, ob er zum Gegenlesen und Korrigieren meiner Entzifferung bereit sei. Es kam zu einer beglückenden, über viele Monate dauernden Zusammenarbeit, die mich verstehen ließ, warum eine Wahrheit ebenso wie eine Rekonstruktion auf zweier Zeugen Mund beruhen sollte. Schliesslich kam noch Pastor Dr. Harald Weinacht aus Bremen dazu, der sich die Mühe machte, alle Zitate aus Mosterts Vorlesung zu verifizieren und die lateinischen wie griechischen Texte zu übersetzen. Dr. Koller übernahm die Endkorrektur. Dafür sei ihm besonders gedankt.

Die gemeinsame Arbeit und das gemeinsame Gespräch machten uns immer gewisser darin, dass Walter Mosterts theologisches Ringen um Wahrheit, wie es in seiner Vorlesung deutlich wird, mehr denn je heute gebraucht wird angesichts theologischer und kirchlicher Unsicherheit darüber, was Kirche, Gottesdienst, Predigt, Abendmahl und Taufe seien. Ein Pastoralkolleg mit Schweizer Pfarrern, unter denen auch ehemalige Vorlesungshörer von Walter Mostert waren, bestärkten uns in unserem Vorhaben, mit der Veröffentlichung dieser Vorlesung über »Jesus Christus – Anfänger und Vollender der Kirche« zu beginnen. Zwei seiner ehemaligen Hörer waren bereit, die Atmosphäre von Mosterts Vorlesung aus der Erinnerung zu beschreiben. Dafür sei ihnen an dieser Stelle herzlich gedankt.

Der TVZ-Verlag Zürich nahm diese Veröffentlichung in sein Verlagsprogramm 2006 auf. Wir danken allen, die mit ihren Druckkostenzuschüssen geholfen haben, dass diese Veröffentlichung anlässlich des 70. Geburtstages von Walter Mostert am 10. Juni 2006 möglich wurde. Besonders danken wir der Emil Brunner-Stiftung Zürich und dem Zürcher Universitätsverein für die freundliche und großzügige Unterstützung.

Heidelberg, Zürich, Bremen zu Epiphanias 2006
Jan Bauke-Ruegg, Zürich
Peter Koller, Zürich
Christian Möller, Heidelberg
Harald Weinacht, Bremen

Erinnerungen an Walter Mostert

(Eine Schweizer Hörerstimme)
Wir sind in Forch (ZH) aufgewachsen. Nach der Primarschule sind wir beide nach Zürich aufs Gymnasium gekommen. Das bedingte unzählige Fahrten mit einer kleinen Vorortsbahn, der Forchbahn. Viele Pendler fuhren mit uns den Weg hin und zurück. Und wie das so ist, es gibt Menschen, die fallen einem auf, denen schaut man nach, die machen einen neugierig. Walter Mostert war so ein Mensch. Obwohl wir beide nicht immer zu den gleichen Zeiten mit der Forchbahn fuhren, fiel er uns gleichermassen auf. An der Station Zollikerberg stieg er ein mit seiner Mappe. Im Sommer trug er ein Jackett, im Winter eine Parka. Er nahm Platz, packte seine Neue Zürcher Zeitung (NZZ) aus und las. Manchmal sass er auch einfach da und dachte. Als Gymnasiasten nahmen wir vor allem seinen Gesichtsausdruck, seine Gestalt, wahr. Er schien immer tief versunken, denkend. Er schien immerfort an etwas ganz Wichtigem herumzudenken. Sein Gang machte einen fast schwebenden Eindruck. Ein weltfremder Denker?

Wie staunten wir einige Jahre später, als wir ihm, nun in anderer Umgebung, wiederbegegneten: als Theologieprofessor, der uns, inzwischen Theologiestudenten, im Hörsaal Vorlesungen hielt. Er las in einem kleinen Hörsaal. Vor sich hatte er eine überschaubare Hörerschaft.

Sah man ihn vor der Vorlesung, wie er das Zimmer betrat und seine Papiere aus der Mappe holte, so konnte man denselben Eindruck gewinnen wie früher in der Forchbahn.

Doch kaum stand er vorne und begann mit seiner Vorlesung, nahm er einen mit in ein ganz intensives, aufrichtiges Ringen und Nachdenken über die Frage nach unserem Sein vor Gott. Er sprach mit leiser Stimme. Oft wanderte er im Zimmer hin und her. Solange er dozierte, war ein Blickkontakt mit uns Hörenden selten.

Voller Ernst entfaltete er vor uns seine Gedanken. In ihm brannte eine Leidenschaft für die Sache. Sie war gepaart mit einer Bescheidenheit, die stets das Nachdenken über die Sache und nicht sein immenses Wissen in den Vordergrund stellte. Querverweise zu anderen Theologen und Denkern dienten nie dem Hervorheben seines eigenen Wissens, sondern der Klärung.

Er verstand es, eindringlich, aber niemals aufdringlich, wesentliche Fragen unserer Zeit auf den Punkt zu bringen. Es war seine Stärke, komplizierte Sachverhalte zum Schluss mit wenigen Worten zu bündeln, ohne sie zu vereinfachen – Sätze, die einen auch Jahre später bewegen und zum Weiterdenken herausfordern.

Hätte man von außen in seine Vorlesungen hineingeschaut, so hätte es vielleicht scheinen können, als rede er über die Köpfe seiner Hörenden hinweg. Doch er kannte die Gesichter seiner Hörer. Und für sie schrieb er seine Vorlesungen. Sie hatte er vor Augen, wenn er seine Vorlesungen vorbereitete. Dabei lag es ihm fern, seinen Hörenden zur Gefälligkeit zu reden. Er wollte sie nicht umgarnen. Sondern ihm ging es darum, sie für die Sache zu gewinnen. Er liess sich gerne unterbrechen, um Fragen zu klären oder einen Gedankengang nochmals mit anderen Worten oder Beispielen darzulegen.

Als Hörende spürten wir: Das, was er in seinen Vorlesungen entfaltete, lebte er auch selber. Das machte seine Aufrichtigkeit aus. Wir erlebten ihn als Menschen, der mit beiden Füssen fest auf dem Boden stand und sich so glaubwürdig und glaubend den Fragen und Herausforderungen unserer Zeit stellte.

Corinna und Beat Junger-Goehrke,
Affeltrangen

Erinnerungen an ein Wintersemester mit Walter Mostert

(Eine deutsche Hörerstimme)
Nach meiner Zeit in Bonn und Heidelberg habe ich meine theologischen
Semester in Zürich fortgesetzt. Unter anderem belegte ich dort eine Vorlesung bei dem Systematiker Walter Mostert. Dieser Name war mir im
bisherigen Studium nicht begegnet. Erst in den letzten Heidelberger
Wochen, als ich von meinem beabsichtigten Wechsel nach Zürich er-
zählte, hörte ich diesen Namen zum ersten Mal. Walter Mostert führe in
die Tiefe des Denkens, gab mir ein Heidelberger Professor mit auf den
Weg. Ich habe diese Bemerkung keineswegs als kurpfälzisches Defizit
aufgefasst, sondern schlichtweg als eidgenössische Verheißung.

So saß ich zu Beginn des Wintersemesters 1990/1991 gespannt in einem kleineren Hörsaal unweit des Lichthofs der Zürcher Universität.
Der Titel der vierstündigen Vorlesung lautete: »Fundamentaltheologie.
Wesen und Aufgabe der Theologie im christlichen Glauben«. Viel zu
sehen gab es nicht. Viel zu hören gab es gewiss.

Walter Mosterts Auftritt ist unaufdringlich, ohne Allüre und Attitüde.
Unaufgeregt treibt alles zur Sache. Im Ringen um die Wahrhaftigkeit des
theologischen Denkens gibt es anscheinend keine Unterschiede zwischen
Katheder und Hörsaal. Auch er selbst sei nach wie vor Student, vielleicht
mit dem Unterschied, dass er bereits mehr Lebenszeit zur Lektüre ge-
habt habe, äußerte Walter Mostert einmal. Die rund zwanzig Hörer und
Hörerinnen sitzen nicht wie in einer Lehrveranstaltung im üblichen Sinn.
Die Atmosphäre ist nicht einfach belehrend. Es gibt kein Skript, keine
Literaturliste, kein Tafelbild. Die Vorlesung setzt nichts voraus, und sie
setzt nichts vor. Sie treibt zur gedanklichen Mitte. Wer davon bewegt ist,
der hat bereits alles und braucht nichts Sekundäres. Mit weniger als dem
einfachen Denken gibt sich die Vorlesung nicht zufrieden. Aber es ist
nicht Ehrgeiz und Gedankenkunst, die Walter Mostert vorantreiben. Er
wirkt nicht wie ein Autor, der sich und anderes produziert, vielmehr wie
ein Auditor, der empfängt und bedenkt. Hier ist das eigene Leben mit
der Sache der Theologie verwoben. Und in dieses unablässige Treiben
und Verweben lädt die Vorlesung ein.

Beeindruckt haben mich vor allem jene Momente, in denen Walter
Mostert sich nicht scheute, an eigenen Erfahrungen einen Gedankengang
zu entwickeln. Es wurde persönlich, aber nicht privat. An Farbe gewann
vor allem die Theologie, die darin aufleuchtete, dem Menschen ein erstes
und ein letztes Wort zu bewahren. Als bevorzugter Referenztext dafür
diente das siebte Römerbrief-Kapitel. Etwas von Walter Mosterts theo-

logischem Lebensthema klang auf, wenn sich hier das menschliche Ich gleichermaßen verliert und gewinnt.

Nun verlief die Vorlesung trotz ihrer Sachlichkeit keineswegs papieren trocken. Zur Verlässlichkeit des Denkens, mit der Walter Mostert charakterisiert wurde,[1] gesellt sich der Witz des Gedankens. Manchmal ließ es sich schmunzeln, wenn ein einleuchtendes Wort auf die scheinbare Normalität des Lebens traf – oder auf die der Kirche oder der Universität. Die scharfsichtige Beobachtung hatte ihren eigenen Witz, so dass nicht der bloße Intellekt, sondern zuweilen ein lachendes Nachdenken den Hörsaal erfüllte. Walter Mostert zeichnete ein stiller, wissender Humor aus. Auch ironisch, aber niemals zynisch, so eine Bemerkung, dürfe ein Theologe sein. Einmal ließ er einen von ihm geschätzten, klerikal gefärbten Witz die Runde machen. Und gewisse Anekdoten aus Gesprächen und von Reiseerlebnissen veranschaulichten den Vorlesungsstoff.

Als eine Gastwirtschaft am Bellevue, einem Zürcher Platz, der an dem morgendlichen Fußweg lag, sich mit einer neuen Werbezeile dekoriert hatte, konnte Walter Mostert davon aufmerksam erzählen. Denn hinter dem Wortspiel T(r)ankstelle ließ sich jene menschliche Selbstverstrickung erahnen, die das theologische und das auch dichterische Wort offen zu legen versucht. Alle Kräfte, die das Leben verrechnen, mechanisieren und auf Produktionsabläufe reduzieren, machten Walter Mostert auf eine tiefe Weise nachdenklich, nahezu traurig. Auch hier, im Affekt des Gemüts, zeigte sich die Verwobenheit mit der Sache.

Grundsätzlich hatte die Vorlesung längere Lesephasen. Walter Mostert konzentrierte sich auf sein Manuskript. Wiederholt tauchten biblische Bezüge auf, vor allem paulinische und johanneische Texte. Von ihnen her und auf sie zu verlief der Gedankengang.

Die größte Kraft entfaltete die Vorlesung, wenn sich Walter Mostert vom Manuskript löste und einen Gesichtspunkt in freier Rede vorantrieb. Häufig verließ er dabei das Pult, wandte sich dem Fenster zu und blickte aus dem Hörsaal ins Freie. Irgendwie rückte man als Hörer in den Hintergrund und nahm nolens volens an einem Gedankengespräch teil. Doch man spürte, wie sich die Mitte der Sache noch enger mit allen verband, hier im Sprechen und dort im Hören. Jedenfalls gerieten wir in der Bankreihe in ein beachtliches Aufmerken und nannten diese Momente ehrfürchtig respektlos Meditationen am Fensterbrett.

---

1 Hans Weder: Neutestamentliche Hermeneutik, Zürich 1989, 2. Auflage, S. 6.

Daneben gab es Abschnitte, die Walter Mostert selbst Meditationen nannte. Es waren Auslegungen zu biblischen Texten, die sehr dicht formuliert waren. Ich empfand sie beim Hören nicht sonderlich anders gestaltet als die sonstige Vorlesung. Mir fiel jedoch auf, dass hier Walter Mostert eindringlicher sprach und mit der Sache noch verstrickter war. Manchmal schien es mir, dass die Worte unserer Sprache gar nicht genug Ausdruck vorhielten für das, was Walter Mostert bewegte. Am Ende des siebten Römerbrief-Kapitels schlägt die Rede des Paulus ins Doxologische um. Die Kehre der Sprache schenkt dem Leben die Einkehr in die sich austeilende Fülle Gottes. Diesen Weg schienen mir die Worte Walter Mosterts zu suchen und zu beschreiten. Ein Wintersemester hindurch durfte ich Anteil haben an diesem Weg.

Johannes Block, Leipzig

Die Vorlesung

§ 1: ZUR THEMATIK

[a) Vorbemerkungen]

a) In diesen Vorbemerkungen sollen einige Umstände und Bedingungen genannt werden, die bei der Behandlung des Themas eine Rolle spielen. Aber diese Vorbemerkungen stehen eigentlich schon mitten in der Sache; sie sind aus der Sache des Themas heraus formuliert. Wenn ich im Folgenden das Stichwort Kirche allein gebrauche, so sind darin die Sakramente, Taufe und Abendmahl, eingeschlossen – ich spreche so, um eine gewisse Umständlichkeit zu vermeiden.

[Die Kirche ist da]
Wir wissen und leben so, daß es die Kirche gibt. Wir sind wahrscheinlich Mitglieder der Kirche; wir wirken in ihr, wir haben vielleicht ein Amt, und wenn das zutrifft, so verwalten wir Predigt und Sakrament. Wir sehen die Kirche, wir erfahren sie empirisch: als Gebäude, als Pfarrer, als Kirchenpflege und Synode, als Kirchenrat oder als Bischof, es gibt sogar Oberkirchenräte, es gibt Kardinäle und Patriarchen und Metropoliten, einen Papst mit einer Kurie, den Ökumenischen Rat usw. Es gibt Basisgemeinden in Südamerika und verschiedene Gruppen in der Kirche, es gibt Mönche und Nonnen, auch evangelische.

Also: Die Kirche ist da, auf verschiedenen Ebenen, in Strukturen, in Makro- und Mikrostrukturen, von Bibellesekreisen, Frauengebetskreisen bis zu Vollversammlungen des Ökumenischen Rates und einem geheimen Konsistorium im Vatikan. Ich habe Ihnen eine Reihe von Beispielen sichtbarer, empirischer Kirche genannt, Manifestationen dessen, daß die Kirche da ist, daß sie existiert, ganz analog wie ein Kegelklub existiert, die Kantonsregierung, die SBB [Schweizer Bundesbahn] oder, horribile dictu, die Kommission der Europäischen Gemeinschaft in Brüssel. Die Kirche ist als Ortsgemeinde da und zugleich als eine die ganze Welt umspannende Infrastruktur und Organisation. Innerhalb dieser Kirche geschieht ungeheuer viel: Es geschieht zunächst, daß es diese Kirche nur als viele, konfessionell getrennte Kirchen gibt, daß | 2 diese konfessionelle Trennung auf der einen Seite in der ökumenischen Bewegung überwunden werden soll, daß anderseits für viele, besonders junge Menschen, die Trennung gar nicht mehr existiert; sie wird einfach nicht mehr wahrgenommen. In dieser Kirche geschieht ungeheuer viel: Die einen wollen sie vom Staat trennen, die anderen sind dagegen. Die einen sind ethisch liberal, die anderen rigoros. Die einen sind für eine kirchliche Militärseelsorge, die anderen dagegen.

Also: Die Kirche wirkt vielfältig, sie bewegt sich und etwas. Anderseits: Die Kirche nimmt unentwegt ab, und zwar auf zweierlei Weise: Viele Menschen verlassen sie, und viele Menschen, die in ihr bleiben, sind religiös, ideologisch so unentschieden, daß man kaum noch den Singular »Die Kirche« gebrauchen kann. Wenn man das tut, wenn man heute »Die Kirche« sagt, so hat das nicht mehr den neutestamentlichen Sinn der Einheit des Glaubens, also der Einheit der Gemeinschaft mit Jesus Christus, sondern kann es nur noch die Einheit der Infrastruktur oder die Einheit des Dachverbandes meinen: Verschiedenste, gegensätzliche Gruppen und Stränge benutzen die gleiche Infrastruktur, lassen sich von der gleichen Organisation bestimmen; aber auf einer geistlichen, religiösen Ebene ist die Einheit *der* Kirche kaum noch feststellbar.

Die Kirche ist also da, es gibt sie, sie ist medienpräsent wie nie zuvor, sie nimmt Stellung zu all und jedem auf all und jede denkbare Weise, ja, so nennt man das heute, mischt sich ein, oder auch nicht, und zugleich schwindet sie auf geheimnisvolle – oder vielleicht doch gar nicht geheimnisvolle, vielmehr sehr wohl erklärbare – Weise dahin – diese merkwürdige Parallele zwischen hektischer politischer, sozialer, ethischer Betriebsamkeit der Kirche und ihrem Schwund, dem Kirchenschwund, wird uns noch sehr beschäftigen; ebenso auch die Parallele zwischen der neureligiösen Betriebsamkeit der Kirche und ihrem Schwund. Ich wollte mit diesen Bemerkungen nicht Zeter und Mordio schreien; das ist ohnehin zwecklos und vielleicht auch unchristlich, sondern zwei mitten in unsere Thematik greifende Fragen zur Disposition stellen:

1. [Was ist überhaupt Kirche?]
Obwohl die Kirche wirkt und präsent ist, auf eine auch ihr selbst problematische Weise, obwohl es sie so sichtbar gibt, ist die Frage: Was ist denn die Kirche überhaupt?

Warum ist | 3 überhaupt Kirche und [wieso gibt es] nicht vielmehr bloß religiöse Clubs oder handlungsorientierte Parteiungen? Die Frage also, was denn Kirche überhaupt ist, welches ihr Wesen und ihre wahre Erscheinung ist, sie wird durch die Art und Weise, wie die Kirche heute wirklich ist, wie sie wirkt und erscheint, nicht etwa beantwortet, sondern vehement gestellt. Diese Frage: Was ist denn Kirche? Was ist ihr Wesen, wie erscheint sie wahrhaft als Kirche – das ist die Frage, der wir in dieser Vorlesung, wie es sich für eine theologische und dogmatische Lehrveranstaltung schickt, nachdenken wollen.

[2. Sekundäre Institutionen]
Dazu hilft uns schon Frage 2: Die Phänomene, die ich so plakativ und unvollständig aufzeichnete, also wie die Kirche heute erscheint, sind das, was man in der Soziologie sekundäre Institutionen nennt. Sekundäre Institutionen sind solche, die zu einem sozialen Gebilde gehören, mehr oder weniger, die aber ihr Wesen nicht selbst und eigens darstellen. So gehört etwa zu dem Haushalt einer Familie, wenn sie nicht gerade steinreich ist, ein Haushaltsbudget – in welchem die Ausgaben vom Frühstücksmüsli bis zum Taschengeld für Sohn und Tochter budgetiert werden und mit dem Familieneinkommen in Übereinstimmung gebracht werden. Aber das Budget gehört zum Familienhaushalt, spiegelt aber dessen Wesen selbst nicht wieder, schon darum, weil es ihm nicht spezifisch ist: Ein Budget hat auch der Kegelclub, die Kirchgemeinde, die Stadt Zürich – hier ist es zumindest aus den Fugen – und das Olympische Komitee.

[Primäre Institutionen]
Was aber ist die primäre Institution? Sie ist diejenige Institution, in der sich das Wesen, der Zweck einer Gemeinschaft selbst und eigens manifestiert. Für die Kirche ist die primäre Institution, die ich bei der Aufzählung ihrer Phänomene bewußt nicht genannt habe, natürlich das, um dessentwillen es die Kirche überhaupt gibt, nämlich der Gottesdienst im weiten Sinn, als Predigt und Sakrament im präzisen Sinn der primären Institutionen der Kirche, als Dienst im Alltag am Nächsten und an der Schöpfung, sozusagen als primäre Institutionen im weiten Sinn. | 4
   Unsere Frage also: Was ist denn überhaupt die Kirche? Woher kommt sie? Wozu ist sie da? Was ist ihr Wesen und Zweck? – diese Frage nimmt Form an, gewinnt Form als Frage nach dem Wesen des christlichen Glaubens überhaupt und nach der primären Institution, in der er Gestalt gewinnt, nämlich dem Gottesdienst im engen und weiten Sinn.
   So zu fragen, das heißt theologisch und dogmatisch fragen; so zu sprechen, heißt theologisch und dogmatisch sprechen. Damit aber begeben wir uns keineswegs in eine akademische, wissenschaftliche Abstraktion, denn wenn wir nach der primären Institution der Kirche fragen, fragen wir ja nach dem Fundament, das die sekundären Institutionen allererst trägt, ohne daß diese baufällig werden, einzustürzen drohen; und das ist ja nicht ohne Aktualität.
Man könnte ja einmal die Frage stellen: Ist die Erscheinung der Kirche in ihren sekundären Institutionen, die heute als Inbegriff des Repertoires der Kirche, ihres Weltbezugs angesehen wird, nicht in Wahrheit abstrakt und daher auch wirkungslos, weil in ihr ja das spezifisch Kirchliche weit-

hin verdeckt ist? Also eine streng theologische, streng dogmatische Besinnung auf das Wesen der Kirche dient gerade der Wirklichkeit der Kirche in der Welt, ihres Dienstes an der Welt, ihrem Sein für die Welt. Das kann sie aber nur leisten, wenn die Kirche weiß, was sie ist und wozu sie ist!

Also wir fragen in dieser Vorlesung: Was ist die Kirche? Woher kommt sie, wem verdankt sie sich, was ist ihr Zweck, ihre Aufgabe, ihr Wesen? Das ist die Frage theologischer, dogmatischer Ekklesiologie.

[Gliederung der Vorlesung]
Aus dem Gesagten ergibt sich die Gliederung des Ganzen: Zunächst sprechen wir allgemein über das Wesen der Kirche. Dann möchte ich einiges, auch praktisch-liturgisch über den Gottesdienst sagen als die Mitte, primäre Institution der Kirche, und die damit zusammenhängenden primären christlichen Lebensäußerungen. Sodann über Taufe und Abendmahl als wesentlichen Phänomenen der primären Institution Kirche; ich werde in diesem Zusammenhang auch über das kontroverse Problem des Sakraments überhaupt sprechen und hier auch die Amtsfrage behandeln, weil sie nach meinem Urteil ihre Wurzel in der Sakramentsfrage hat.

Worauf es mir ankommt, ist nicht, Ihnen einfach Stoff vorzulegen. Das wird natürlich auch geschehen. Es wird aus einer Vorlesung aber nur unter der Bedingung eine theologische, dogmatische Veranstaltung, daß ein zusammenhängender | 5 Gedanke über eine unser eigenes Glaubensverständnis betreffende Sache entwickelt wird – Theologie ist keine Historie, denn ihr Gegenstand ist unser eigenes Glaubensverständnis – und wenn in die Entwicklung dieses Gedankenzusammenhanges der Nächste – das sind in diesem Falle Sie – unabdingbar miteingeschlossen [wird]. Jeder echte theologisch noch so hochgestochene Gedanke ist nur dann theologisch, wenn er zugleich kerygmatisch ist, also Sprechen zum Nächsten wird. Eine unkommunikative Sprache kann es in der Theologie nicht geben; das können Sie an den theologischen Primärtexten sehen, den Schriften des Neuen Testaments – sie sind, besonders Paulus, Johannes, Hebräerbrief, hohe Theologie und zugleich Verkündigung.

[b) Bemerkungen zum dogmatischen Verfahren]

b) Einige sachbezogene Bemerkungen zum dogmatischen Verfahren – zugleich ein Hinweis auf das Wesen und [den] Zweck der Dogmatik:
Ich habe im [vorigen] Abschnitt herauszuarbeiten versucht, daß in der Gegebenheit der Kirche, ihrer faktischen Vorhandenheit, eine große

Versuchung liegt, nämlich ihre Gegebenheit und Vorhandenheit als mehr oder weniger selbstverständlich zu nehmen und dann zu fragen: Was machen wir mit, aus der Kirche? Was hat die Kirche zu machen? Demgegenüber sagte ich: Die primäre Frage ist die Frage: Was ist denn überhaupt Kirche? Denkt man diese Frage durch, dann wird man erkennen, daß die Gegebenheit, Vorhandenheit der Kirche nicht das Selbstverständlichste in der Welt ist. Dann könnte man den skizzierten Gegensatz der beiden Fragen: Was hat Kirche zu machen? Was ist Kirche? so umformulieren: Die primäre Frage ist nicht: Wie besteht die Kirche? Sondern: Wie entsteht überhaupt Kirche? Das ist nicht einfach die historische Frage: Wie ist Kirche im Urchristentum entstanden, so daß sie jetzt einfach da ist? Gewiss ist diese Frage wichtig. Aber die Frage: Wie entsteht Kirche – was ist die ἀρχή (*Anfang, Grund*) der Kirche – ist eine Frage nach ihrem Anfang und zugleich ihrem Grund. Wie entsteht Kirche je und immer? Wie entsteht Kirche heute? Wenn wir also die Vorhandenheit der Kirche ihrer Selbstverständlichkeit entkleiden, so entdecken wir: Die Kirche ist zwar als Institution, Organisation, Infrastruktur oder Dachverband gegeben. Aber gerade innerhalb dessen erhebt sich faktisch die Frage: Wie wird Kirche? Wie entsteht sie? Denkt man so, dann kann man sogar den Gegensatz der | 6 Fragen: ›Wie besteht und wie entsteht Kirche?‹ in gewisser Weise relativieren: Die Kirche besteht, indem sie immer entsteht, indem sie immer wird. Das heißt: Die sekundären Institutionen der Kirchen dürfen immer nur als Raum oder als Instrument für das Primäre verstanden [werden]: Wie wird Kirche innerhalb der Gegebenheit der Institution? Damit haben wir eine wichtige Variation der Frage: Was ist Kirche? Welchen Wesens ist die Kirche? erreicht: Dieser Frage ist nicht die Frage angemessen: Wie besteht Kirche? sondern: Wie entsteht Kirche? Diese Frage ist die fundamentale, und diese Frage ist gerade für das Bestehen der Kirche von entscheidender Bedeutung (Analogie bei Hebr 12,2: ἀρχή *und* τέλος (*Ende, Vollendung*); ἀρχή ist der immerwährende Urheber des Glaubens, nicht bloß sein historischer Anfänger. Das geht ja schon allein daraus hervor, daß Kapitel 11 eine Zeugenreihe genannt wird, die *vor* Jesus gelebt hat).

Nun komme ich dazu, wie angekündigt, etwas zum dogmatischen Verfahren zu sagen. Also zur Frage: Wie verfährt man in der Theologie, um in der Frage: Was ist Kirche? Wie entsteht Kirche? zur Klarheit zu kommen. Wie betreibt man also Theologie? (Das, was ich jetzt am Beispiel der Kirche ausführe, gilt für das theologisch-dogmatische Verfahren generell.) In den Kirchen der Reformation gilt von Anfang an der

Grundsatz, daß als erstes die Bibel es ist, mit und an der theologische Fragen geklärt werden:

[1. Die Bibel als primäre Quelle]
Ich zitiere Ihnen als Beispiel aus dem Kap. 1 der Confessio Helvetica Posterior Bullingers: ... [»Wir glauben und bekennen, daß die kanonischen Schriften der heiligen Propheten und Apostel beider Testamente das wahre Wort Gottes sind, und daß sie aus sich selbst heraus Kraft und Grund genug haben, ohne der Bestätigung durch Menschen zu bedürfen. Denn Gott selbst hat zu den Vätern, Propheten und Aposteln gesprochen und spricht auch jetzt noch zu uns durch die heiligen Schriften. Und in dieser Heiligen Schrift besitzt die ganze Kirche Christi eine vollständige Darstellung dessen, was immer zur rechten Belehrung über den selig machenden Glauben und ein Gott wohlgefälliges Leben gehört.«] Dies gilt nach meinem Urteil auch heute noch, obwohl wir natürlich ein gegenüber damals verändertes Schriftverständnis haben; aber die historisch-kritische Erforschung der Schrift führt, recht verstanden, zu einem besseren, vertiefteren, reicheren Schriftverständnis, wenn die historisch-kritische Schriftauslegung in eine theologisch-geistliche eingebettet wird. Warum nun die Bibel? Darüber könnte man eine eigene Vorlesung halten. Ich sage jetzt knapp: Aus im wesentlichen zwei Gründen: Erstens ist die Bibel das Buch, das auf einzigartige Weise in unendlichen Variationen das Buch vom Kämpfen Gottes um den Menschen ist; vom Kämpfen sage ich, die Form dieses Kampfes ist das Wort, das richtende und verheißende Wort. Es hat die Bibel dieses eine Thema, dies ist die Mitte der Schrift, der Kanon im Kanon: Gottes Ringen um den wahren Menschen. Diese Mitte der Schrift erfüllt sich in Jesus Christus, dem endgültigen Versöhner des Menschen mit Gott; und darum entspricht dem sola scriptura des Schriftprinzips das solus Christus. Dieses ist keine Engführung, sondern die denkbar weiteste Amplifikation. Denn | 7 Jesus Christus steht ja in der Mitte – sachlich – des Kampfes Gottes um den wahren Menschen in der ganzen Geschichte. Schon im Alten Testament wird ja deutlich, daß Jahwes Kampf um die Treue des Bundesvolkes Israel auf die ganze Menschheit ausgedehnt wird, und dieser Zusammenhang wird im Neuen Testament grundsätzlich: In Jesus Christus versöhnte Gott den Kosmos mit sich selbst.

Die Bibel ist also in einzigartiger Weise ein Buch, das den Menschen in allen seinen Erscheinungen auf Gott bezieht. Darum ist auch das reformatorische Schriftprinzip nicht reduktionistisch zu verstehen, d.h. wer es so versteht, daß man nur noch die Schrift liest, also fundamentalistisch, versteht es falsch. Das Schriftprinzip ist hermeneutisch gemeint: So wie Jesus Christus der hermeneutische Schlüssel für die ganze Schrift ist, indem in ihm die Mitte der Schrift als konkreter Mensch erscheint – die Erfüllung von Gottes Ringen um den wahren Menschen –, so ist die Schrift der hermeneutische Schlüssel für die theologische Auslegung des Kosmos, also der menschlichen Ökumene: Immer geht es in der Weltgeschichte – theologisch gesehen – um die Wahrheit des Menschen vor Gott, um die Wahrheit des Gottesverhältnisses, also um das Versöhntsein des Menschen.

In der Anwendung aristotelischer Begriffe aus der Metaphysik könnte man das Schriftprinzip so formulieren: Jesus Christus als Versöhnung des Menschen mit Gott gibt der ὕλη (*Material*) der Schrift die μορφή (*Form*); d.h. die Schrift ist ja ein ungeheures Material, sowohl sprachlich wie auch geschichtlich (kurz erklärt); und diese materia wird durch Jesus Christus geformt, sie gewinnt Gestalt, und zwar so, daß als die Form der Schrift das Ringen Gottes um den wahren Menschen erkennbar wird. Daraus folgt, daß die Schrift unser eigenes theologisches Denken und Erkennen formt, indem sie den Kampf Gottes um den wahren Menschen als den Gegenstand der Theologie offenbart, unser Denken und Handeln auf diese Mitte richtet, lenkt und uns zeigt, daß unsere Wahrheit und Gott das – theologisch gesehen – alles beherrschende Thema unseres Lebens, unseres Daseins und ebenso das Thema der Kosmosgeschichte ist, was auch immer diese alles umfaßt.

Also dies ist der erste Grund dafür, daß wir theologisch immer mit der Schrift denken, συμφιλοσοφοῦμεν ταῖς γραφαῖς (*wir denken mit der Schrift*), unser Denken und Erkennen schriftgemäß orientieren. Das heißt gerade nicht, daß wir fundamentalistisch denken, denn das fundamentalistische Schriftverständnis besteht ja gerade darin, daß es die Schrift nicht aus ihrer Mitte, also aus ihrer forma, versteht, |8 sondern als materia für alles Mögliche (kurz erläutern).[1]

---

[1] Zwischen Manuscript-Blatt 17 und 18 (s. u. S. 59) fand sich, wohl aufgrund einer Fragestunde, folgende Notiz: »Zum Schriftprinzip. Kurzer Rückverweis wegen Fragen
1. Mitte der Schrift: das Gottesverhältnis. Mitte der Schrift = Thema der Schrift, Gegenstand der Schrift, Form der Schrift, durch die das Ganze, die Materie der Schrift, gestaltet. (Rechtfertigungslehre ist nicht das Materialprinzip, sondern das Formalprinzip der Schrift!) Da es um die Wahrheit, Richtigkeit des Gottesverhältnisses geht, ist die Rechtfertigungslehre Formulierung der Mitte der Theologie.

[2. Das Neue Testament]

Nun kommt noch ein zweites hinzu, und das bezieht sich auf das Neue Testament, von dem ja die ganze Schrift erschlossen werden muß. Das Neue Testament ist entstanden als Buch, das Jesus Christus überliefert, das ist sein ganzer Sinn. Für die Theologie ist das Neue Testament nun hermeneutisch, heuristisch wichtig; und jetzt exemplifiziere ich das am Thema Kirche, weil wir im Neuen Testament in das Werden, in das Entstehen des Glaubens und der Kirche Einblick gewinnen. Denn das, was für uns gegeben ist, mit der ganzen Fülle und Last einer riesigen Geschichte, das war ja nicht immer da, und wir sehen im Neuen Testament in seine Entstehung.

Und nun ist folgender Gedanke für das Schriftprinzip wichtig: Wir lesen, theologisch, das Neue Testament nicht als Buch, das uns lehrt, wie einmal die Kirche entstanden ist. Natürlich lesen wir es so, aber das ist eine historische, keine theologische Lektüre. Theologisch lesen wir das

---

Texte vom Neuen Testament, die zentral die Mitte der Schrift formulieren: Röm 14,7–9; 2 Kor 5,15; Gal 2,20. Wurzel: Jesus Christus = reines Gottesverhältnis. Von diesem Texten aus ist die Schrift zu lesen.

2. Wir sehen in der Schrift das Gottesverhältnis, also die Mitte der Schrift, in allen Varianten, bis zum Schrei Jesu am Kreuz in der 9. Stunde: Mk 15,34 (Ps 22,2!). Ein anderes Beispiel: Hiob 14,1–6. Immer geht es um [das] Gottesverhältnis. Man muß die Schrift lesen unter diesem Thema – dann erschließt sie sich wunderbar, und sie erschließt zugleich unser eigenes Leben und unsere eigene Welt. Ist das Gottesverhältnis die Mitte der Schrift, so ist Jesus Christus als wahres Gottesverhältnis die Mitte der Mitte.

3. Dies am Beispiel wiederum eines Textes, 1 Thess 4,13–18. Hier spricht Paulus über die Parusie. Nun könnte man sagen, hier thematisiert Paulus die Endzeit, die eschatologischen Ereignisse: wie sich das im Einzelnen abspielt. Das eigentliche Thema ist das aber nicht, das Thema liegt im σὺν αὐτῷ, V. 14. Es geht Paulus um das Gottesverhältnis der Toten, besonders das Geschick der Toten bei der Parusie. Es geht Paulus also um die Liebe, um sanctorum communio.

4. Die Mitte der Schrift ist aber die Mitte auch unseres Lebens. Das Schriftprinzip fordert sozusagen das Erfahrungsprinzip als Korrelat. Wir lesen die Schrift nicht historisch, sondern theologisch. Die Schrift legt unsere Erfahrung aus – das ist das Ziel unserer Auslegung der Schrift. Martin Luther: Beachte, daß die Kraft der Schrift die ist: Sie wird nicht in den gewandelt, der sie studiert, sondern sie verwandelt den, der sie liebt, in sich und ihre Kräfte. Schol. [Luthers zu] Ps 67,14 [Vulg]. Wer die Schrift so aus ihrer Mitte liest, für den wird sie auch klar.

5. Diese Erfahrung ist die wahre theologische Praxis, also das Gottesverhältnis. Ihr gegenüber ist die Praxis als unser Tun immer ein Sektor, ein Teil der umfassenden Praxis als Erfahrung.«

Neue Testament, wenn wir es lesen als Text dafür, wie Kirche überhaupt immer entsteht, gerade und vor allem dann, wenn sie als geschichtliche Institution schon besteht. Darum wird ja in der Kirche gepredigt, und die Predigt belegt, daß das Neue Testament nicht historisch, sondern theologisch gelesen wird: In der Predigt wird ja innerhalb der bestimmten Kirche so gesprochen, daß Kirche entsteht. Predigt ist ja Dienst am Entstehen von Kirche. D.h.: Das Neue Testament ist, wie schon gesagt, ἀρχή im doppelten Sinn: Wir brauchen es theologisch, wenn wir dem Entstehen von Kirche nachdenken und also auch zur Klärung der Frage, was Kirche ist. Darum bedürfen wir des Neuen Testaments, um die ἀρχή zu wiederholen. Kirche ist immer nur dann, wenn sie Ursprung ist.

Soviel zum Schriftprinzip, also zur Bedeutung der Schrift für das theologische Denken. (Inhaltlich wird sich das im Folgenden zeigen und bewähren.)

[Reformatorische Theologie]
Zur Schrift kommt für die Evangelische Kirche hinzu die hohe Rolle der reformatorischen Theologie als einer Bewegung, welche das theologische Denken gereinigt hat. Die Theologie der Reformation – Bekenntnisschriften – hat natürlich nicht den gleichen Rang wie die Schrift, aber ihre Schriftauslegung ist in außerordentlicher Weise schriftgemäß und theologisch, weil sie die Schrift aus ihrer Mitte begreift. Als Beispiel zitiere ich Ihnen die Zürcher KO ... [Kirchenordnung (von 1967), Art 3 und 4: »Art. 3: Die evangelisch-reformierte Landeskirche des Kantons Zürich besteht auf Grund des Evangeliums von Jesus Christus. Sie führt die von Huldrych Zwingli begonnene und gemäss den Beschlüssen des Zürcher Rates verwirklichte Reformation weiter. Art. 4: Die Landeskirche ist mit ihren Gliedern allein auf das Evangelium von Jesus Christus verpflichtet. Er ist einziger Ursprung und Herr ihres Glaubens, Lehrens und Lebens. Die Landeskirche bekennt dieses Evangelium in Gemeinschaft mit der gesamten christlichen Kirche aller Zeiten. Sie weiß sich verpflichtet, ihre Lehre und Ordnung an dem in der Heiligen Schrift bezeugten Wort Gottes immer wieder zu prüfen und sich von da her im Glauben, in der Hoffnung und in der Liebe stets zu erneuern.«]

[3. Die Tradition der Kirche]
Drittens ist es für das theologische Denken wichtig, über die reformatorische Theologie hinaus überhaupt die reiche theologische und spirituelle Tradition der Kirche zu rezipieren, zumal unser eigenes Denken ja von dieser Tradition stark geprägt ist. In der Tradition werden Erkenntnisse aufbewahrt, die teils verloren und vergessen sind, teils verformt sind, und

zwar Erkenntnisse, die uns selbst und unserer Geschichte dienlich und notwendig sind. Auch unsere Rezeption der Tradition ist theologisch, d.h. wir lesen sie nicht aus antiquarischen |9 Gründen, sondern zur Bereicherung unseres Denkens und Erkennens selbst. Die Voraussetzung dabei ist, daß das aktuelle, gegenwärtige Denken, Erkennen, auch die Emotion und Erfahrung immer auch mit enormen Defiziten, mit Blindheit und Vergessen belastet sind. Wir gehen ja komischerweise immer davon aus, daß wir die Wirklichkeit erkennen, und machen doch immer die Erfahrung, daß dies ganz und gar nicht der Fall ist. So haben viele Menschen, Intellektuelle auch, geglaubt, daß das sozialistisch-utopische Denkmodell ein sachgemäßes, der Welt und der Geschichte entsprechendes Interpretations-Instrument sei, bis es sich zur Erfahrung, zur Konkretion brachte, daß das Gegenteil der Fall ist. D.h. in diesem System ist unendlich viel Erkenntnis über Welt und Geschichte vergessen oder gar ignoriert worden, was z.B. in der Schrift, bei Augustin, Thomas, Luther usw. bereit liegt. Der Traditionsbruch, die Traditionsvergessenheit ist ja auch in der Kirche weit fortgeschritten, weil man die Gegenwart für suffizient und nicht mehr als auf Tradition angewiesen verstand. Ich habe den Eindruck, daß viele Menschen das abgründige Defizit heute empfinden.

[4. Philosophie]
Viertens gehört zum theologischen Denken das Denken selbst, also die Philosophie. Schon darum, weil sie mit der Theologie seit der Alten Kirche eng verschwistert ist. Ich kann darüber nicht viel jetzt sagen, will es folgendermaßen zusammenfassen: Die Philosophie, die von den Griechen herkommt, ist für die Schrift ja eine Sprachtradition, eine Form des Denkens, die mit der biblischen Sprachtradition zusammengeflossen ist. Ich betone das so, damit klar wird: Mit Denken ist nicht bloß die formale Logik gemeint, also das ordentliche Funktionieren des Verstandes, wie es Aristoteles in den Analytiken beschreibt. Vielmehr heißt Denken als Philosophie immer auch Gedanke, bestimmter Gedanke, was man ebenso an Aristoteles studieren kann. D.h. Denken und Philosophie ist immer bestimmtes Denken, gegenstands- und traditionsbestimmt, und daher kann das Denken ja auch eine Geschichte haben und der Kritik unterliegen. Das Denken ist also nie reines Denken, es ist vom Gegenstand bestimmt und unterliegt der Möglichkeit des Irrtums. Warum ich das sage? Weil es notwendig ist, als Theologe und Christ selbst zu denken, selbst zu philosophieren, also ein Selbstdenker zu sein, wie es ja Kant auch richtigerweise jedem Menschen zumutet. |10 D.h.: Man darf nicht einfach ein philosophisches System oder eine bestimmte Soziologie

oder Anthropologie normativ übernehmen und damit dann die Theologie verbinden. Man muß vielmehr, durchaus in ernster Beschäftigung mit der Philosophie, selbst als Theologe und aus dem Glauben heraus philosophieren. Was z. B. die Seele, also der Mensch ist, das wird man dann aus der Mitte der Schrift her zu denken und zu erlernen haben, und man wird dabei durchaus Freud oder Gehlen studieren.

Am Beispiel Kirche: Lange Zeit hat es, in der Rezeption vom sozialistisch bestimmten, soziologischen Gesellschaftsmodell als der letzte Schrei gegolten, Kirche nur noch von ihrer sozialen, empirischen, gesellschaftlichen Seite und Rolle her zu verstehen, also als sekundäre Institution. Heute wirkt sich diese Monomanie an der Kirche verheerend aus, weil die Kirche eine religiöse Gemeinschaft ist, zu deren empirischen Bestand eben dieser religiöse Kern vonnöten ist. Es gibt aber Philosophen, die selbst sehr aus dem Theologischen heraus philosophieren – Heidegger.

[5. Religionen]
Fünftens die Kenntnis des Zusammenhangs der christlichen Theologie und des Glaubens mit den Religionen. Dazu sage ich jetzt weiter nichts, weil ich davon im nächsten Paragraphen sprechen möchte.

[6. Erfahrung und Existenz]
Sechstens, und damit schließe ich den Kreis, ist für die theologische Denk- und Erkenntnisarbeit von außerordentlicher Bedeutung, was ich jetzt einmal mit den Stichworten Erfahrung und Existenz kennzeichnen möchte. Ich sagte am Anfang dieses Abschnittes, daß die Bedeutung der Heiligen Schrift in ihrer hermeneutischen Rolle besteht: Von Jesus Christus her, den wir als persongewordenes Gottesverhältnis bezeichnen können, konzentriert die Schrift unser eigenes Denken auf unser eigenes Gottesverhältnis. Die Schrift soll also [auf] uns wirken, indem sie unser eigenes Denken aus dem immer wieder flüchtigen Wesen in das Zentrum konzentriert. Unser Gottesverhältnis – das ist nun gewiß der Gegenstand der Theologie, unseres theologischen Denkens und Erkennens, und dieser Gegenstand umfaßt das Denken und Erkennen, aber damit zugleich unser ganzes Leben.

Das meine ich mit Erfahrung und Existenz: In der Theologie geht es ganz umfassend um das Leben, das Existieren vor Gott. In der Theologie wird jeder Aspekt, jeder Augenblick des Lebens in das Gottesverhältnis gebracht, als Gottesverhältnis gesehen. In der Theologie wird jeder Lebensvorgang als Gottesverhältnis ausgelegt, unter diesen Aspekt gebracht.

Z.B. im Falle etwa der Ökologie: Wie wird unser Verhältnis zu Luft, Wasser, Wald usw. unter dem Aspekt des Gottesverhältnisses sichtbar? Das also meine ich mit Erfahrung: |11 Sie ist das lebensbestimmende, existentielle Gottesverhältnis, in der alles konkrete Leben in den Gottesbezug gebracht wird. Zur Erfahrung gehört aber als wesentliche Charakterisierung hinzu, was heute unter dem Stichwort Erfahrung oft vergessen wird: Zur Erfahrung gehört wesentlich die Erfahrung, die ich noch nicht gemacht habe; also Erfahrung heißt auch, immer bereit zu sein für neue Erfahrung, unerhörte vielleicht. Dies nun ist konstitutiv für das Gottesverhältnis: Unser Gottesverhältnis ist gewiß mit unserem Dasein mitgesetzt. Zugleich aber wissen wir, daß unser Gottesverhältnis nicht einfach evident ist. Es ist verborgen, ja Gott ist verborgen, aber auch wir selbst sind uns selbst verborgen. Und 2. ist unser Gottesverhältnis nicht nur nicht evident, es steht auch immer unter der Frage nach seiner Wahrheit (vgl. den Abschnitt über die Schrift). Das Gottesverhältnis kann vom Menschen abgelehnt werden, es kann ganz falsch gelebt werden. Das nennt man in der Kirche Sünde. Also die Erfahrung des Gottesverhältnisses ist ohne die Erkenntnis der Problematik des Gottesverhältnisses gar nicht verstehbar. Denn es geht ja im Gottesverhältnis um die Wahrheit des Gottesverhältnisses, und d.h., es geht darum, ob unser Gottesverhältnis dem entspricht, zu dem wir ein Verhältnis haben, nämlich Gott. Wir fragen also nach der Wahrheit des Gottesverhältnisses, indem wir fragen, ob wir vor Gott so sind, wie Gott uns will. Darum müssen wir in der Kirche Theologie treiben. Wäre das Gottesverhältnis das, was es heute für viele ist, irgendein religiöses Gefühl: Gott ist für mich der und der usw., dann gäbe es Kirche und Theologie nicht. Aber wenn wir fragen, ob wir vor Gott wahr oder falsch sind, recht oder unrecht, dann müssen wir denken, nach Gott fragen, auf Gott hören, ihn erkennen, und das eben ist Theologie.

Wir können also sagen: Erfahrung bezeichnet in der Theologie das Ganze des Lebens unter dem leitenden Aspekt, wie dieses Lebensganze in ein rechtes, wahres Gottesverhältnis kommt. Dieses Gottesverhältnis strebt immer auf Erfahrung zu, will zur Erfahrung, also zum Leben kommen, und dem dient die Theologie. Gegenstand der Theologie ist nicht Gott an sich und auch nicht der Mensch an sich und auch nicht [die] Welt. Alles das gehört in die Philosophie. Gott, Welt, Mensch als Gegenstände, als Substanzen sind klassischerweise Gegenstand der Philosophie, nämlich der abendländischen Metaphysik, die in philosophische Theologie, also Gotteslehre, Psychologie, Kosmologie zerfiel. Gegenstand der theologischen Theologie ist das Verhältnis zu Gott und Welt und Mensch, Gegenstand der Theologie ist nicht eine Substanz, sondern die Relation. Und der innerste Kern dieser Relation ist die Frage nach der Wahrheit, nach der Stimmigkeit unseres Gottesverhältnisses. Die |12 Bibel, vom Alten Testament her, gebraucht dafür die Begrifflichkeit Gerechtigkeit, vor allem bei Paulus, aber nicht ausschließlich, wohl aber sehr präponderant; Johannes [sagt] Wahrheit. Darum ist die Rechtfertigungslehre mit Recht zum Zentrum der Theologie geworden, sie ist das Ganze der Theologie. Denn ob wir recht, wahr vor Gott sind, *das* ist die theologische Zentralfrage. Und daran entscheidet sich alles, unser eigenes Leben, das Leben der Gesellschaft, der Menschheit, der Welt; ob wir bleiben, entscheidet sich daran, ob die Menschen die Wahrheit des Gottesverhältnisses leben werden oder nicht. Aus dem allen folgt: Die Theologie bedenkt das Gottesverhältnis. Das umschließt das Ganze des Lebens. Darum reden wir hier von Erfahrung. Und es umschließt die Wahrheitsfrage, die Frage nach Sein oder Nicht-Sein, und darum reden wir von Existenz. Denn die Gottesfrage ist eine Existenzfrage.

[Schluß: Schrift und Erfahrung]
Zum Schluß: Ohne Theologie so als Existenzfrage zu betreiben, kann man Theologie gar nicht betreiben. In diesem Sinn ist Theologie immer existentiell. Weil es ums Existieren geht, um den Bestand des Lebens und der Welt, um Sein oder Nichtsein, ist das Denken, der Intellekt, herausgefordert. Er dient dem Leben. Die heutige Entgegensetzung von Intellekt und Gefühl, Denken und Erfahrung, ist verheerend gerade für das Leben. Um mit unserem eigenen Denken und Existieren in die Thematisierung, in die Erfahrung und das Existieren des Gottesverhältnisses hineinzukommen, immer tiefer in es involviert zu werden, seine Reflexion immer lebendiger und reicher zu instrumentieren – darum brauchen wir die Schrift. Das ist der hermeneutische Brauch der Schrift. So kann ich nun die hier genannten Gesichtspunkte einklammern in das Begriffspaar Schrift und Erfahrung: Schrift und Erfahrung, so wie ich es jetzt gekennzeichnet habe, sind der methodische Kanon der Theologie. Und zwar so, daß die Schrift, die Heilige Schrift, alle Schrift um sich versammelt, die große theologische Tradition, die Philosophie, also Heilige Schrift als Zentrum der Sprachtradition. Und Erfahrung versammelt um sich alle Lebensvollzüge, das Denken, Erkennen, Fühlen, Phantasieren, Glauben, Hoffen, Lieben, Verzweifeln, Klagen, Singen usw.
    Dieser methodische Kanon entspricht dem sachlichen Gegenstandskanon der Theologie, dem, was ich Mitte der Schrift nannte, und was die Mitte des Lebens ist, nämlich das Verhältnis zu Gott. Denn in diesem Verhältnis wird ja eben gedacht, erkannt, gefühlt, phantasiert, geglaubt,

gehofft, geliebt, verzweifelt, geklagt, gesungen usw. – das alles sind sprachliche Gegebenheiten |13 der Heiligen Schrift. Wenn ich sage, die Theologie denkt existentiell, dann ist damit genau gemeint, daß sich Theologie im Gottesverhältnis abspielt. Das ist in den letzten Jahren oft mißverstanden worden: existentiell = individualistisch. (!!)

Ich stelle Ihnen diese Problematik an einem sehr prominenten Beispiel dar, nämlich Paulus, Röm 7. Hier spricht ja ein frommer Jude, der unter dem Gesetz steht und durch das Gesetz natürlich in einem Weltbezug steht, also gerade nicht individualistisch; das Gesetz verpflichtet den Menschen ja ethisch auf Gott, auf den Nächsten, auf die Welt, das Gute zu tun, moralisch und sozial zu sein. Und nun erkennt Paulus, der Christ, im Rückblick, daß sein Gottesverhältnis als Gesetzesverhältnis nicht wahr, nicht recht gewesen ist, obwohl er ein treuer Erfüller des Gesetzes war. Und das stellt er so dar, daß in ihm, dem strengen Erfüller des Gesetzes, immer etwas wirkte, das dem Gesetz entgegenarbeitete, nämlich das Ich. Und darin erkennt Paulus eine fundamentale Störung, nämlich Unwahrheit und Unrichtigkeit des Gottesverhältnisses. Man kann also sagen: Pauli Gottesverhältnis war durchaus nicht individualistisch, er wollte ja dem Gesetz als Ethos und Moral dienen. Aber weil die Stellung des Ich vor Gott, also das Gottesverhältnis, nicht wahr war, weil also das Gottesverhältnis nicht existentiell war, darum erfuhr sich im Rückblick dieses nichtindividualistische Ich als egoistisches, in aller Gesetzeserfüllung an sich selbst interessiertes Ich. Und darum freut sich Paulus seiner Erlösung von diesem Ich durch Jesus Christus. So wird Paulus für uns sozusagen zum Urexemplar existentiellen Theologietreibens.

Der Denkweg der Theologie führt nicht, wie wir es heute meist tun, aus dem Gottesverhältnis ins Weltverhältnis. Es ist ja auffällig, welche geringe Aufmerksamkeit Gott und Jesus Christus in der Kirche haben, sieht man sich an, welche Themen die Kirche beschäftigen. Wir tun so, als sei das Gottesverhältnis unproblematisch. In Wahrheit ist der theologische Denkweg umgekehrt: Wie der Apostel Paulus sind wir ja als Menschen, allein dadurch, daß wir da sind, in ein unendlich vielfältiges Netz mit der Welt und den Menschen verstrickt. Und dieses Geflecht wird durch die Wissenschaft bedacht, vor allem durch die Ethik. Und wie der fromme Jude Paulus, der Gesetzestreue und Gesetzeskenner, der Ethiker also, die ganze Theologie als Bewegung in die Wahrheit und Richtigkeit des Gottesverhältnisses darstellt, und nicht umgekehrt, so ist auch dies unsere Denkaufgabe als Theologen, den Menschen, der in unendlichen, auch ethischen Weltbeziehungen steht, |14 mit all diesen Beziehungen auf Gott zu beziehen. Am schönsten und reinsten und am einfachsten kann man das an der Theologie Jesu sehen: Jesus ruft die Menschen nicht aus der Welt heraus. Aber er ruft sie aus der Verfallenheit an die Welt und das Ich in die Nähe des Schöpfers der Welt, in die Nähe Gottes.

So viel zum Wesen der Theologie und zur Methode, wie sie betrieben werden sollte.

Kapitel I: Kirche

§ 2: KIRCHE ALS RELIGIÖSE GEMEINSCHAFT – ZUGLEICH EIN
BEITRAG ZUR FRAGE: RELIGION UND RELIGIONEN

Ich könnte natürlich auch so beginnen, daß ich vom neutestamentlichen
Kirchenbegriff und seiner alttestamentlichen Vorstufe ausginge. Es wäre
dann zu beobachten, was ich jetzt eigens thematisiere, daß alle Begriffe
des Neuen Testaments für Kirche durch zwei absolut konstitutive Ele-
mente gekennzeichnet sind: Kirche ist eine von Gott her bestimmte
Gemeinschaft von Menschen mit sich, Gott; und Kirche ist eine von
Gott her bestimmte Gemeinschaft zwischen Menschen untereinander.
Alle im einzelnen verschiedenen Kirchenbegriffe sind so strukturiert:
ἐκκλησία (*Kirche*); λαὸς τοῦ θεοῦ (*Volk Gottes*); σῶμα τοῦ Χριστοῦ
(*Leib Christi*); Ἰσραήλ (*Israel*); κοινωνία (*Gemeinschaft*); οἱ ἅγιοι (*die
Heiligen*); ἐκλεκτοί (*Erwählte*) für die Glaubenden.
Ich will jetzt im Folgenden diesen doppelten Aspekt der Gemein-
schaft eigens thematisieren, auch um das Verhältnis der Kirche zu den
Religionen kurz in den Blick zu nehmen, weil es ja aktuell ist. Natürlich
spielt auch das Verhältnis der Kirchen untereinander eine Rolle.

a) [Religion ist Gottesverhältnis.]

Zu dieser einfachen Definition vergleiche religionsphilosophische Literatur. Religion ist Gottesverhältnis des Menschen, der natürlich auch in
anderen Verhältnissen lebt: zu sich selbst, zum Mitmenschen, zur Welt –
Natur usw. In der Religion wird dies alles als Gottesverhältnis gelebt
(dazu habe ich vorher schon einiges gesagt). Es ist für die Religion kennzeichnend, daß Religion Gemeinschaft bildet, indem sie Menschen zum
gemeinsamen Gottesverhältnis zusammenschließt. Religion bildet also
Gemeinschaft; die Gemeinschaft in der christlichen Religion nennt man
eben Kirche. Es sei nachdrücklich betont: Die Gemeinschaft, sofern sie
Gemeinschaft der religiösen Menschen ist, ist nicht einfach Gemeinschaft untereinander. Religiöse Gemeinschaft ist gemeinschaftliche Gemeinschaft mit Gott. (Das wird heute vielleicht vergessen, das nennt
man Verweltlichung der Kirche.) Ich sagte für die christliche Kirche der
ersten Stunde: Kirche ist Gemeinschaft derjenigen, die sich gegenseitig
helfen, Gemeinschaft mit Gott zu haben. Das ist der Sinn einer religiö-
sen Gemeinschaft. (Es gibt auch andere!) Das |15 ist kurz gesagt das
Wesen der Religion. Und an diesem Wesen partizipiert die christliche
Kirche: Kirche ist die Gemeinschaft derer, die Gemeinschaft mit Gott

haben, ein Gottesverhältnis haben, Glauben, und in dieser Gemeinschaft ist das Wesen der Gemeinschaft, sich gegenseitig im Glauben zu stärken.

Religion also ist Gottesverhältnis und Gemeinschaft in diesem Sinne. Es ist nun zu sagen, daß solche Art Wahrnehmung der Religion aus christlich theologischer Optik erfolgt, d.h.: Ich beschreibe das Wesen der Religion aus christlicher Optik. (Dazu später noch etwas.) Faktisch stellt sich Religion oft anders dar, auch das Christentum. In der Religion kann die konstitutive Rolle des Gottesverhältnisses dadurch überlagert werden, daß andere Größen in den Vordergrund geraten: der Ritus, der Kult, das Gesetz, die Politik als Theokratie, der Priester oder Geistliche; der Weltbezug kann den Gottesbezug dominieren. Beispiel: Remessianisierung Jesu. Hier beobachten wir einen Vorgang, den wir so beschreiben können: Gegen den Bezug des Menschen auf Gott, der das Wesen der Religion ist, setzt sich ein Bezug des Menschen auf sich selbst durch, der als Religion auftritt, aber irreligiös ist. Diese Verkehrung der Religion kann sich religiös tarnen. Sie kann so weit gehen, daß Religion so weit subjektiviert ist, daß sie auf den Gottesbezug verzichtet. Wir können heute diese Phänomene als Religion ohne Gott beobachten. Religion ist rein subjektives Gefühl, Selbsttranszendierung des Menschen, ohne daß in dieser Transzendenz etwas anderes gesucht wird oder getroffen wird als das Ich, das Selbst des Menschen, nicht Gott. Das kann man als Selbstvergötzung des Menschen auslegen, als Ich-Inflation, aber auch umgekehrt als Ich-Flucht, Sehnsucht nach Selbstaufgabe in ein absolut Unbestimmtes. Sehr wichtig ist zu sehen: Wo immer der Gottesbezug der Religion in die Krise gerät, gerät auch der Weltbezug in die Krise. Religion wird partiell und privatisiert.

Daraus folgt, daß nun auch der zweite Aspekt der Religion problematisiert wird, nämlich die Gemeinschaft. Es gibt ja das klassische Beispiel: Ich gehe in den Wald, da habe ich Gemeinschaft mit Gott. Und dies [ist] oft kirchenkritisch gemeint. Es entsteht das Phänomen einer gemeinschaftslosen Religion, und dies hängt mit dem Phänomen der Religion ohne Gott, der gottlosen Religion, engstens zusammen: Wo Religion zwar zur reinen Selbsterfahrung wird, wird Gemeinschaft durch diesen Subjektivismus bedroht und allenfalls nur noch möglich durch die Gemeinschaft gleichgestimmter Subjekte. Das ist der Grund, warum heute in der Kirche so viele verschiedene Gruppen existieren.

Eine andere Folge ist die, daß in hochpolitisierter Religion wie etwa dem schiitischen Islam |16 im Iran von der herrschenden Clique die religiöse Gemeinschaft als politische Aktionsgemeinschaft verordnet wird. Dadurch wird aber nochmals verdeutlicht, daß religiöse Gemeinschaft hier nicht mehr gemeinsame Gemeinschaft mit Gott ist, sondern nur noch Gemeinschaft, Aktionsgemeinschaft untereinander.

Kennzeichnend für dieses Syndrom ist nun noch Folgendes: Ich sagte ja, daß Religion ein Existenzialverhältnis (mit Schleiermacher zu reden) des Menschen zu Gott ist. Geht dieses Verhältnis verloren, etwa in der Weise, wie ich es beschrieben habe, gewinnt die Sprache der Religion ideologische Gestalt. Das gilt heute für die Sprache der gottlosen Subjektivitätsreligion ebenso wie für die politische Religion. Religiöse Sprache ist dann nicht mehr, wie es Paragraph 1 zu zeigen versuchte, hermeneutisch zu verstehen als Ansprache an den Menschen zum Einstieg in das Gottesverhältnis, sondern sie ist Ausdruck des religiösen Subjekts und daher eine private oder Gruppenideologie. Wir müssen uns darüber klar sein, daß Religion heute, auch im Bereich des Christentums, viele Züge solcher Dys-Religion trägt. Das ist nicht neu: Genau wie die Weltgeschichte, vielleicht noch deutlicher erkennbar, ist Religionsgeschichte eine chaotische Geschichte. Würde man sich daran orientieren, wie Religion geschichtlich in Erscheinung tritt, könnte man fragen, ob Religion nicht überhaupt chaotisch ist. Zusammenfassung: Religion erscheint oft gar nicht als Gottesverhältnis, ist aber eines.

b) [Christliche Religion]

Gleichwohl halte ich daran fest, daß Religion Gottesverhältnis ist und Gemeinschaft der Gemeinschaft mit Gott Habenden ist. Diese These können wir allerdings keineswegs so gerieren, daß wir sie als Ermittlung dessen vertreten, was letztlich allen Religionen gemeinsam ist, also sozusagen als Abstraktion vom geschichtlichen Wesen der realexistierenden Religion. Das versprach die Religionsphilosophie, aber das ist sehr problematisch.

Ich möchte deshalb anders verfahren und von dem Satz ausgehen: Im christlichen Glauben tritt die Religion als Gottesverhältnis in Gemeinschaft der Glaubenden in denkbarer Reinheit in Erscheinung, und zwar nicht theoretisch, sondern existentiell, und zwar primär als Jesus Christus in Person, sekundär als Gemeinschaft der Glaubenden, sofern die Gemeinschaft an dem Ursprung, Jesus Christus, bleibt. Im christlichen Glauben erscheint also, und zwar primär als Jesus Christus, in reiner und wahrer Gestalt, was der oftmals chaotisch verborgene und entstellte Kern aller Religion(en) ist, das Gottesverhältnis. Jesus Christus als Person ist reines Gottesverhältnis. Seine ganze Existenz, sein Leben und Sterben, sein Sprechen und Handeln, ist Verweis auf Gott. Aber Jesus Christus ist nicht nur reines Gottesverhältnis. Es wird auch klar, daß die

Gemeinschaft unablösbar mit zur Reinheit des Gottesverhältnisses gehört. Denn je reiner und wahrer das Gottesverhältnis wird, um so mehr will man auch den Mitmenschen, ja alle Menschen und die ganze Welt an dem Gottesverhältnis beteiligt sehen und zwar | 17 so, daß die Menschen selbst in die reine und wahre Existenz vor Gott eingeladen werden. So ist die Verkündigung Jesu zu verstehen, so auch seine Geschichte. D.h.: Je reiner ein Gottesverhältnis ist, um so unbedingter und universaler ist es, weil ein reines Gottesverhältnis nur existiert werden kann, wenn dabei mitgedacht wird, daß alle Menschen und die ganze Welt in dieses Gottesverhältnis mit eingeladen sind. D.h., und das ist nun außerordentlich wichtig, religiöse Gemeinschaft gibt es nicht aus sozialen, sondern aus theologischen Gründen, und eine Ekklesiologie, die das vergißt, ist theologisch und religiös unbrauchbar. Denn, um es nochmals zu sagen: Religiöse Gemeinschaft ist nicht einfach Gemeinschaft religiöser Subjekte, sondern Gemeinschaft derer, die Gemeinschaft mit Gott haben und sich gegenseitig darin stärken und helfen, Gemeinschaft mit Gott zu haben.

Sehen wir Jesus so als reines Gottesverhältnis, und dieses reine Gottesverhältnis ist sein Mensch-Sein, so ist dieses reine Gottesverhältnis auch das wahre Gottesverhältnis. Denn dieses Gottesverhältnis läßt Gott Gott sein, d.h. es tut das, was alle Dys-Religion nicht tut, nämlich Gott Gott sein lassen. Gott nicht Gott sein lassen, das aber ist das Wesen der Sünde. Deshalb hat der christliche Glaube schon früh Jesus als sündlos bestimmt (2 Kor 5,21, Hebr 7,26, 1 Petr 1,19; 2,22). Die Sündlosigkeit Jesu besteht nicht in der moralischen Makellosigkeit, sondern in der Hingabe seines ganzen Lebens in das Gottesverhältnis, in das Sein vor Gott. Darum konnte Jesus zum Vorschein Gottes, des Vaters und Schöpfers werden, d.h. an Jesus konnte Gott selbst erscheinen, ein Erscheinen, das der Sünder, der Dys-Religiöse, gerade verhindert. Diesen Zusammenhang hat das Johannes-Evangelium in wunderbarer Weise dargestellt: Joh 1,18–14,7.

Für den christlichen Glauben also ist Jesus Christus die Befreiung Gottes aus der falschen, partiellen, getrübten Erkenntnis des Sünders zur Erkenntnis der Wahrheit Gottes selbst. Deshalb könnte man sagen: Jesus ist reines Gottesverhältnis, wahres Gottesverhältnis und daher absolutes Gottesverhältnis, Gotteserkenntnis, weil er das Gottesverhältnis, Gotteserkenntnis von allen sündigen und dysreligiösen Trübungen befreit und Gott gottgemäß, κατὰ θεόν, κατὰ πνεῦμα (geistgemäß) verehrt und erkennt, nicht mehr κατὰ σάρκα (nach dem Fleisch).

Aus dieser Reinheit des Gottesverhältnisses folgt nun unmittelbar auch die religiöse Gemeinschaft. Es ist für das Verständnis der Kirche von entscheidender Bedeutung, daß wir sehen: Die Kirche als religiöse

Gemeinschaft ist nicht eine Unternehmung der religiösen Subjekte. Sondern sie folgt aus dem Gottesverhältnis. Ich will versuchen, das jetzt zu formulieren, aber ich suche selbst immer noch nach klaren Worten. Die Gemeinschaft der Glaubenden untereinander geht nicht von den Glaubenden aus, sondern von Gott. Daher ist es auch unmöglich, daß die Kirche bleibt, |18 daß sie rein empirisch bestehen bleibt, wenn dieser Glaube in der Kirche zum Erlöschen kommt. Die Verheißung in Mt 16,18 gilt nur der wahren Kirche, nicht einer Kirche, in der die Religion nur noch horizontal ist.

Daß die Gemeinschaft der Glaubenden untereinander – und diese Gemeinschaft umfaßt grundsätzlich alle Menschen, auch die Nichtglaubenden und Nichtchristen und Gottlosen (die es ja nicht gibt), sie ist universal (katholisch, siehe später) – daß die Gemeinschaft also mit dem Gottesverhältnis mitgesetzt ist, beruht darauf, daß der Glaube jeden Menschen und überhaupt alles, was ist, so wahrnimmt, daß alles in einem ursprünglichen und zwar von Gott selbst gesetzten Gottesverhältnis steht. Die Gemeinschaft ist also kein soziales, sondern ein theologisches Phänomen. Meine Gemeinschaft mit Schwestern und Brüdern ist nicht mein Werk, nicht Ergebnis meines Handelns, aber auch nicht Ergebnis der anderen, sondern Folge dessen, daß Gott selbst der Schöpfer ist, der alles zur Gemeinschaft zusammengefügt und geordnet hat. Die Wahrnehmung dieser Gemeinschaft, das ist der Glaube, beruht in der Wahrheit und Absolutheit des Gottesverhältnisses. Es geht jedem sozialen Handeln, jeder aktiven Pflege der Gemeinschaft ontisch voraus, der Glaube als Wahrnehmung Gottes des Stifters, Schöpfers der Gemeinschaft, der ist es, der die Welt verändert, er ist die Praxis, die aller Praxis überlegen [ist]. (Vielleicht ist die Praxis, die Praxiswut der Kirche gerade heute so erfolglos, weil die Kirche im eben beschriebenen Sinn gar nicht glaubt.)

Im selben Maß also, wie das Gottesverhältnis absolut wird, stellt sich auch die Gemeinschaft immer mit dar, und die Störung des Gottesverhältnisses erweist sich immer auch als Störung der Gemeinschaft. Denn jeder, dessen Gottesverhältnis klar und rein ist, d.h. jeder, der Gott als Gott erkennt, erkennt Gott so, daß er, Gott, ihn, den Menschen, schon dem Nächsten an die Seite gestellt [hat]. Darum wird das reine Gottesverhältnis sprachlich, und zwar so, daß es den Nächsten in sein eigenes, also in des Nächsten eigenes Gottesverhältnis, einlädt. Das tut Jesus. Es erscheint am klarsten im sogenannten Doppelgebot der Liebe Mk 12,28–31 par. (Obwohl dieser Text von zwei Geboten spricht, ist es in Wahrheit doch *ein* Doppelgebot.) Religiöse Gemeinschaft also ist im echten Sinn nicht Gemeinschaft der Religionsgenossen untereinander, sondern Zusammenschließung der Religionsgenossen durch Gott zur Gemeinschaft. Darum ist die Substanz, das Wesen dieser Gemeinschaft, auch die Wahrnehmung des Gottesverhältnisses, die gegenseitige Unterstützung im Gottesverhältnis (Liebe!).

Die Liebe der Christen untereinander besteht vor allem darin, sich gegenseitig im Glauben zu stärken, in der Freude an Gott, in der Gewißheit von Gottes Liebe (vergleiche Röm 1,11f; Lk 22,31f; 1 Thess 3,2; Apk 3,2). Hier tritt der Bruder auf, der den anderen im Glauben stärkt und sich vom anderen stärken läßt. Es gibt aber auch viele Stellen, in denen dem anderen die Stärkung durch Gott verheißen oder erbeten wird. Luther: mutuum colloquium fratrum [vgl. u.a. Schmalk. Art. III,4].

In diesem Wesen der Gemeinschaft gründet auch ihre Gestalt, ihre äußere Erscheinung: Die wesentlichen, primären Institutionen der Kirche sind die, die zur gemeinschaftlichen Wahrnehmung des Gottesverhältnisses gehören, also um des Glaubens willen nötig sind. Die Pflege der Gemeinschaft untereinander, Diakonie, usw., sind gegenüber diesen primären Institutionen sekundär. Damit wären wir bei der Ekklesiologie. Zuvor aber noch ein |19 dritter Schritt in diesem Paragraphen, der die Religion und die Religionen noch kurz betreffen soll.

c) [Das Gespräch der Religionen im Ringen um Wahrheit]

Religion, so sagten wir, tritt oft auf, ohne im beschriebenen Sinn wahres, reines, absolutes Gottesverhältnis zu sein, als Form des Nationalismus, als politische Ideologie, als Theokratie, (die sich gerade dadurch auszeichnet, daß *nicht* Gott herrscht, sondern bestimmte Menschen, Cliquen, in seinem Namen), als Selbstpflege, als Selbstvergöttlichung usw. Diese Bedrohung der Wahrheit der Religion ist jeder Religion eigen, auch und nicht zuletzt dem Christentum. Gleichwohl darf man nicht das Wesen der Religion von hier aus bestimmen, als pure Funktion, sondern von der in Jesus Christus erschienenen Wahrheit der Religion.

So wird der Weg frei zu einem Dialog mit den Religionen, der sich so beschreiben läßt: Die Frage nach der Wahrheit und Reinheit der eigenen Religion ist unabdingbar für das Gespräch der Religionen untereinander. Ein Gespräch der Religionen untereinander – also die Frage nach religiöser Gemeinschaft, die sich in diesem Dialog manifestiert – muß in der Frage nach der Wahrheit des Gottesverhältnisses der jeweiligen Religion sowohl gründen als auch ihr Ziel haben. D.h. im religiösen Dialog unter den Religionen muß man immer in dem skizzierten Sinn streng theologisch sein, d.h. die Frage stellen, inwiefern die Religion im strengen Sinne Gott Gott sein läßt. (Natürlich ist es wichtig, daß heute, wo überall entsetzliche, auch religiös motivierte Konflikte drohen, die religiösen Formationen miteinander sprechen, um mögliche Exzesse zu vermeiden. Das ist aber politisches Verhandeln, kein religiöser Dialog.) Für die Frage des religiösen Dialogs als Frage nach der Wahrheit des Gottesverhältnisses können wir uns in mehrfacher Hinsicht am Christentum und seiner Entstehung, vor allem an Jesus orientieren. Seine ganze Sprache ist Prüfung der Wahrheit des Gottesverhältnisses (sogenannte Antithesen, Streitgespräche, Reden des Johannesevangeliums). Jesus verkündet also keine neuen Kulte, keine neuen Riten, keine neuen Offenbarungen, sondern in deren religiösen Verhältnis fragt er nach der Wahrheit. Das ist ungeheuer wichtig. Jesus ist kein Religionsstifter, sondern er ist die Wahrheit der Religion, aller Religionen. Er setzt der jüdischen Religion nicht eine christliche entgegen, den hellenistischen nicht eine christliche, sondern er ist, als wahres Gottesverhältnis, das Kriterium aller Religionen.

Man kann daher sagen: Das Christentum ist selbst eine reformatorische Bewegung. Es ist keine neue Religion. Vielmehr besteht das Neue im Christentum darin, daß Jesus das wahre Gottesverhältnis ist. Davon ist niemand ausgeschlossen. Im christlichen Glauben wird die Religion nicht neu durch neue religiöse Kulte, Riten, Vorstellungen, sondern es wird neu durch den Adam Jesus, und dadurch, daß in seinem Gottesverhältnis jeder, der in Christus ist, neue Schöpfung wird (2 Kor 5,17). Die Neuheit des Glaubens ist also nicht Neuheit religiöser Kulte und Ideologien, sondern die Wahrheit, Neuheit des | 20 konkreten Menschen in seinem Gottesverhältnis. Darum kann jeder Christ werden, niemand ist von diesem Gottesverhältnis ausgeschlossen, der sich, wie der Christ selbst, auf die Wahrheit im Gottesverhältnis ansprechen läßt.

Diesem Phänomen, daß das Christentum in seinem Ursprung keine neue Religion, sondern die Reformation aller Religionen ist aus der Frage nach der Wahrheit des Gottesverhältnisses heraus, entspricht, daß das Christentum in seinem Ursprung mit einem Minimum an Institution, Kult, Ritus ausgekommen ist, vor allem keine Ideologie hatte. Die Kirche hatte einen Herrn, einen Glauben als Gottesverhältnis, aber keine Ideologie. Das geschah erst im Laufe der Zeit.

Daher [heißt] Reformation wiederum: Aufbruch der Wahrheitsfrage, nicht nach der Wahrheit der Ideologie, sondern nach der Wahrheit des Gottesverhältnisses. Und die Frage, ob die Ideologie = Dogma, d.h. ob das kirchliche Lehramt dieser Frage dienlich ist. Schon bei Jesus selbst sehen wir, daß seine hochgespannte Sprache der Gottesnähe, also sein flammender, sprachmächtiger Glaube, mit einem seltsamen Desinteresse

am Kult einhergeht. Damit will Jesus in einer Tradition stehen, daß nämlich Gott nicht Opfer will, sondern das Herz des Menschen, also den
Menschen, seine Existenz selbst (Jes 1,10–20; Hos 6,6; 1 Sam 15,21).

Man könnte also sagen: Theologisch wird der gemeinschaftliche Dialog der Religionen untereinander, wenn seine Thematik von der Ebene
religiöser Ideologien, Riten, Kulte, und von der Frage nach der Verein-
barkeit wegverlagert und auf die Ebene verlagert wird, die fundamental
und wahrhaft religiös ist, nämlich nach der Wahrheit des Menschen vor
Gott. Und diese Frage erscheint als Jesus Christus.

Wir können also sagen: Nicht das Christentum ist die absolute Religion, wohl aber Jesus Christus als das absolute Gottesverhältnis. Hieran
haben sich alle Religionen zu orientieren, vor allem aber das Christentum. Die christliche Kirche wird also alle Religionen mit Jesus Christus
auf deren eigenes Gottesverhältnis ansprechen – das ist auch der Sinn
der Mission, und dann wird in jeder Religion alles das verschwinden, was
der Wahrheit des Gottesverhältnisses widerspricht. Aber es ist evident,
daß das Kriterium Jesus Christus zu allererst heute von der Kirche auf
sich selbst angewendet werden muß. Wenn es so ist, daß in der christlichen Kirche die Frage der Wahrheit des Lebens vor Gott der Kern ist,
und nicht die religiösen Kulte und Riten und Lehren, die alle dem Gesetz
dienen, dann könnte man fragen, ob der christliche Glaube als Gottesverhältnis überhaupt Religion ist (vgl. Karl Barth und die dialektische
Theologie). So, wie ich Religion definiert habe, gibt es verschiedene
Antworten:

a) Ist Religion im Kern Gottesverhältnis, ist der christliche Glaube in
einem modus eminens Religion.

b) Ist Religion im Kern Kult, Ritus, Tradition, Ideologie, so ist der Glaube nicht Religion, weil er immer nach der Wahrheit des Gottesverhältnisses fragt und immer etwas Reformatorisches an sich hat.

c) Ist der christliche Glaube aber selbst zu Kult, Ritus, Tradition, |21
Ideologie geworden, so ist er Religion, aber dann im pejorativen Sinn mit
einer ständigen Inklination zur Dys-Religion. In diesem Sinn ist das
Christentum heute wohl Religion, und daher ist vom Dialog mit den
Religionen wohl auch heute nicht viel zu erhoffen – wie dies auch auf
der ökumenischen Ebene gilt.

§ 3: JESUS CHRISTUS – ANFÄNGER UND VOLLENDER DER
KIRCHE (VGL. HEBR 12,2)

In der Ekklesiologie der Dogmatik wird Jesus als Grund der Kirche bezeichnet – wobei Grund gemeint ist im Sinne von ἀρχή – Anfang und
Prinzip, ratio essendi, raison d' être. Ich habe im Anklang an Hebr 12,2
eine andere Formulierung gewählt, ohne damit »Grund« kritisieren zu
wollen. Aus dem, was ich Ihnen bisher entwickelte, geht der Sinn der
Paragraphen-Überschrift hervor: Religion, so sahen wir, ist ein Gottesverhältnis, ein Existenzialverhältnis. In der Religion ist die Wahrheit
dieses Gottesverhältnisses gefragt, nicht als Wahrheit und Ideologie,
sondern als Wahrheit, Richtigkeit des Lebens vor Gott. Im Christentum
wird das Gottesverhältnis als Glaube bezeichnet, und Glaube ist Glaube
an Jesus Christus. Jesus Christus aber ist das wahre Gottesverhältnis, als
menschliche Person, als Existenz. Der christliche Glaube erkennt Jesus
Christus als das wahre Sein des Glaubenden, als wahres Gottesverhältnis.
Dieses wahre Gottesverhältnis, Jesus Christus als Mensch, ist zugleich
historisch einmalig, zeitlich und örtlich gebunden, als historischer
Mensch; zugleich aber universal, kosmisch, nicht im Sinne eines mysti-
schen kosmischen Christus – das ist pure Spekulation –, sondern dadurch, daß dieser historische Mensch für alle da ist, für alle Menschen,
nicht bloß für den Christen. Für alle Menschen ist Jesus Christus das
wahre Gottesverhältnis. In diesem »Für alle« liegt der universale Bezug.
Die Wahrnehmung, die Anerkennung dieses »Für-alle-Seins« Christi ist
der Glaube. Im Glauben wird Jesus Christus als die Wahrheit des Gottesverhältnisses aller Menschen wahrgenommen.

Ich versuche nun, diesen knapp skizzierten Zusammenhang in einzelnen Schritten zu entwickeln:

a) [Die Verwirklichung der Kirche in Jesus Christus]

In der Person Jesu Christi ist die Kirche nicht nur anfangsweise, sondern
vollendet verwirklicht. Denn Jesus Christus ist einmal reines Gottesverhältnis, er läßt Gott Gott sein; und da in jedem reinen Gottesverhältnis
Gott als Schöpfer erkannt wird, der Gott für alles Geschaffene ist, ist im
Gottesverhältnis die religiöse Gemeinschaft mitgesetzt. Ich zeige Ihnen
das kurz an zwei synoptischen Abschnitten: Gott Gott sein lassen, Mt
4,1–11; zur Gemeinschaft: Mt 5,21–24. Also ist in Jesus Christus als
Person die Kirche vollendet verwirklicht. Sein Leben ist reine Hinkehr
zu Gott und dem Nächsten. Er ist in diesem fundamentalen Sinn μετάνοια, μετανοεῖν (*Umkehr, Umkehren*), nämlich in der Kehre des νοῦς
(*Verstandes*) zu Gott und dem Menschen. Darum ist der Begriff σῶμα

τοῦ Χριστοῦ (*Leib Christi*) ein besonders ausgezeichneter Begriff zur Bezeichnung des Wesens der Kirche, insofern er Kirche als Zusammenschluß der | 22 Glaubenden mit Christus bezeichnet.

Der erste Jünger, der sich Jesus anschloß, der erste Glaubende, der an Jesus Christus glaubte, trat in die als Jesus Christus in Person schon vollendet verwirklichte Kirche ein. Jesu eigenes Gottesverhältnis, in dem das Sein für den Kosmos mitgesetzt ist, ist selbst Kirche im Sinn einer societas perfecta. Das ist das Thema des Johannesevangeliums, in dem Kirche ja als solche keine Rolle spielt. Aber die Christologie des Johannesevangeliums ist selbst Ekklesiologie (vgl. dazu Joh 17).

Man kann sich diesen Sachverhalt auch an Jesu Verkündigung klar machen: Wenn der Mensch, der einen Schatz im Acker findet (Mt 13,44), alles verkauft, um den Acker zu kaufen, dann trägt er zur Wirklichkeit des Schatzes nichts bei; aber er verhält sich der Wirklichkeit des Schatzes entsprechend. Damit [ist] ein Ur-Moment des Glaubens erkannt: Glaube verwirklicht nichts, sondern er entspricht einer ihm vorgegebenen Wirklichkeit, hier des Reiches Gottes. Dadurch allerdings, daß der Glaube der Wirklichkeit des Reiches Gottes entspricht, ist er selbst, der Glaube, ein Element, in dem das Reich Gottes in der Wirklichkeit erscheint. Das gleiche ist zu beobachten am Gleichnis vom Kaufmann, der Perlen sucht, Mt 13,45.

Im christlichen Glauben wird Jesus Christus wahrgenommen als die Erfüllung, die Vollendung des Gottesverhältnisses, und darum ist er Vollendung der Kirche: Der Glaubende ist Glied der vollendeten Kirche als des Leibes Christi, der Glaube tritt der Kirche bei, entspricht ihr, verwirklicht sie nicht, gibt ihr aber so jetzt an sich und durch sich Wirklichkeit.

b) [Glaube – was ist das?]

Nun muß ich, bevor ich das eigentlich Christologische abschließe, auf den Glauben zu sprechen kommen. Ich gehe hier von einer sehr harten Hypothese aus, die ich Ihnen allen als experimentum crucis zumute, nämlich der These, daß die Kirche heute, und wir alle zusammen, gar nicht mehr recht wissen, was Glaube ist, und daß hierin auch der Grund für die Krise der Kirche, ihr Rückbezug auf sich selbst und ihre objektive Überflüssigkeit für die Welt liegt. Ich mute Ihnen diese These zu, und schon in dieser Formulierung liegt ausgesprochen, daß ich Sie nicht zur Mutlosigkeit einladen will, entmutigen will, sondern im Gegenteil: Hier gibt es eine große denkerische, theologische und kirchliche Aufgabe, die wir mutig angehen wollen, und in diesem Mut ist etwas von dem Glauben wirksam, von dem ich sagte, daß wir alle nicht mehr wissen, was er ist. Die Schwierigkeit erscheint hier als Sprachproblem, nämlich nicht nur zu sagen, was der Glaube ist, sondern die Sprache des Glaubens selbst zu sprechen. Hierfür wird das intensive Studium der Schrift immer wichtiger, ein Studium freilich, das die Schrift aus den Vorverständnissen, den |23 Auslegungskanones befreien muß, mit dem wir sie präjudizieren. Wenn wir so z.B. bloß das Wortfeld πίστις (*Glaube*) erforschen, die vorausgesetzten Wirklichkeitsbezüge erkennen, also die philosophischen Implikationen von πίστις, so können wir sehen, negativ, daß πίστις ganz gewiß nicht das ist, was wir heute unter Glauben verstehen:

1. ist πίστις zwar Gottesverhältnis, aber nicht einfach jedwedes, sondern als Gottesverhältnis zugleich πίστις εἰς Χριστόν (*Glaube an Christus*). Πίστις ist also absolut nicht Glaube als Religion.

2. ist πίστις absolut nicht religiöses Gefühl, nicht religiöse Innerlichkeit. Der begriffliche Kontext ist γινώσκειν (*erkennen*) usw. Das ist keine intellektuelle Restriktion, sondern verdankt sich dem Bezug der πίστις auf Jesus Christus. Πίστις ist also nach außen bezogen, auf ein anderes als sich selbst, und dies andere erkennt der Glaube.

3. ist πίστις absolut nicht theoretische oder auch existentielle Voraussetzung des Handelns, des Tuns, der Erfüllung des Gesetzes. Πίστις ist ein allem Tun, in dem wir unser Verhältnis zu Gott und Welt wahrnehmen, gegenüber neuartiges, ursprüngliches und umfassendes Verhältnis zu Gott und Welt (Liebesverhältnis).

4. Wenn Röm 10,4 in strengem Sinne gilt, dann ist das Gefälle, die Bewegung nicht vom Glauben zum Tun, sondern umgekehrt. Und das ist ja auch viel konkreter. Denn es geht ja nicht darum, unser Gottesverhältnis in ein Weltverhältnis umzusetzen, sondern unser Weltverhältnis, das im Tun, Fühlen, Denken besteht, immer wieder ins Gottesverhältnis zurückzuführen, auf Gott zu beziehen und eben damit unser Weltverhältnis neu zu konstituieren. Das ist von Paulus in Röm 10,4 auf einzigartige Weise formuliert: In Christus wird der Glaube unsere Gerechtigkeit, also, ich erinnere daran, die Wahrheit, die Richtigkeit unseres Gottesverhältnisses und unseres Weltverhältnisses neu konstituiert, es wird auf Tiefe, Breite, Höhe gestellt, wie sie unter dem Gesetz nicht denkbar [sind].

5. Πίστις ist also gerade als ausschließlich auf Jesus Christus gerichteter Glaube zugleich ein neuartiges Gottesverhältnis und Weltverhältnis, wie es umfassender, konkreter nicht gedacht werden [kann].

Sie sehen aus diesen Aussagen, daß uns hier als Theologen und Christen eine Aufgabe erwächst, nämlich die Sprache des Glaubens als Sprache konkreten Gottesverhältnisses und Weltverhältnisses neu zu gewinnen. Das ist heute in der Kirche ungeheuer schwierig, denn die Umsetzung der neutestamentlichen Sprache in die Sprache des Gesetzes, also der Wissenschaft, der politischen Theorie, der Anthropologie, ihre Orientierung am Ich statt am Gott von Jesus Christus, hat ein riesiges Feld voller Totengebeine geschaffen, Ez 37, und die Auferweckung der Toten ist ja allein Gottes Sache. Aber weil Glaube ja Vertrauen auf Gott ist, so wollen wir den Versuch machen, zu skizzieren, was Glaube ist, nicht als Lösung, sondern als Formulierung der Aufgabe. Diese Aufgabe ist von vornherein verfehlt, wenn wir Glaube in Bekanntes umsetzen, unter das Gewohnte |24 unterbringen. Sondern es geht darum, das Eigene des Glaubens zu erkennen und zu bedenken.

Glaube ist, so sagte ich, gekennzeichnet als unser eigenes Gottesverhältnis, in dem das Weltverhältnis impliziert, eingeschlossen, mitgesetzt ist. Aber Glaube ist zugleich Verhältnis zu Jesus Christus und von ihm unablösbar. Und das Verhältnis zu Jesus Christus ist das Verhältnis zu einer einstmals und anderswo gelebt habenden Person, die der Glaube als Κύριος (Herr) gegenwärtig glaubt, ohne doch die historische Einzigartigkeit damit aufzuheben. Allein dadurch ist der Glaube etwas Einzigartiges, daß er zwar Religion ist, aber durch sein Verhältnis zu Jesus Christus bestimmt ist. Und dieses Verhältnis sprachlich so darzustellen, daß die Einzigartigkeit bewahrt und nicht in andere Verhältnisse umgesetzt wird, das ist die große theologische Aufgabe. Daraus folgt: Glaube ist Erkennen, Erregung der Affekte, Liebe, Freude, Erfahren, Handeln, er umfaßt das alles, da er die ganze Existenz umfaßt, aber er ist nie damit identifizierbar, nie darin umzusetzen. Für die Einzigartigkeit des Glaubens gibt es nur einen Begriff: Glaube.

Ich will versuchen, Ihnen das an ein paar Beispielen zu beleuchten: Wenn wir im Abendmahl in der Gegenwart Jesu Christi versammelt sind, dann, wenn es mit rechten Dingen zugeht, hören wir etwas, nämlich die Worte: »Das ist mein Leib«. Das sind Worte Jesu Christi, aber wir hören sie aus dem Munde eines Menschen. Hier ist ein sinnlicher Vorgang, elementar. Daß diese Worte wahr sind, daß trotz Menschenmund Jesus

Christus gegenwärtig ist, das geht aus dem Vorgang des Hörens nicht hervor. Das ist ein Akt des Glaubens.

Weiter: Im Abendmahl schmecken wir Brot und Wein. Das ist auch ein sinnlicher Vorgang, für viele an Sinnlichkeit dem Hören noch überlegen, sitzen die Ohren doch hinter dem Kopf und nicht im Bauch. Zwar sitzt der Mund, wie übrigens alle Organe der Sinnlichkeit außer dem Tastsinn, ausschließlich am Kopf, aber vom Mund aus gibt es innerlich direkte Abwege zum Bauch. Die modernen Bauchapostel finden das nun ganz toll, daß man im Abendmahl ißt und trinkt, also nicht nur Worte, sondern auch Elemente, Brot und Wein, materia hat. Aber was schmeckt man denn im Abendmahl? Brot vom Bäcker und Wein vom Kellermeister, genau das also, was ich schmecke, wenn ich im Restaurant bin. Daß ich es mit Jesus Christus, seiner Realpräsenz zu tun habe, das fügt der Glaube dem sinnlichen Schmecken hinzu. Und woher hat er das? Aus dem Wort. (Es ist ja kein Wunder, daß heute weithin vergessen ist, daß das Abendmahl Gemeinschaft mit Christus ist. Das folgt aus der Verabsolutierung des Sinnlichen.) Also ist der Glaube gewiß Hören und Schmecken, aber er ist es zugleich auch nicht, ja, er ist sogar Gegensatz zum Hören und Schmecken, weil er gegen die | 25 Realität, weil er aus Menschenmund Jesus Christus hört und gegen die Realität von Brot und Wein das σῶμα Χριστοῦ (*Leib Christi*) glaubt. Das hat Thomas von Aquin in seiner Fronleichnamssequenz »Lauda Sion Salvator« so lapidar gedichtet: »Quod non capis, quod non vides, animosa firmat fides, praeter rerum ordinem.«[1] (Diesen Satz kann man auch dann zitieren, wenn man die Transsubstantiationslehre nicht vertritt.) Und im Hymnus [Pange lingua gloriosi] des gleichen Textes: »Verbum caro, panem verum, Verbo carnem efficit, Fitque sanguis Christi merum; Etsi senus deficit, Ad firmandum cor sincerum, Sola fides sufficit.«[2]

---

1 «Nicht dem Auge, nicht den Sinnen,
doch wird siegreich Raum gewinnen
Glaube gegen äußern Schein.»
Übersetzung von Karl Simrock, in:Lauda Sion, Lateinische Kirchenhymnen mit Deutscher Übersetzung, J. G. Cotta, Stuttgart, 2. Aufl. 1868, S. 219.

2 »Wort ward Fleisch, so schafft der Gute Fleisch aus Brote durch sein Wort, Schafft den Wein zu Christi Blute; Mag der Sinn auch nicht mit fort, Dem einfältgen Herzensmuthe Gnügt des heilgen Glaubens Hort.« Übersetzung Karl Simrock (s. o. Anm. 1), S. 215.

Nehmen wir ein ganz anderes Beispiel: Ernst Fuchs hat immer darauf hingewiesen, daß der Glaube von seinen eigenen Folgen bedroht wird. Was sind Folgen des Glaubens? Z.B. die Kirche als Institution, die Theologie, die Dogmatik, vor allem aber die Werke. Warum bedrohen die Folgen denn den Glauben? Zunächst: Daß die Folgen den Glauben bedrohen, dafür kann man heute von vielen Leuten Zustimmung bekommen, z.b.: die Kirche, die Amtskirche, als Bedrohung echten Glaubens; die Theologie, die Dogmatik, als kopflastige Bedrohung des Glaubens. Daß auch die Werke, das Handeln, den Glauben bedrohen können, wird nicht so gern gehört. So banal ist das von Fuchs allerdings nicht gemeint. Er meint nicht, der Glaube solle keine Folgen haben. Aber die Folgen des Glaubens können ihn von seinem Grund, Jesus Christus, ablenken. Denn Folge und Grund, das lernt jeder Gymnasiast, sind in logischer Hinsicht zweierlei; es gibt ja Kausalsätze und Konsekutivsätze. Der Glaube darf nicht von seinen Folgen fasziniert werden, weil er dann seinen Grund vergißt, zur Selbstmacht wird, Glaube sozusagen als Wiederholung des sündhaften Seinwollens wie Gott. Warum darf denn der Glaube von seinem Grund nicht losgelöst werden? Eben damit er Glaube bleibt und nicht aufhört, Glaube zu sein, und religiöse Ausstaffierung des Subjekts zu werden. Blicken wir auf das klassische Problem der Folgen des Glaubens, die Werke, Urthema der christlichen Theologie von Anfang an, Urthema auch der Reformation. Gewiß hat der Glaube Werke. Aber sind die Werke Sichtbarmachung, Versinnlichung des Glaubens? Dann müßte der Glaube ja auch für die Nichtglaubenden an den Werken der Glaubenden sichtbar sein. Wiederum also:

Der Glaube schießt über die Werke hinaus, er ist weiter und konkreter als die Werke. Konkret z.B. so: Jeder wahrhaft Glaubende wird seine Werke daraufhin befragen, wem sie dienen, in wessen Dienst der Glaubende und Handelnde seine Werke stellt, ob in den Dienst der Selbstverwirklichung oder in den Dienst Gottes und des Nächsten, wohin die Werke gehören. Das ist eine Glaubensfrage, also eine Frage, die im Gottesverhältnis ausgetragen wird. Aber es wird für das konkrete Verhalten |26 des Menschen zu seinen Werken und daher für die Werke selbst entscheidend sein, in wessen Dienst sie stehen. Wenn man durch seine Werke, die ja Gott und dem Nächsten gehören, selbst gerecht werden will (eben das ist das Problem der Werkgerechtigkeit), werden die Werke selbst zerstört. Der Glaube also ist etwas ganz anderes als Handeln, deshalb wird er nicht in oder durch Werke sichtbar, wohl aber an den Werken.

Ich wollte Ihnen mit diesem Hinweis zeigen, daß Glaube zwar mit allem Leben zusammenhängt (Existenzialverhältnis), daß er aber über unsere gewohnten Lebensvorgänge hinausschießt, ein sozusagen zusätzlicher Lebensakt, eine neue Dimension des Lebens. Und diese neue Dimension ist eine Erweiterung unseres Lebens, unserer Erfahrung, und nur als solche kann sie wahrgenommen werden. Also die Frage, das Denken des Glaubens kann immer nur die Frage nach dem Neuen des Glaubens sein. Deswegen sind alle Versuche, Glaube mit irgend[et]was Bekanntem zu identifizieren, = Glaube ist nichts anderes als, so fragwürdig und glaubenswidrig. Glaube steht im Bezug zu allem Bekannten, Erfahrenen, aber er ist nicht damit zu identifizieren. Glaube ist eine elementare Erfahrung, das ist jetzt eine Identifizierung des Glaubens mit Erfahrung. Aber Glaube ist zugleich Glaube gegen alle Erfahrung, credere est experiri contra omnem experientiam.

So gehört zum Leben z.B. hinzu, daß jeder Mensch, der nicht ganz unkritisch gegen sich selbst ist, auch seine moralischen Schwächen und bösen Handlungen erkennt. Das ist Erfahrung. Wenn aber der Glaube sich selbst als Sünder erkennt, so ist das eine Erfahrung gegen alle diese Erfahrung, eine qualitativ neue Erfahrung, die der Glaube einschließt. Sehr deutlich kann man sich das an Joh 16,33 klarmachen:»In der Welt habt ihr Angst; aber seid getrost, ich habe die Welt überwunden.«

Daraus folgt: Wenn wir sehen wollen, was Glaube ist, wenn wir unseren eigenen Glauben anschauen wollen, dann treten wir heraus aus uns und unserer eigenen Erfahrung und treten hinein, hinzu zu Christus, εἰς Χριστόν, und das ist der Sinn der Urformel des Glaubens »πιστεύω εἰς Χριστόν« (*ich glaube an Christus*). Der Glaube versichert sich seiner selbst christologisch, und zwar ausschließlich (nochmals Hebr 12,2). Die Erfahrung des Glaubens besteht also in diesem Heraustreten aus uns selbst zu, εἰς, Christus. Dieses Heraustreten aber korrespondiert oder besser: es verdankt sich dem Sein Jesu Christi für uns. In dem »ὑπὲρ ἡμῶν« (*für uns*) liegt die Wurzel der Christologie: Jesus Christus ist wahres und reines und absolutes Gottesverhältnis nicht für sich, sondern für alle Menschen. Das ist der Grund der Christologie.

c) [Jesus Christus als Grund der Kirche]

Kommen wir jetzt zur Christologie, zu Jesus Christus als Grund der Kirche.

Ich sagte ja, daß die Kirche der Ort des Glaubens an Jesus Christus [ist], und darum ist Kirche Ort und Raum auch für das Nachdenken über den Glauben, also die Theologie. Kirche ist also nicht der | 27 primäre

Gegenstand der Theologie, weil ja Kirche gerade darin besteht, an Jesus Christus als reines Gottesverhältnis zu glauben. Also ist Christologie eigentlich die wahre Gestalt der Ekklesiologie, und zwar so: Christologie ist Erkenntnis des Für-uns-Seins Jesu Christi. Diese Aufgabe kann ich hier nur anzeigen, das ist ja Gegenstand einer oder mehrerer Semestervorlesungen.

Hier nur die m.E. notwendigen und grundlegenden Sätze:

a) negativ: Die Bedeutung Jesu Christi für den Glauben und die Menschen besteht nicht darin, daß er unser Lehrer ist. Gewiß ist er das, aber das ist nicht der Grund seiner Einzigartigkeit, also nicht der Grund der Christologie. Selbst die, welche Jesus Christus als Lehrer verstehen, sehen Jesus nicht als einzigen Lehrer an, und das mit vollem Recht.

b) Jesus ist auch nicht unser Vorbild. Gewiß ist er das und muß es sein, wobei ich persönlich dafür plädiere, ihn vor allem als Vorbild für Klugheit, Intellekt, usw. zu betrachten, Vorbild für die Notwendigkeit einer verantwortlichen Sprache. Darin, daß Jesus weder Lehrer noch Vorbild ist, liegt begründet, daß alle messianischen Interpretationen Jesu nicht christologisch sind, also alle, die Jesus als politischen Befreier verstehen. Ein politischer Befreier läßt sich nicht kreuzigen, d.h. er läßt sich nicht fangen außer durch Gewalt. Es ist aber ganz sicher, daß Jesus gegen seine Verhaftung und Kreuzigung nichts unternommen hat. Deshalb darf man Jesus nicht mit dem Messiastitel und messianischen Vorstellungen interpretieren, sondern umgekehrt diese durch Jesus (geschieht ja schon im Christus-Titel-Namen).

c) positiv: Die Christologie wurzelt in einem Doppelten:

1. Jesus Christus ist dadurch einzigartig unter allen Menschen, daß er, und zwar er allein, als sündloser Mensch erscheint, als wahres, reines, absolutes Gottesverhältnis. Er ist der einzige Sündlose unter allen Sündern. Es gehört zum Wesen des christlichen Glaubens zu sagen, daß diese Sündlosigkeit nicht das Werk des Menschen Jesus ist, sondern das Werk Gottes an Jesus. Dies ist die Wurzel der Zweinaturenlehre, der eigentlichen Christologie.

2. Dieses Jesus exklusiv eignende Menschsein in seiner Wahrheit und Reinheit und die sich in diesem wahren Menschsein ereignende Nähe Gottes zum Menschen hat Jesus Christus nicht für sich, sondern für alle Menschen, für den ganzen Kosmos. Dieses Für-Sein Jesu Christi für die Welt und [die] Menschen gehört mit zur eigentlichen Christologie. Über die Begründung habe ich ja gesprochen, als ich zum wahren Gottesverhältnis etwas sagte. Was ich hier in zwei Aspekte aufgeteilt habe, nämlich die Lehre von den zwei Naturen und dem Für-Sein Jesu, entspricht den

klassischen Abschnitten der Christologie, Lehre von der Person und dem Werk bzw. Amt Christi: Alle diese Aussagen, und das ist nun wichtig, sind im strengen Sinne Aussagen des Glaubens, d.h. sie können nur durch jene Erfahrung, jene Hingabe an Jesus Christus erfahren werden, die wir Glauben nennen. Daß Jesus Christus Gott und Mensch, | 28[1] wahrer Gott und Mensch ist, das bewahrheitet sich in und mit der Erfahrung des Glaubens. Daß Jesus Christus die Wahrheit unseres eigenen Gottesverhältnisses, unsere Gerechtigkeit vor Gott ist, das ist nur in der Erfahrung einzuholen, die wir Glauben nennen. Dieses »nur« ist nicht herabmindernd gemeint – nur Glaube, aber nicht Erkennen, das ist eine ganz unsachgemäße Alternative, sondern nur = ausschließlich, denn Glaube umfaßt ja alle Lebensakte und alle Lebensvorgänge (δοῦλος – der Diener – dient mit seinem Leben). | 28a

Nun ist nochmals daran zu erinnern, was ich im Passus über den Glauben zu sagen versuchte. Der Glaube ist Erfahrung, aber als Erfahrung mit Jesus auch Erfahrung gegen alle Erfahrung: credere est experiri contra omnem experientiam. (Ich erinnere an das, was ich über Brot und Wein im Abendmahl sagte und über das Verhältnis von Glaube und Werken.) Dies ist nun hier nochmals hervorzuheben: Daß wir Jesus Christus als Christus, als Kyrios, als Heiland usw. bezeichnen, das ist ja evidentermaßen eine gegen alle Erfahrung gerichtete Sprache. Jesu Leben, Sterben und Schicksal fehlt ja evidentermaßen alles, was einen Κύριος, Σωτήρ, Χριστός (Herr, Retter, Christus) usw. auszeichnet. Gleichwohl nennt der Glaube Jesus mit all diesen Titeln, wichtiger noch, er sieht in ihm den ewigen fleischgewordenen λόγος (Wort; Joh 1,1f), sieht in ihm die Herrlichkeit des μονογενὴς υἱὸς θεοῦ (eingebornen Sohnes Gottes; 1,14) usw., und sieht doch dies alles gegen alle Erfahrung, aber aus einer Erfahrung mit Jesus heraus, die alle Erfahrung vervollkommnet. Diese Urerfahrung mit Jesus ist die Erfahrung des Für-uns-Seins Jesu (ὑπὲρ ἡμῶν; vgl. vor allem 2 Kor 5,11–21); solche Sätze wie: Er ist unsere Wahrheit, unser Leben, unser Friede, unsere Gerechtigkeit. Oder: Er ist gesandt worden, um uns vor dem Verderben zu wahren (Johanneische Sendungsformeln).

Die Erfahrung des Glaubens ist also: Jesus Christus ist der, der wir nicht sind, der gerechte, wahre Mensch, und der, der wir nicht sind, ist er für uns. Das ist die Urerfahrung des Glaubens mit Jesus; hieraus entwächst die Glaubenssprache, die Jesus preist und mit Titeln versieht. Und | 28b innerhalb dieses Glaubensverhältnisses mit Jesus gewinnen nun Erkennen, Denken, Fühlen, Sprechen ihre Bedeutung – nicht umgekehrt. (Das ist übrigens der Sinn der Brautmystik im klaren existentiellen Sinn: der Glaube als Braut Christi; Luthers conformitas – Gedanke, fröhlicher Wechsel.)

Ist also so Glauben das Wahrnehmen Christi gegen die Erfahrung, die wir an Jesus sehen, so ist umgekehrt diese Wahrnehmung Jesu Christi an uns ebenso eine experientia contra experientiam. Ist Jesus für den Glauben seine, des Glaubenden, Wahrheit, Gerechtigkeit, Leben, so ist die Wahrnehmung dieses Sachverhaltes verbunden mit der Wahrnehmung dessen, daß uns das alles fehlt: Röm 3,23: allesamt Sünder und ermangeln des Ruhmes, den sie vor Gott haben sollen. D.h. in der Erfahrung mit Jesus Christus nehmen wir an uns selbst gegen alle Erfahrung eine Erfahrung wahr, nämlich daß wir Sünder sind. Aber wir nehmen das wahr in dem Glauben an das Für-uns-Sein Jesu.

So kann man sagen: Zwischen Jesus und uns findet im Glauben ein gegenseitiges Verifikationsgeschehen statt, wobei die Bewegung von Jesus Christus als dem Wort Gottes ausgeht: Jesus macht uns im Glauben durch sein Für-uns-Sein wahr und gerecht, und daraufhin preisen wir ihn als unsere Wahrheit, Gerechtigkeit, als Kyrios und Soter und bekennen uns vor Gott als Sünder. Darum ist die Sprache des Glaubens doppelt: Sie ist christologisch, der Glaube verifiziert sich christologisch; und sie zentriert um die Vergebung der Sünde, Rechtfertigung, Versöhnung, Wahrwerdung usw. D.h. die Sprache des Glaubens bewegt sich auf einer Ebene, die allem Moralischen, Politischen, Ethischen, Kosmologischen, Sozialen, Physischen, allen | 28c Lebensbedürfnissen vorausliegt, nämlich der Ebene unseres Seins vor Gott, unseres Geschöpfseins. Das meine ich mit dem Wort existentiell – existential, ontisch – ontologisch. Alles Lebensmäßige muß in diese fundamentalste Dimension propriiert werden, nicht umgekehrt.

Ich versuche, dies nun noch an einem wesentlichen Moment der Christologie zu zeigen, nämlich den Wundern Jesu, vor allem den Heilungswundern. Das hermeneutische Grundproblem ist auch hier: Die Erfahrung, innerhalb derer wir diese Wunder verstehen, wird uns gegen unsere Erfahrung erst durch Jesus Christus erschlossen. Wir müssen uns gerade hier darüber klar sein, daß unser Denken und Wahrnehmen ungeheuer geprägt ist durch Muster, Konventionen, die gerade gesprengt werden müssen, wenn es zum Glauben und daher zum wahren Leben kommen soll. Daß z.B. die Werke den Glauben konkret machen, ich habe darüber gesprochen, verdankt sich einem materialistischen, sowohl glaubens- als auch lebensfernem und lebensfremdem Denken; denn der Glaube fügt der materiellen Seite unseres Lebens eine wesentliche Dimension hinzu. So werden auch die Wunder Jesu so wahrgenommen: Jesu Wirken bezieht sich nicht nur auf den Geist, die Seele, sondern – ganz konkret – auf den Leib: Jesus heilt den Menschen bis in den Leib hinein. Und dahinter steht das materialistisch-hedonistische Denken der Neuzeit, dem die Gesundheit des Leibes der höchste Wert ist, und das daher auch die Interpretation der Wunder Jesu diesem hedonistischen Materialismus unterwirft. (Dem widerspricht schon, daß alle Auferweckten und Geheilten genauso gestorben sind, wie alle anderen; Schiller, Braut von Messina.) |28d

Nun gilt aber diese denkerische Voraussetzung für die Antike überhaupt nicht. Vielmehr wird im Bereich israelitisch-jüdisch-christlichen Denkens immer die Frage virulent, ob und wie Krankheit mit der Sünde zusammenhängt (Joh 9,1ff). Hier wird also an der Krankheit eine Dimension sichtbar, die wir abgeblendet haben, nämlich das Gottesverhältnis. Und Jesus steht offenbar in diesem Denken, aber er durchbricht es auch, indem er Krankheit zuvor im Gottesverhältnis wahrnimmt, aber die Frage nach dem Kausalzusammenhang zwischen Sünde und Krankheit durchbricht. Auch an der Krankheit wird Gottes Macht sichtbar, aber keineswegs, wie das Johannesevangelium sagt, bloß an der Krankheit, ja nicht einmal primär an der Krankheit. Die eigentliche Macht Gottes zeigt sich in der Bekehrung des Menschen aus den Denkstrukturen des Kosmos, aus der Selbstwahrnehmung aus dem Kosmos, dem Ich, der Finsternis also.

Jesu Krankenheilung ist also nicht der Horizont der Wahrnehmung Jesu, sondern das befreiende, versöhnende, wahrmachende Handeln Jesu ist der Horizont zur Wahrnehmung der Krankenheilung. Darum ist, auch bei den Synoptikern, mit allen Wundern der Ruf zum Glauben und die Sündenvergebung verbunden. Sie sind der umfassendste existentielle Horizont der Wunder Jesu. D.h., auch die Wunder müssen streng im Gottesverhältnis verstanden werden, ihr Ziel ist nicht einfach die Herstellung der leiblichen Gesundheit des Menschen. Denn Jesu ganzes Wirken ist ja nicht der Mensch als Ich, als Substanz, sondern das Gottesverhältnis des Menschen. Daher werden die Wunder häufig Zeichen genannt, weil sie auf Gott verweisen. Also, jene Versuche, Jesu Wunder aus einer Ideologie der Leiblichkeit und aus dem materialistischen Denken zu erklären, sind sowohl historisch, |28e als auch theologisch unhaltbar. Bei der Hochzeit zu Kana (Joh 2,1–11) wollte Jesus der Hochzeitsgesellschaft keineswegs in einer momentanen Mangelsituation helfen, um ihr irdisches Vergnügen und Perfektionsbedürfnis zu erfüllen.

Also: Jesu Dienst am Menschen, Jesu Für-uns-Sein, besteht nicht darin, daß er uns unsere Sehnsüchte, Träume und Wünsche erfüllt, sondern daß er uns von ihnen befreit und uns die Gnade und Wahrheit (Joh 1,17) offenbart. Also wiederum: Experientia contra experientiam – an der Heilung des Kranken wird für den Glauben mehr bemerkbar als die Heilung der Krankheit, nämlich die Vergebung der Sünde, in deren Horizont sie gehören.

Man kann sich diesen Grundsatz an den Wundergeschichten selbst klar machen. Ich sagte, daß Krankheit wahrgenommen wurde als Störung des Gottesverhältnisses, als Zusammenhang mit der Sünde, Krankheit und überhaupt alle Schicksalsschläge. Es ist nun klar, daß diese Wahrnehmung der Krankheit den Betroffenen einmal sozial isoliert und sodann gleichsam durch die Schuldfrage auf sich selbst fixiert. Als Beispiel sehen wir hier Hiob, in der ganzen horrenden Wucht der Konzentration auf sich selbst. Jesus nun reagiert auf diese Wahrnehmung von Krankheit und Not nicht so, daß er die Frage nach dem Kausalzusammenhang zwischen Krankheit, Not und Sünde löst und beantwortet, sondern indem er die Menschen aus dieser Frage selbst befreit und ihnen die Sündenvergebung zuspricht. Dies aber, die Sündenvergebung, die Nähe des Gottesreiches für alle, das ist der Horizont der Verkündigung, den der Glaube wahrnimmt; in ihn stellt er auch die Wunder Jesu. Er nimmt also an den Wundern Jesu mehr wahr als das Mirakel, nämlich Jesu Sein für alle Menschen, er versteht die Wunder christologisch. | 28[2]

Dies eine Rahmenskizze der Christologie. Wir werden im Verlauf der Vorlesung von der Kirche, in der Christologie Jesus Christus als Grund der Kirche, wiederbegegnen, nämlich in den Abschnitten über den Gottesdienst, also Predigt und Sakrament. Denn neben der Christologie im dogmatisch-eigentlichen Sinn sind ja Predigt und Sakramente auch christologisch. Ich verdeutliche das an Taufe und Abendmahl. Entsprechend dem oben gezeichneten reziproken Parallelismus

Glaube	⇨	εἰς Χριστόν
Glaube	⇦	Christus
	ὑπὲρ ἡμῶν	

kann man eine reziproke Parallele auch für die Sakramente aufstellen:

Taufe: Mensch	⇨	εἰς Χριστόν
Abendmahl: Mensch	⇦	Christus
	ὑπὲρ ἡμῶν	

Das heißt: An den Sakramenten können wir die ganze Christologie entfalten, wobei an den Sakramenten ja deutlich wird, daß Christologie nicht nur dogmatisch-theologisch entwickelt wird, sondern in den Sakramenten werden wir Christus existential zugeeignet (Taufe) und wird Christus uns existentiell zugeeignet [Abendmahl]. Insofern wäre zu sagen, daß die Sakramente im Vollzug eigentlicher sind als die Christologie.

Noch eine methodische Bemerkung: Die Christologie als Lehre von dem Menschen Jesus Christus und die Soteriologie (Versöhnungslehre, Rechtfertigungslehre) bilden die Mitte der Ekklesiologie, weil Jesus Christus die Mitte der Kirche ist. Dies aber ist keine Restriktion von Theologie auf Christologie oder Christomonismus, wie es Karl Barth immer wieder vorgehalten wurde. Wir glauben ja auch an Gott den Schöpfer und haben daher alles Geschaffene im Blick, und an Gott den Vollender der Welt. An den Heiligen Geist. Aber alles wird in der christlichen Kirche bezogen auf Jesus Christus. Es wird uns hoffentlich noch klarer werden, warum das so ist. Gegenüber einem allfälligen Vorwurf des Christomonismus sagen wir: Nein, es ist gerade umgekehrt: In der Glaubensgemeinschaft mit Christus gewinnen wir einen Bezug zu Gott und Mensch und Welt, der an Weite und Tiefe gar nicht mehr überbietbar wird – das, was Paulus in Gal 5,22f die Frucht des Geistes (Singular! gegenüber Plural ἔργα bei den Werken des Gesetzes) nennt. Wir müssen eben sehen: Unser Blick auf Christus blickt auf den, der vom Schöpfer aller Dinge für uns alle gegeben ist. | 29

§ 4: DIE PRIMÄREN ERSCHEINUNGSFORMEN DER KIRCHE

a) [Die primären Formen der Kirche]

Allgemein: Ich fasse hier nur kurz zusammen, was ich immer schon verschiedene Male dargelegt habe, nur jetzt bezogen auf Jesus Christus als Grund der Kirche: Kirche ist die Gemeinschaft der an Jesus Christus Glaubenden, noch etwas genauer: Kirche ist die Gemeinschaft der im Glauben an Jesus Christus an Gott Glaubenden.

Die primären Formen, mit denen die Kirche in Erscheinung tritt, müssen diesem ihrem Wesen entsprechen; also diejenigen Institutionen sind der Kirche wesentlich, die zum Vollzug des Für-uns-Seins Jesu Christi und zum Vollzug unseres Glaubens an Jesus Christus notwendig sind. Das ist umfassend gesagt der Gottesdienst mit seinen Elementen Verkündigung (Predigt), Taufe, Abendmahl (dies die eigentlichen Fundamente des Gottesdienstes), Gebet, Lobpreis, Klage; auch die sogenannten Kasualien sind Gottesdienst, wenn sie diese christologische Mitte haben; ebenso die Seelsorge. (Vielleicht sollte ich nochmals ausführen, warum die Zentralstellung der Kirche nicht bedeutet, daß man unbedingt immer nur von Jesus Christus verbotenus reden muß: Christus ist Mitte des Gottesverhältnisses, das Gottesverhältnis ist eine christologische Situation.) Auch alle kirchlichen Ämter und Verwaltungsmaßnahmen müssen allein diesem Zweck untergeordnet werden: Sie müssen dem Vollzug der gemeinsamen Christusgemeinschaft dienen.

Historisch gesehen ist es so, daß die Christen mit einem Minimum an Institutionen und Ämtern ausgekommen sind, und die Institutionalisierung der Kirche ist ein langer, außerordentlich motivreicher Prozeß, in dem sich Sachnotwendigkeiten und Machtansprüche überlagerten. Gemäß dem für die notwendige Erscheinungsform der Kirche Gesagten kann man für die Ämter folgendes sagen: Da Jesus Christus selbst es ist, mit dem wir im Gottesdienst verbunden werden, kann es nur Ämter geben, die diesem Grundsachverhalt entsprechen und sich völlig dienend verhalten. Sodann kann grundsätzlich jedermann und jede Frau ein solches Amt ausüben, d.h. es gibt weder ein besonderes Priestertum noch die Bevorzugung des männlichen Geschlechts. Jeder Mensch kann der Verkündigung Jesu Christi dienen. Daß es in den großen christlichen Kirchen bestimmte Ämter, auch [ein] Verkündigungsamt gibt (Pfarrer), das ist richtig und notwendig um der Ordnung willen, aber auch um der Sache willen, da zur Verkündigung Jesu Christi ja eine Kenntnis Jesu Christi und der Schrift erforderlich ist. Aber dadurch wird das allgemeine Priestertum nicht tangiert. Darum gibt es in der Kirche im strengen Sinne auch keine Hierarchie, also im Hinblick auf die Verkündigung. Leitungsämter dienen auch bloß der Verkündigung Jesu Christi. Schließlich ist zu sagen, daß auch die Seelsorge als Stärkung im Glauben dem christologischen Kriterium unterliegt.

Ich fasse zusammen: Die primären Institutionen der Kirche dienen der Gemeinschaft derer, die Gemeinschaft mit Jesus Christus haben. Natürlich ergibt sich daraus, daß sich in und an | 30 der Kirche auch jene Institutionen bilden, die der menschlichen Gemeinschaft dienen, dem Dienst an den Armen, Kranken, usw., was von Anfang an offenbar zur christlichen Gemeinde gehört. Und es ist ja auch offensichtlich, daß die Sorge um die Menschen mit zu Jesu Verhalten gehört, auch wenn man seinen Umgang mit Zöllnern und Sündern auch viel zu eng interpretiert, wenn man ihn bloß sozialpolitisch versteht. Aber offenbar folgt für Jesus aus der Reinheit seines Gottesverhältnisses auch die Aufhebung aller sozialen Differenzierung im Gottesverhältnis: Vor Gott gilt kein Ansehen der Person: Röm 2,11; Eph 6,9; Kol 3,25; Jak 2,1, vgl. Apg 10,34. D.h., Jesus und die Kirche kommen aus theologischen, nicht sozialpolitischen Gründen zur Aufhebung der sozialen Differenzierungen, und es wäre wohl lohnend, darüber nachzudenken, wenn dies das treibende Moment aller Sozialphilosophie, -ethik, -politik und des Sozialismus gewesen wäre. Was ich sagen wollte: Die diakonischen Aktivitäten der Kirche und die dazu notwendigen Institutionen sind mit dem Sein der Kirche mitgesetzt, aber sie sind als sekundäre Institutionen von den primären zu unterscheiden; und dieser Unterschied kommt beiden zugute. Man könnte die Aufzählung der sekundären Institutionen noch fortsetzen, z.B. Kirchengebäude, Infrastrukturen [usw.].

b) [Die notae ecclesiae]

Ich gebe Ihnen jetzt eine kleine dogmengeschichtliche Information. Was ich die primären Institutionen der Kirche genannt habe, also jene, durch die sie mit ihrem eigenen Wesen sichtbar wird, also Gottesdienst = Predigt und Sakramente, die ja öffentlich und sichtbar gefeiert werden, das hat man in der nachreformatorischen Theologie notae ecclesiae genannt, also das, woran man die Kirche erkennt. So sagt der lutherische Dogmatiker Johann Gerhard: »Verbo Dei et usu sacramentorum ecclesia constituitur, congregatur, alitur et conservatur. Ergo verbum Dei et usus sacramentorum sunt propriae, genuinae et infallibiles ecclesiae notae; et per consequens, ubiqunque illa pura sunt, ibi pura est ecclesia.«[1] Wo also Gottes Wort rein verkündigt und die Sakramente rein gebraucht werden, da ist die Kirche als Kirche sichtbar. Die reformierten Dogmatiker fügen dem noch gelegentlich die Kirchenzucht hinzu, aber die Zucht ist z.B. auch dem Staat eigen und keine spezifische nota der Kirche. Denn die notae ecclesiae nennen ja das Spezifische der Kirche, das nur die Kirche hat. Natürlich hat die Kirche vieles, was andere auch haben, z.B. eben Kirchenzucht oder das Phänomen der Institution. Diese Lehre von den notae ecclesiae geht zurück auf die Confessio Augustana von 1530 Art. VII. Dort heißt es: »Item docent, quod una sancta ecclesia perpetuo mansura sit. Est autem ecclesia congregatio sanctorum, in qua evangelium pure docetur et recte administrantur sacramenta. Et ad veram unitatem ecclesiae satis est consentire de doctrina evangelii et de administra-

---

[1] Loci Theologici XXII; 132.2, hg. v. Fr. Frank, tom 5 (=Cotta XI, 195), Leipzig 1885, 375. Durch Gottes Wort und den Gebrauch der Sakramente wird die Kirche begründet, versammelt, genährt und bewahrt. Also sind das Wort Gottes und der Gebrauch der Sakramente die eigentlichen, wesensgemässen und untrüglichen Kennzeichen der Kirche; und daraus folgt, wo immer auch jene rein sind, da ist die Kirche rein.

tione sacramentorum. | 31 Nec necesse est ubique similes esse traditiones humanas seu ritus aut ceremonias ab hominibus institutas; sicut inquit Paulus: Una fides, unum baptisma, unus Deus et pater omnium etc.« (Eph 4,5f [vgl. BSELK 61,2–17: »Es wird auch gelehrt, daß alle Zeit eine heilige christliche Kirche sein und bleiben müsse, welche ist die Versammlung aller Gläubigen, bei welchen das Evangelium rein gepredigt und die heiligen Sakramente laut des Evangeliums verwaltet werden. Und dies ist genug zu wahrer Einigkeit der christlichen Kirchen, daß da einträchtiglich nach reinem Verstand das Evangelium gepredigt und die Sakramente dem göttlichen Wort gemäß gereicht werden. Und ist nicht not zur wahren Einigkeit der christlichen Kirche, daß überall gleichförmige Zeremonien, von den Menschen eingesetzt, gehalten werden, wie Paulus spricht zu den Ephesern am 4.: ›Ein Leib, ein Geist, ... ein Herr, ein Glaub, ein Tauf.‹«])

Diese Sätze haben einen thetisch-assertorischen und einen polemischen Aspekt. Thetisch: Sie enthalten eine suffiziente Definition der Kirche durch die notae ecclesiae. Eine suffiziente ist eine hinreichende Definition. Sie beschreibt nicht alles, was die Kirche ist, aber das, was für sie notwendig ist, damit sie ist.

Sie orientiert sich ohne Zweifel am Neuen Testament, sofern die Erscheinungsformen der Kirche überhaupt erkennbar sind. Und sie betont, daß die Predigt und der Brauch der Sakramente rein sein müssen, d.h. sie müssen ihrem Zweck entsprechen. Rein sind sie also, wenn sie der Verkündigung des Für-uns-Seins Jesu Christi dienen; sonst nicht. Weil dies der Fall ist, können Riten und Zeremonien, die der Reinheit dienen, verschieden sein. Denn Riten und Zeremonien sind menschliche Einrichtungen (traditiones humanae!), und die Reinheit der Verkündigung kann rituell-zeremoniell durchaus verschieden sein, wenn nur die Entsprechung zur Substanz gewahrt bleibt. So kann man sagen, daß die notae der Kirche tatsächlich ihre sichtbaren Kennzeichen im Sinne der primären Institutionen sind.

Der polemische Aspekt von CA VII ist implizit in der Abgrenzung zum römischen Kirchenverständnis zu sehen. Im tridentinischen Konzil wird gelehrt, daß die Kirche erkannt wird am sichtbaren Opfer. Das bezieht sich auf das Abendmahl, das Sakrament der Eucharistie, und ist insofern mit der Definition der CA analog, wenn auch nach reformatorischer Lehre die Deutung und der Vollzug des Abendmahls als Opfer eben weder pura doctrina noch purus usus sind. Als zweites Kennzeichen der Kirche wird im Tridentinum nun das priesterliche Amt genannt, also die Hierarchie, mit dem Papst an der Spitze als der höchsten Autorität. Diese nota ecclesiae muß in der reformatorischen Theologie

abgelehnt werden, aus zwei Gründen: Zunächst kann es in der pura ecclesia kein sakramentales geistliches Amt geben, weil die Sakramente Feier
der Gegenwart Jesu Christi sind, es also nur christologische Sakramente
geben kann, und sodann, weil zum Dienst in den primären Institutionen
ausnahmslos alle Glaubenden befähigt und berufen sind, wenn auch aus
Gründen der Ordnung es ein kirchliches Amt geben muß. Zweitens ist
eine Hierarchie nichts spezifisch Kirchliches, sie bildet sich im sozialen
Bereich (Gesellschaft, Staat, Universität) notwendig aus. Die Reformato-
ren haben deutlich gesehen, daß die faktische Gestalt der Hierarchie das
Ergebnis eines machtpolitischen, keines geistlichen Vorgangs ist.

Kirche also zeigt sich in Gottesdienst, Predigt und Sakrament, und alles kirchliche Wirken und Inerscheinungtreten muß sich um dieses Zen-
trum konzentrieren. | 32

§ 5: ZUM WORT KIRCHE

Eine kurze Besinnung auf das Wort Kirche ist hier notwendig, weil dieses Wort ungeheuer viele Konnotationen und daher Mißverständnisse
mit sich führt: Kirche = Gebäude; (zur Kirche gehen = ins Gebäude,
aber auch in den Gottesdienst gehen; Kirche = Kirchgemeinde, Landeskirche, Weltkirche; Kirche = Amt (Amtskirche) usw. Kirche = aber im
dogmatischen Sinn, besonders katholisch, als sakramentaler Leib Christi
(corpus mysticum), und dieser Begriff von Kirche als besonders heiliger
Institution bestimmt die Mentalität auch im nicht-katholischen Raum,
vielleicht heute nicht mehr so stark.

Luther »Von den Konziliis und den Kirchen« 1539 (WA 50;509–653 =
MüA[3], Erg.Bd 7, 1963), eine grundlegende ekklesiologische Schrift:
»Wohlan, [hintangesetzt mancherlei Schriften und Teilung des Worts
Kirche, wollen wir diesmal einfältiglich bei dem Kinderglauben bleiben,
der da sagt: ›Ich glaube eine heilige christliche Kirche, Gemeinschaft der
Heiligen.‹ Da deutet der Glaube klärlich, was die Kirche sei, nämlich eine
Gemeinschaft der Heiligen, das ist, ein Haufe oder Sammlung solcher
Leute, die Christen und heilig sind, das heißt ein christlicher, heiliger
Haufe oder Kirchen; aber dies Wort Kirche ist bei uns zumal undeutsch
und gibt den Sinn oder Gedanken nicht, den man aus dem Artikel neh-
men muß.

Denn Apg 19,39f heißt der Kanzler Ecclesiam die Gemeine oder das
Volk, so zu Hauf auf den Markt gelaufen war, und spricht: ›Man mags in
einer ordentlichen Gemeine ausrichten.‹ Item: ›Da er das gesagt, ließ er
die Gemeine gehen.‹ An diesen und mehr Orten heißt Ecclesia oder

Kirche nichts anderes denn ein versammelt Volk, ob sie wohl Heiden und nicht Christen waren, gleichwie Ratsherrn fordern ihre Gemeine aufs Rathaus. Nun sind in der Welt mancherlei Völker, aber die Christen sind ein besonder berufen Volk und heißen nicht schlechthin Ecclesia, Kirchen oder Volk, sondern sancta catholica Christiana, das ist ein christlich, heilig Volk, das da glaubt an Christum, darum es ein christlich Volk heißt, und hat den Heiligen Geist, der sie täglich heiligt, nicht allein durch die Vergebung der Sünden, so Christus ihnen erworben hat (wie die Antinomer narren), sondern auch durch Abtun, Ausfegen und Töten der Sünden, davon sie heißen ein heilig Volk. Und ist nun heilige christliche Kirche soviel als ein Volk, das Christen und heilig ist, oder wie man auch zu reden pflegt, die heilige Christenheit, item die ganze Christenheit, im Alten Testament heißt es Gottesvolk. Und wären im Kinderglauben solche Wort gebraucht worden: Ich glaube, daß da sei ein christlich, heilig Volk, so wäre aller Jammer leichtlich zu vermeiden gewesen, der unter dem blinden, undeutlichen Wort (Kirche) ist eingerissen; denn das Wort christlich, heilig Volk hätte klärlich und gewaltiglich mit sich gebracht beide, Verstand und Urteil, was Kirche oder nicht Kirche wäre. Denn wer da hätte gehört dies Wort: christlich, heilig Volk, der hätte flugs können urteilen: Der Papst ist kein Volk, vielweniger ein heilig, christlich Volk: Also auch die Bischöfe, Pfaffen und Mönche, die sind kein heilig, christlich Volk, denn sie glauben nicht an Christo, leben auch nicht heilig, sondern sind des Teufels böses, schändliche Volk. Denn wer nicht recht an Christum glaubt, der ist nicht christlich oder Christ; wer den Heiligen Geist nicht hat wider die Sünde, der ist nicht heilig, darum können sie nicht ein christlich, heilig Volk sein, das ist sancta et catholica ecclesia.

Aber weil wir dies blinde Wort (Kirche) brauchen im Kinderglauben, fället der gemeine Mann auf das steinern Haus, so man Kirche nennet, wie es die Maler malen, oder gerät es wohl, so malen sie die Apostel, Jünger und die Mutter Gottes, wie auf dem Pfingsttag und den Heiligen Geist oben drüber schwebend. Das gehet noch hin, aber das ist nur einer Zeit christlich Volk, nicht allein zur Apostelzeit, die nun längst tot sind, sondern bis an der Welt Ende, daß also immerdar auf Erden im Leben sei ein christlich, heilig Volk, in welchem Christus lebet, wirkt und regiert per redemptionem, durch Gnade und Vergebung der Sünden, und der Heilige Geist per vivificationem et sanctificationem, durch täglich Ausfegen der Sünden und Erneuerung des Lebens, daß wir nicht in Sünden bleiben, sondern ein neu Leben führen können und sollen in allerlei guten Werken und nicht in alten bösen Werken, wie die zehn Gebot oder zwo Tafeln Mose fordern. Das ist S. Paulus Lehre, aber der Papst

mit den Seinen hat beide, Namen und Gemälde der Kirchen, allein auf
sich und auf seinen schändlichen, verfluchten Haufen bezogen, unter
dem blinden Wort Ecclesia, Kirchen etc.«] (MüA 109f.)

Was Luther hier ausführt, ist von erhellender Bedeutung, sofern er
sieht, daß das Wort Kirche in seinem faktischen Gebrauch nicht mehr
klar und deutlich sagt, was die Kirche ist, nämlich die um Jesus Christus
versammelte Gemeinde. Luther rekurriert hier auf das Credo – communio sanctorum – und von daher auf das Neue Testament, den Begriff
ἐκκλησία (Kirche), der ja in der Tat schon im profanen Bereich die
Volksversammlung bezeichnet. Luther sagt also: Was Kirche ist, Versammlung der Gemeinde um Jesus Christus, das kommt im heutigen
Gebrauch des Wortes Kirche nicht mehr zum Vorschein, dafür muß
man auf das Neue Testament zurückgreifen. Das Problem liegt also nicht
einfach im Wort Kirche selbst, sondern in seiner faktischen Verwendung. Blicken wir nun kurz auf die Wortgeschichte.

Das Wort »Kirche« ist ein Lehnwort, das zurückgeht auf κυριακός, dem
Herrn zu eigen. Von dieser Herkunft, einem von κύριος abgeleiteten
Adjektiv, wäre das Wort natürlich durchaus geeignet, gerade das Wesentliche der Kirche auszusprechen. Im Neuen Testament nur zweimal:
1 Kor 11,20 κυριακὸν δεῖπνον (Herrenmahl) und Apk 1,10 ἐν τῇ κυριακῇ ἡμέρᾳ, lateinisch dominicus, daher der Sonntag in den romanischen Sprachen domenica, dimanche usw. Das Adjektiv bezeichnet etwas als dem Herrn gehörig, ist also insofern christologisch, aber es bezeichnet im Neuen Testament nicht das, was wir Kirche nennen. Das
Zentralwort dafür ist Εκκλεσία, lateinisch ecclesia, davon in den romanischen Sprachen chiesa, église, eglesia. Anders in den germanischen
Sprachen, Kirche, kirke, slaw. cerkow. Ausgangspunkt ist ein spätgriechisches Wort κυρικός, κυρική, ein Adjektiv als Kontraktion von κυριακός, das in Analogie zum Wort βασιλική (Basilika) bzw. οἰκία (Haus)
zur Bezeichnung des Gebäudes wurde und sich wie viele solcher Adjektive zum Substantiv verselbständigte. Κυριακή bezeichnet also ursprünglich das Gebäude des Gottesdienstes als das dem | 33 Herrn eignende Gebäude. Dieser Sprachgebrauch ist dann im Westen wohl von
den Goten zu den Franken gelangt und hat sich von daher über die germanisch sprechenden Völker ausgebreitet; bei den Slawen war es die
Beziehung mit dem oströmischen Reich. Nun wäre es von der Ursprungsbedeutung her durchaus möglich, Kirche als dem Herrn gehöriges Gottesvolk zu bezeichnen, κυριακὸς λαός, und das würde den
Sinn von Kirche sehr genau treffen (aber nicht Herrenvolk!). Faktisch
aber hat sich das Verständnis von κύρ [kyr] – Kirche von Gebäude, den

in diesem Gebäude vollzogenen Zeremonien, dem Klerus, der diese Zeremonien vollzieht und der Hierarchie, zu welcher der Klerus gehört, eher so entwickelt, daß das Wort Kirche mehr das Institutionelle, Organisatorische, Hierarchische, Sakramentale evoziert als das Wort Ἐκκλησία in seinem Ursprungssinn.

Und es ist ja wohl wahr: Es wird zwar durch die Theologie immerhin wieder ins Bewußtsein erhoben, woran Luther so viel lag, nämlich der Gedanke der communio sanctorum, auch in der katholischen Kirche, wo im Zweiten Vatikanum der Gedanke des Gottesvolkes den des Corpus mysticum ergänzte; aber faktisch wird unser Bild von Kirche bestimmt durch das Institutionelle, Organisatorische, Kirchenleitungen, Kirchenbünde, ökumenische Zusammenschlüsse usw. Wenn wir also das blinde und undeutliche Wort Kirche sehend und bedeutend machen wollen, so müssen wir schon eine Menge theologische Arbeit leisten.

Ich will das noch durch einige Erwägungen zur gegenwärtigen Situation ergänzen:

a) Im Ökumenischen Rat sind – außer der römischen Kirche als der wichtigsten – viele Kirchen zusammengeschlossen, die sich gegenseitig im Vollsinne gar nicht als Kirche anerkennen. Deshalb ist der Ökumenische Rat als solcher keine Kirche. So sind in den Augen vieler Kirchen die Kirchen der Reformation nicht im Vollsinne Kirche, weil ihr die sakramentale Hierarchie, also das Amtspriestertum, fehlt. Umgekehrt wird man als Evangelischer sagen müssen, daß gerade in der evangelischen Kirche Kirche ursprünglich erscheint, sofern die Hierarchie und das Amtspriestertum gerade nicht zur ecclesia pura gehören. Das wird vor allem deutlich am Problem der apostolischen Sukzession. Also gerade im Zusammenschluß vieler Kirchen wird die Blindheit und Undeutlichkeit des Wortes Kirche aktuell – und sehend und bedeutend kann dieses Wort natürlich nicht durch einen Durchschnittskonsensus werden, sondern nur, wenn die Wahrheitsfrage in allen Kirchen scharf gestellt wird.

Was speziell die römische Kirche betrifft, so resultiert ihr Fernbleiben aus dem Ökumenischen Rat aus der Selbstinterpretation, daß in ihr allein das Wesen der Kirche in vollendeter Gestalt erscheint. Zwar führt sie heute Gespräche, zwar erkennt | 34 sie an, daß auch in nichtrömischen Kirchen Kirche in hohem oder geringem Grade vorhanden ist – in den Ostkirchen natürlich mehr als in den evangelischen Kirchen – aber doch haben alle Kirchen einen defectus ecclesiae. Eben das werden sich die anderen Kirchen nicht gefallen lassen – so ist z.b. für die Ostkirche die Hierarchie ebenso wichtig wie für die römisch-katholische Kirche, aber den Doktrinal- und Jurisdiktionalprimat des Papstes lehnen sie gerade als dem Wesen der Kirche widersprechend ab. Das Wort Kirche ist also bei aller scheinbaren Eindeutigkeit heute faktisch so blind und undeutlich wie zu Luthers Zeiten.

b) Das kommt auch noch an einer anderen Front heraus. Viele Gruppierungen, die nicht den sog. Großkirchen angehören, lehnen die Selbstbezeichnung als Kirche überhaupt ab und gebrauchen lieber das Wort Gemeinde, nennen sich Zeugen Jehovas oder andere Selbstbezeichnungen. Das ist wiederum von einem Verständnis des Wortes Kirche her zu verstehen, in welchem Kirche eben als Amtskirche, Machtkirche erscheint. Und da solche Gruppierungen ja oft ins Sektiererische spielen, d.h. nichtzentrale religiöse Überzeugungen in das Zentrum setzen, so liegen sie gelegentlich wirklich mit der Amtskirche im Konflikt und verharren in der Verneinung des Kirchenbegriffs.

c) Durch die Vielfalt der real existierenden Kirchen stehen wir vor dem Phänomen, daß es keine Kirche gibt, die sich einfach Kirche nennt, christliche Kirche, sondern daß es Kirche nur mit bestimmten Attributen gibt, und daß trotzdem jede Kirche an der Einheit der Kirche festhält – so wie ich als evangelischer Theologe ja auch dauernd einfach von *der* Kirche rede. Sage ich evangelische Kirche, evangelisch-lutherische Kirche, evangelisch-reformierte Kirche, römisch-katholische Kirche, orthodox-anatolische Kirche usw., so bin ich mir der konfessionellen Differenz voll bewusst, weiß aber, daß in jeder Kirche von *der* Kirche gesprochen [wird].

Man kann sich das Problem an einigen Beispielen klar machen: Die römisch-katholische Kirche sieht in dem Wort römisch den Begriff katholisch geradezu vollendet. Da die katholisch-universale Kirche ein einziges Haupt und Zentrum haben muß, ist Rom und der römische Pontifex als Nachfolger Petri die Verlängerung des Katholischen. »Caput et mater omnium urbis et orbis ecclesiarum« (*Haupt und Mutter aller Kirchen der Stadt und des Erdkreises*), [das ist die Selbstbezeichnung] von St. Giovanni in Laterano, der eigentlichen Papstkirche.

Für uns aber ist das Katholische durch das »römisch« geradezu relativiert, das heißt die römisch-katholische Kirche erscheint genauso als Konfessions-Kirche wie alle anderen auch, weil wir das spezifisch Römische gerade nicht als Vollendung des Wesens der Kirche ansehen. Die Ostkirche nennt sich selbst orthodox = rechtgläubig. Sie meint damit, daß allein in ihr der Glaube in seiner Reinheit bewahrt geblieben ist, weil er vor allen Fehlentwicklungen, die nach den ersten sieben ökumenischen Konzilien eingesetzt haben, bewahrt geblieben ist. Nun will aber jeder Glaube rechter, wahrer Glaube sein, ὀρθός (*recht, aufrecht*), selbst |35 der Ketzer will ja gerade nicht ein solcher sein, und so ist die Usurpation des Wortes orthodox gerade ein Zeichen der Konfessionalisierung. Das zeigt ja auch unser heutiger Sprachgebrauch: Wenn wir die Ostkirche als orthodox bezeichnen, so gebrauchen wir das Wort nicht mehr in spezifischer Semantik, sondern als terminus technicus für die Ostkirche, die sich selbst so nennen (ganz analog katholisch). Wenn ich von Orthodoxen spreche, bezeichne ich bestimmte Kirchen, ohne damit zu sagen, daß ich sie als rechtgläubig anerkenne.

Im spezifischen sachlichen Sinn aber muß jeder Christ und Theologe orthodox sein wollen. Auch die Bezeichnungen evangelisch-lutherisch, evangelisch-reformiert partizipieren an dem dargelegten Dilemma. Das Problematische am Namen evangelisch-lutherisch liegt ja in der Selbstbezeichnung nach einem einzigen Mann. Natürlich hat er den gleichen Sinn wie evangelisch-reformiert, er bezieht sich auf die lutherische Reformation. Beides sind Bezeichnungen von Konfessions-Kirchen, auch Selbstbezeichnungen, in denen aber ein ähnlicher Anspruch liegt, wie im Begriff römisch-katholisch oder orthodox: Es soll damit eine in ihrer Wahrheit erneuerte, reformierte, neu-geformte Kirche bezeichnet sein.

Ich breche hier ab – es wäre einmal eine lohnende Aufgabe, die Selbstbezeichnungen aller Kirchen zusammenzustellen, ebenso die Bezeichnungen, die von außen auf sie gelegt wurden, und sie zu deuten. Es würde sich, vermute ich, folgendes zeigen: Die Selbstbezeichnungen enthalten alle mehr oder weniger deutlich die Mitteilung, daß es nur eine Kirche geben kann. Bei den einen wird gleich noch der Anspruch gestellt, selbst die Kirche zu sein, bei anderen wird diese Identifikation nicht so plan vollzogen. Aber das Faktum, daß der Selbstbezeichnung als Kirche notwendig differenzierende Adjektive hinzugefügt werden müssen, macht offenbar, daß jede Kirche, welchen Anspruch sie auch erhebt, Konfessions-Kirche ist. Gleichzeitig aber wird am gemeinsamen verwendeten Kirchenbegriff deutlich, daß jede Kirche sich aufgibt, wenn sie die Einheit der Kirche aufgibt. Daß die Einheit der Kirche aber als Wahrheit gedacht und behandelt werden muß, habe ich ja schon gesagt.

Analog: Zum Begriff Konfessionskirche. Damit bezeichnen wir heute das Phänomen, daß es eben viele Konfessionen, Bekenntnisse, gibt. Es ist dies nun etwas sehr Reizendes in der Kirchengeschichte, daß die Verwendung des Begriffs Konfession sowohl sachentsprechend als auch sachfremd ist. Das Wort confessio hat seinen kirchlich-theologischen Sitz in der Sprache der Beichte und Buße und war daher theologisch geläufig. In der Reformation trat nun ein neuer Sprachgebrauch auf, nämlich confessio – Bekenntnis zum wahren Glauben, des wahren Glaubens: Confessio Augustana. Bekenntnis also bedeutet in diesem ursprünglichen Sinn der Reformation gerade Bekenntnis des einen, wahren, katholischen Glaubens, steht also gerade im Widerspruch zur Verwendung in dem Wort Konfessions- | 36 kirche. Die Bekenntnisse der Reformation wollen also den Glauben der Kirche, der nach Gottes Wort neu geformten Kirche, aussprechen. Weil sie das tun mußten in Auseinandersetzung mit der herrschenden Kirchenlehre, mußten sie so ausführlich werden, das hatte ja auch politische Gründe.

Aber die reformatorischen Bekenntnisse wollten ja die Kirche nicht spalten, sondern erneuern. Erst im Laufe der kirchengeschichtlichen Entwicklung, da die römische Kirche sich der Reformation nicht anschloß und innerhalb der Reformation Differenzen [auftraten], wurden die Bekenntnisse Bekenntnisse von Teilkirchen, und daraus entwickelte sich in der Neuzeit der Begriff der Konfessionskirchen (-kunde!). Also auch und gerade am Wort Konfessions-Kirche kommt zum Vorschein, daß nicht nur das Wort Kirche, sondern viele mit ihr konvergente oder konvertible Begriffe wie etwa Konfession blind und undeutlich sind. Denn jede Konfessions-Kirche will ja in ihrem Bekenntnis die ganze Glaubenswahrheit aussprechen.

Was nun den reformatorischen Sprachgebrauch angeht, so war er gegenüber dem confessio-Begriff des Bußsakraments keine absolute Neuverwendung, sondern griff vielmehr auf das neutestamentliche Wort ὁμολογεῖν (bekennen) zurück, vgl. confiteri: Hier wird schon an einigen Stellen, vor allem Röm 10,9f deutlich, daß Bekennen heißt: sich zu Christus bekennen, deutlicher noch: Bekennen, daß Jesus der Κύριος ist (Röm 10,9), daß Jesus der Χριστός ist, Joh 9,22 (aber auch in der Buße, 1 Joh 1,9). Das Wort ὁμολογεῖν hat ein weit gespanntes Bedeutungsfeld, das sich aus der Urbedeutung des »Redens in Übereinstimmung« entwickelt. Also: Jesus als Christus bekennen heißt: sich in Übereinstimmung bringen mit dem, was Jesus ist. Meine Sünde bekennen: mich in Übereinstimmung bringen mit dem, was ich in Wahrheit bin. In der Stoa ὁμολογουμένως ζῆν, d.h. in Übereinstimmung leben mit dem, was die Welt formt und auch ihr Wesen ausmacht, dem Logos. So kann ὁμολογεῖν auch zum Loben, Hymnensingen, werden, denn der Lobpreis Gottes ist ja das, worin ich mich in Übereinstimmung bringe mit dem Gottsein Gottes (ThWB V, 199ff). Im kirchlichen Gebrauch erscheint das Wort ὁμολογεῖν – confiteri in den Symbolen der Alten Kirche (die selbst nicht confessio genannt werden): so z.B. im Nicäno-Constantinopolitanum ὁμολογοῦμεν ἓν βάπτισμα (*Wir bekennen eine Taufe*)! Oder nun ganz programmatisch im Chalkedon in der Definition der Lehre von der Person Jesu Christi in zwei Naturen, die mit den Worten beginnt: ...[Ἑπόμενοι τοίνυν τοῖς ἁγίοις πατράσιν, ἕνα καὶ τὸν αὐτὸν ὁμολογεῖν υἱὸν ... (*So folgen wir denn den heiligen Vätern, einen und denselben Sohn zu bekennen...*)]

Wenn also die altkirchlichen Symbole nicht selbst Bekenntnisse genannt werden, so ist das Verbum doch fest in der Symbolsprache verankert und zwar so, daß es die Verwendung des Wortes confessio als Bezeichnung des Bekenntnisses selbst vorbereitet. Der theologisch-geistliche Ursinn ist auch hier ganz elementar: Ὁμολογεῖν bezeichnet den Zusammenschluß des Christen mit Christus, ist also ein Akt des Glaubens. | 37

§ 6: ZUR UNTERSCHEIDUNG SICHTBARER UND UNSICHTBARER KIRCHE

In dem Abschnitt über die notae ecclesiae habe ich gezeigt, daß die Kirche als Raum und Gemeinschaft derer, die in der Gegenwart Jesu Christi versammelt sind, sichtbar und hörbar, also sinnlich und erfahrbar in Erscheinung tritt in der Predigt und den Sakramenten. Die notae ecclesiae also kennzeichnen die sichtbare Kirche. Daraus folgt, daß es eine bloß unsichtbare Kirche gar nicht geben kann. Trotzdem ergibt sich das Problem daraus, daß Kirche in ihrer sichtbaren Erscheinung nicht immer pura ist, und daß die Reinheit des Glaubens jedes einzelnen nicht eo ipso sichtbar ist; die Frage sichtbare und unsichtbare Kirche ist also eine Gestalt der Frage nach der Wahrheit des Verhältnisses zu Jesus Christus, also des Glaubens.

Nun darf man aber nicht, wie viele Spiritualisten, die Frage so beantworten: Die sichtbare Kirche ist eo ipso die unreine, unmoralische Kirche, nur die unsichtbare, innerliche Kirche der wahrhaft Glaubenden ist die wahre Kirche. Vielmehr ist dort, wo das Evangelium rein verkündigt und die Sakramente recht verwaltet werden, wahre sichtbare und sichtbar wahre Kirche.

Trotzdem ergibt sich das Problem von der Seite des Glaubens aus: Wenn wahre Kirche Gemeinschaft derer ist, die ein wahres, echtes, lebendiges Gottesverhältnis, Christusverhältnis, Glauben haben, dann sind in der real existierenden Kirche immer auch viele Glieder, die zwar Christen sind, getauft sind, aber nicht in dem existentiellen Sinn Glaubende sind. Für dieses Phänomen unterschied man in der klassischen

Dogmatik in der Kirche zwei verschiedene Kirchen, die ecclesia late dicta und die ecclesia stricte dicta und eben die ecclesia visibilis und invisibilis. Es sind nicht identische, aber weitgehend synonyme Unterscheidungen. Ecclesia late dicta – alle eingeschriebenen Kirchenmitglieder (Mitglied der Kirche ist, wer Kirchensteuern zahlt). Ecclesia stricte dicta: die ernsthaft, wahrhaft Glaubenden. Bei der Unterscheidung zwischen visibilis und invisibilis liegt der Akzent etwas anders: Ob ein Mensch wahrhaft glaubt, das sieht Gott allein, und darum ist die Gemeinschaft der wahrhaft Glaubenden unsichtbar, so sehr natürlich alle Glaubenden an der sichtbaren Kirche teilnehmen. Beide Unterscheidungen trennen nicht zwei Hälften der Kirche, sondern sehen die eine Kirche unter doppeltem Aspekt.

»Abscondita est ecclesia, latent sancti« (Verborgen ist die Kirche, verborgen sind die Heiligen), sagt Luther in »De servo arbitrio« (WA 18, 652, 23), aber das ist eben kein Plädoyer für eine spiritualistische Geistkirche, sondern entspricht der Erfahrung: Daß ich glaube, muß ich glauben, es ist sogar mir selbst verborgen; aber daß ich das Wort höre und das Sakrament genieße, das ist sichtbar. Sichtbarkeit und Unsichtbarkeit der Kirche widersprechen sich also nicht, sie sind sogar notwendig, wenn der Glaube wirklich Glaube bleiben soll. Johann Gerhard | 38 in der Confessio catholica [II/V;1.6]: »Non statuimus duas ecclesias, unam, veram et internam, alteram nominalem et externam, sed dicimus unam eandemque ecclesiam, totum scil. vocatorum coetum dupliciter considerari, ἔσωθεν scil. et ἔξωθεν, sive respectu vocationis et externae societatis in fidei professione et sacramentorum usu consistentis; ac respectu interioris regenerationis et internae societatis in vinculo spiritus consistentis. Priori modo ac respectu etiam hypocritas et non-sanctos ad ecclesiam pertinere concedimus, sed posteriori modo ac respectu solos vere credentes et sanctos ad eam pertinere contendimus.«[1]

---

1 Vgl. bei H. Schmid, Die Dogmatik der evangelisch-lutherischen Kirche, Erlangen, 2. Aufl. 1847, S. 481f. Wir behaupten nicht zwei Kirchen, zum einen eine wahre und innere, zum andern eine nur namentliche und äußere, sondern wir sagen, dass ein- und dieselbe Kirche, die Versammlung aller Berufenen zweifach betrachtet werden muss, innerlich wie äußerlich, sei es, dass sie in Hinsicht auf die Berufung und äußere Gemeinschaft im Bekenntnis des Glaubens und im Brauch der Sakramente, sei es, dass sie in Hinsicht auf die Wiedergeburt und innere Gemeinschaft durch das Band des Geistes besteht. Im ersten Fall oder Hinsicht gestehen wir, dass auch Heuchler und Unheilige zur Kirche gehören, aber im zweiten Fall oder Hinsicht behaupten wir fest, dass nur wahrhaft Glaubende und Heilige zu ihr gehören.

Man kann sich die Unterscheidung am besten so verdeutlichen, daß man, ich greife jetzt ein wenig voraus, die beiden wesentlichen Wesensmerkmale der Kirche mit der Unterscheidung sichtbarer und unsichtbarer Kirche verbindet. Kirche ist ja, das habe ich immer wiederholt, konstituiert durch ihren Grund Jesus Christus, der zugleich die Glaubenden zur Gemeinschaft zusammenschließt. Vom Aspekt des christologischen Grundes her tritt die Kirche sichtbar in Erscheinung, da, wo die Gegenwart Jesu Christi gefeiert wird. Auf der Seite der Glaubenden aber, die auch sichtbar sind, kommt der Aspekt der Unsichtbarkeit hinzu, sofern, mit Johann Gerhard zu reden, das Band des Geistes, das den Glaubenden, der sichtbar Gottes Wort hört und das Sakrament genießt, mit Gott und Christus verbindet, unsichtbar ist. Die reformatorische Unterscheidung ist meines Erachtens sinnvoll und notwendig; aber sie darf nicht aus dem Zusammenhang gerissen werden, in den ich sie gestellt habe (notae ecclesiae). In den spiritualistischen Sekten und [bei] Schwärmern ist sie mehrfach entstellt worden: einmal dahin, daß Glaube und daher Kirche etwas rein Innerliches, Geistiges sei, das auf jede äußere Institution verzichten könne (Christologie). Oder gerade umgekehrt: Die sichtbare Kirche ist die Kirche der Heiligen, Gerechten, Vollkommenen, vollkommen Freien (Münster, gnostische Tradition, Auswirkung bis heute). In beiden Fällen ist übersehen, daß die Kirche Glaubensgegenstand ist. Nun muß man aber die Disjunktion visibilis – invisibilis umkehren. In der Institution Gottesdienst – Predigt und Sakramente – wird zwar nicht der unsichtbare Jesus Christus sichtbar gemacht, denn ich sehe ihn ja nicht, aber der unsichtbare Jesus Christus wird in sichtbaren, aber auch hörbaren Vorgängen gegenwärtig, in Predigt und Sakrament. Und sofern diese wahr und rein sind, wird die wahre Kirche hier sichtbar, hörbar, indem der unsichtbare Jesus Christus in den Sakramenten und der Predigt realpräsent ist. Deswegen ist aller Kampf um die wahre, |39[1] christusgemäße, also christologische Gestalt des äußeren, institutionellen Gottesdienstes – Hauptbeispiel Reformation – keineswegs nebensächlich, wie uns die Spiritualisten suggerieren. Denn es muß ja der Gottesdienst so gestaltet werden, daß er dem Für-uns-Sein Jesu Christi wahr und sichtbar entspricht. Umgekehrt: Das, was am Gottesdienst und der Kirche so offensichtlich sichtbar ist, die Menschen, Pfarrer, Glaubenden, Kirchenpfleger usw., ist unter dem Aspekt des Glaubens und der wahren Kirche auch ebenso unsichtbar. Ja, daß wir in der Predigt Gottes Wort hören, sinnlich, und im Sakrament Jesu Christi Gegenwart begehen, das ist trotz unserer eigenen Sichtbarkeit für uns selbst und an uns selbst unsichtbar, weil es zum Glauben gehört, der, wie ich sagte, einerseits alles Sichtbare umfaßt, andererseits allem Sichtbaren etwas hinzufügt. Ich will das im folgenden Paragraphen noch ein wenig entwickeln.

§ 7: CREDO ECCLESIAM – CONGREGATIO (COMMUNIO) SANCTORUM – GRUNDBESTIMMUNGEN DER KIRCHE

a) Glaubenssache, Glaubensgegenstand

Ich habe keine besseren Termini gefunden, obwohl beide nicht befriedigen. Ich beziehe mich für die Formulierung auf das Credo Apostolicum und Nicäno-Constantinopolitanum. Zur Wahrnehmung der sichtbaren Kirche an ihren notae ist es notwendig, die Kirche als Sache des Glaubens wahrzunehmen, ja, die Kirche selbst zu glauben. Seit der Bestimmung theologischen und kirchlichen Denkens durch die Soziologie, Sozialismen und Materialismen, hat man die empirisch-soziologische Betrachtung der Kirche als dernier cri ausgegeben. Man kann nur hoffen, daß es nicht der letzte Schrei der Kirche vor ihrem endgültigen Exitus ist. Die Kirche ist dadurch auch in ihrem Selbstverständnis zu einer gesellschaftlichen Gruppe neben anderen geworden, und der Berner Pfarrer, der gesagt [hat], die Kirche sei eine Partei neben anderen, hat das wohl zu Recht auf den Begriff gebracht, auf einen Begriff allerdings, der vom Wesen der Kirche schlechterdings nichts mehr begreift. Im Übrigen geschieht es einer solchen Kirche recht, wenn sie von den anderen Parteien eben auch als solche behandelt wird. Innerkirchlich gesehen ist das Schlimme daran, daß nicht mehr gesehen wird, daß Kirche, sichtbare Kirche, Gemeinschaft der Glaubenden ist, die Gemeinschaft mit Gott haben, und dementsprechend ist der Aspekt der Kirche gar nicht mehr kultiviert worden. |39a

Hinter der Betonung der empirischen, soziologischen Wahrnehmung der Kirche, ihrer gesellschaftlichen Bedeutung, stand der Versuch, die Kirche der Zeit anzupassen, ihren politisch-sozialen-ethischen Nutzen zu zeigen, also die Kirche rein funktionalistisch zu betrachten und sie dadurch der Mitwelt zugänglich und akzeptabel zu machen. Nun ist gewiß die Kirche von politischer Bedeutung, und ihre funktionale Betrachtung hat ihr Recht. Aber funktionieren kann nur das, was vorhanden ist, ja, was überhaupt ist. Wenn man, mit Recht, sagt, der Glaube, also auch die Kirche, habe soziale, politische Bedeutung, Funktion, dann sollte man meinen, in der Kirche sei man primär um den Glauben, das Gottesverhältnis, besorgt, damit die Ursache für die sozialen Folgen auch existiert. Weithin aber ist dies völlig vergessen. Die Kirche versteht sich nur aus ihrer Funktion heraus. Nun ist dies entgegen der Intention der Urheber des rein empiristischen Kirchenverständnisses das fermentum decompositionis der Kirche; einmal, weil der Glaube ja nur dann Folgen haben kann, wenn es ihn auch gibt; sodann, weil es politische, soziale etc. und diakonische Aktivitäten durchaus auch ohne Glauben geben kann.

Es gibt ein Phänomen, an dem man sich das ganz klar machen | 39b kann, die Seelsorge. Vor etwa 30 Jahren begann in der kirchlichen Seelsorge ein gewaltiger Umschwung, sofern Seelsorge ganz aus der geistlich-religiösen Sprache auswanderte und sich der empirischen Psychologie, Psychotherapie zuwandte. Das hatte zur Folge, nicht etwa, wie erhofft, die Kirche, den Pfarrer attraktiv zu machen, sondern genau im Gegenteil, die Auswanderung der Seelsorge aus der Kirche, weg vom Pfarrer, zum psychotherapeutischen Spezialisten. Wenn ich recht sehe, setzt heute wieder [eine] Neubesinnung ein. Unbeschadet der Anerkennung des Nutzens der Psychologie, -therapie, -analyse wird doch wieder gesehen, daß das Spezifische der kirchlichen Seelsorge der Glaubensaspekt ist, also das Gottesverhältnis des Menschen. Und vor allem wird gesehen, daß es eine Reduktion nicht nur der Kirche, sondern auch des modernen Menschen, des Menschen überhaupt ist, wenn man ihm vorenthält und dann auch noch als Kirche, sich selbst im Gottesverhältnis wahrzunehmen (vgl. dazu Chr. Möller, [Wie geht es in der Seelsorge weiter? Erwägungen zum gegenwärtigen und zukünftigen Weg der Seelsorge, in: ThLZ 113, 1988, 410–421]).

Also: Die Selbstdarstellung der Kirche als [eines] reinen, sozialen, psychotherapeutischen, diakonischen Gebildes führte zwangsläufig zu einer doppelten verheerenden Folge:

[1. Geliehene Identität]
Erstens sucht die Kirche ihre Identität in etwas ihr nicht Spezifischem, Fremdem, sie leiht sich gleichsam ihre Identität aus, | 39c läuft in Kleidern umher, die gar nicht die ihren sind und ihr am Leibe schlottern oder ihr viel zu eng sind. Und sodann: Diese Kirche enthält sich selbst und der Welt die ihr spezifische Erfahrung vor, den Glauben, das also, wessen die Welt bedarf und was die Welt wirklich verändern würde. Indem die rein empirische, soziale, aktivistische Kirche sich den Menschen anbiedert als Erfüllungsgehilfe ihrer, der Menschen, Bedürfnisse, Sehnsüchte, Träume, enthält sie der Welt das vor, dessen sie am meisten bedarf, um zu überleben, den Glauben, das Gottesverhältnis. Man muß wohl zu sagen wagen, was nicht verschwiegen werden darf: Was sich hier zeigt, ist auch der latente, religiös kaschierte Atheismus der Kirche selbst. Daß Glaube selbst etwas Wirkliches ist, das ist wohl hier in Vergessenheit geraten und Kirche leiht sich ihre Identität aus dem ich-zentrierten,

subjektivistischen Geist der Neuzeit. Gott ist ein theoretisches Relikt, eine Ideologie, ein Epitheton für uns selbst. (Vgl. meine Dissertation: Sinn oder Gewißheit? Versuche zu einer theologischen Kritik des dogmatistischen Denkens, Tübingen 1976.)

[2. Soziologisch-empirische Exegese]
Daß ich hier nicht von einer Schimäre rede, habe ich am Beispiel der Seelsorge gezeigt. Ich exemplifiziere es an einem uns vielleicht noch näher liegenden Phänomen, nämlich der exegetischen Methode, z.B. der soziologisch-empirischen Exegese. Nichts gegen sie, wenn sie nicht verabsolutiert wird. Das aber geschieht in einem ganz bestimmten Strom heutiger |39d neutestamentlicher Exegese. Beispiel: Gott ist Liebe, 1 Joh 4,8. Eine soziologische methodische Exegese untersucht diesen Satz mit folgenden Fragen: In welchem sozialen Milieu ist dieser Satz entstanden? Welches Selbstverständnis des Menschen und der Gruppe manifestiert sich in diesem Satz? Inwiefern projiziert sich die Sehnsucht des Menschen in diesen Satz? usw. Nun: So kann man fragen, muß man fragen, das ist soziologische und funktionalistische Frage. Wenn das aber verabsolutiert wird, ist die Katastrophe evident, exegetisch und menschlich. Denn es muß ja der Satz auf seine Sachaussage untersucht werden, und erst dann wird die Auslegung theologisch. Also die Aussage: Gott ist Liebe. Und hier gibt es theologisch ungeheuer viel zu arbeiten, nämlich zum Nachdenken über Gott und zum Nachdenken über die Liebe. Denn es ist doch ein enormer Denkanstoß für unser Nachdenken über die Liebe, wenn wir auf den Satz stoßen: Gott ist Liebe. Und damit sind wir bei dem eigentlich Theologischen angekommen; und dieses Theologische ist ja gerade nicht, wie die Sozialempiristen uns suggerieren, etwas bloß Innerliches; denn wenn es um die Liebe geht, geht es um die fundamentale Bedingung unseres In-der-Welt-Seins. Der Sozialempirismus verkürzt also den Glauben und zusammen mit ihm auch das In-der-Welt-Sein, also gerade die gesellschaftliche, soziale, politische Dimension. |39[2]
Wenn wir also nun sagen: Kirche ist Sache des Glaubens, so ist ja klar, daß dies nicht im Gegensatz zur Sichtbarkeit steht. Das fundamentale Mißverständnis, das in der Soziologisierung-Empirisierung-Politisierung der Kirche liegt, ist ein fundamentales Mißverständnis des Glaubens, als sei der Glaube eine Theorie, die durch soziales, empirisches, politisches Wirken in die Wirklichkeit umgesetzt werden müsse.

Also wiederum stoßen |40[1] wir auf die Insuffizienz des materialistisch-empirischen Denkens selbst: Von diesem aus gewinnt der Satz: »Ich

glaube die Kirche« den Beigeschmack: »Ich glaube die Kirche«, das ist
abstrakt, ist innerlich, d.h. die Kirche muß nun versichtbart werden.
Ich hoffe nur, daß alles, was ich Ihnen bisher über Religion und Glauben
als Gottesverhältnis gesagt habe, Ihnen die Tragweite dieses schreckli-
chen Mißverständnisses klargemacht hat.

[3. Credo ecclesiam]
Credo ecclesiam bezieht sich auf die sichtbare Kirche, deren Wesen es
ist, den Glauben der Glaubenden zu stärken, zu nähren und den der
Nichtglaubenden hervorzurufen. Credo ecclesiam heißt also nicht: Ich
glaube, im Sinn: Ich nehme an, daß es eine Kirche gibt. Es heißt viel-
mehr: Indem ich, in Gemeinschaft mit den anderen, glaube, also in der
Gegenwart Jesu Christi vor Gott stehe, ist Kirche wahrhaft und wirklich.
Im Glauben der Glaubenden ist Kirche da. Der Glaube bezieht sich
immer auf Jesus Christus, und wenn ich sage, im Glauben, als Glaube ist
Kirche da, wirklich, dann heißt es: In unserem in der Gegenwart Jesu
Christi vor Gott stehenden Dasein, gleich Glaube, ist Kirche da:
Mt 18,20. Diese Kirche ist eo ipso sichtbar als Gemeinschaft der Glaubenden, sie ist speziell sichtbar in den Einrichtungen, die der Bewahrung
und Entstehung des Glaubens dienen. Der Satz credo ecclesiam ist also
total mißverstanden, wenn man ihn als eine Aussage über die Existenz-
weise der Kirche »bloß« im Glauben versteht und ihn dann empirisch-
soziologisch überbieten will. Dabei ist in der Kirche der Glaube auf der
Strecke geblieben. Vielmehr erscheint in ihr das Wesen der Kirche als
Gemeinschaft der Glaubenden: Die Kirche ist im Glauben der Glaubenden wirklich, sofern sie im Namen, d.h. im Wirklichkeitsbereich der Kir-
che versammelt sind. |40a
    Credo ecclesiam: Indem ich glaube, credimus ecclesiam, indem wir
glauben, dadurch daß wir glauben und insofern wir glauben, in dem Maße, wie wir glauben, ist Kirche existent. Man könnte sagen: Geglaubte
Kirche ist erglaubte Kirche, wobei immer klar ist, daß allem Glauben
Jesus Christus als Grund des Glaubens und also auch als der Grund der
Kirche vorausliegt. Damit stehen wir vor dem eigentlichen Grund, aus
dem die sozialwissenschaftliche Betrachtungsweise der Kirche falsifiziert
werden muß: Jesus Christus. Er ist allein aus seinem Gottesverhältnis
heraus zu verstehen, das ist die Urwirklichkeit, die in ihm erscheint. Also:
Der Verstehensvorgang, der Auslegungsvorgang geht so, daß, christolo-
gisch-theologisch betrachtet, alle politischen, sozialen, empirischen Aspekte unseres In-der-Welt-Seins in das Gottesverhältnis hinein und hinaus ausgelegt werden müssen und nicht umgekehrt. Was eine sozial-
empirisch-materialistische Auslegung der Welt und ein ebensolches Kir-

chenverständnis der Welt vorenthält, ist Gott, ist das Reden von und zu Gott. | 40b

b) [Sanctorum communio]

An den Abschnitt credo ecclesiam schließe ich die Betrachtung »sanctorum communionem« an, weil sie mit anderen Worten und in anderer Tradition dasselbe sagt. | 40[2] Im Apostolikum ist, freilich erst relativ spät, dem Satzglied credo ecclesiam zugefügt worden: sanctorum communionem. Ich lese das als Auslegung von Kirche, also quasidefinitorisch, und darum schließe ich es hier in den Paragraphen über credo ecclesiam ein.

Das apostolische Symbol, dessen Anfänge bis ins zweite Jahrhundert zurückzuverfolgen sind – die Wurzeln liegen im NT – ist allmählich gewachsen. Die Erweiterung communionem sanctorum oder umgekehrt sanctorum communionem. Der älteste Beleg ist das Symbol des Bischofs Niketas von Remesiana in Dacien (um 400), im westeuropäischen Bereich ein Bekenntnis des Bischofs Faustus von Reji in Gallien (um 470). Von daher ist der Begriff in die Lehre von der Kirche eingedrungen als zentrale Aussage. Freilich ist dieser Begriff auch in außersymbolischen Texten zu finden, so im griechischen Sprachbereich, wo es κοινωνία τῶν ἁγίων (*Gemeinschaft der Heiligen*) heißt. Was bedeutet dieser Begriff? | 41 Für Luther – Sie erinnern sich an den Text aus »Von den Konzilien und Kirchen« – ist diese Definition der Kirche sowohl die eigentliche, fundamentale Definition der Kirche als auch in ihrem Verständnis als Gemeinschaft der Glaubenden (Heilige = Glaubende) selbstverständlich. Und wir werden dieser Definition folgen; allerdings so, daß wir den ursprünglichen Sinn mit in dieses Verständnis integrieren. Denn ursprünglich meint der lateinische Sprachgebrauch wohl Gemeinschaft mit den sancti, d.h. mit den im Himmel lebenden Verstorbenen, vor allem mit den Märtyrern und Bekennern (nochmals Verweis auf Bekenntnis: Confessor!). Eine andere Bedeutung hat das griechische κοινωνία τῶν ἁγίων: Es meint immer Teilnahme an dem Heiligen (τὰ ἅγια), d.h. an den Sakramenten. Und dieser Sprachgebrauch hat wieder auf das Lateinische gewirkt. In einigen disziplinarischen Texten ist es ganz klar, daß z.B. aliquem removere (separare) a sanctorum communione bedeutet: jemanden von den Sakramenten fernhalten. Die dritte, im lateinischen vertretene Auslegung findet sich in der Theologie seit der karolingischen Zeit und hat sich seitdem immer mehr durchgesetzt (BSELK, dort Lit.; J. N. D. Kelly, Altchristliche Glaubensbekenntnisse. Geschichte und Theologie; engl. ³1972; dt. 1972).

Ich sagte, daß die Bedeutung »Gemeinschaft mit den Heiligen = den Verstorbenen« wahrscheinlich die ursprüngliche Bedeutung von communio sanctorum ist. Doch gilt dies nur für den Sinn der Formulierung im Symbol. Blicken wir ins Neue Testament und den dortigen Sprachgebrauch, so finden wir zahlreiche Nuancen, die alle genannten drei Nuancen einschließen, aber, und das gefällt mir natürlich sehr gut, die Gemeinschaft mit Christus als Grund aller Gemeinschaft betonen: 1 Kor 1,9: ἐκλήθητε εἰς κοινωνίαν τοῦ υἱοῦ αὐτοῦ (Gemeinschaft mit dem Sohn: Ich erinnere an die christologische Grundlegung der Kirche.). In 1 Kor 10,16 wird nun diese Gemeinschaft mit Christus am Herrenmahl präzisiert: Die Gemeinschaft mit Christus erscheint hier schon als Gemeinschaft mit τὰ ἅγια (dem Heiligen), Brot und Wein als Leib und Blut. Wieder anders wird die Gemeinschaft mit Christus Phil 3,10 nuanciert: Die Gemeinschaft mit seinem (= Christi) Leiden, indem ich seinem Tode gleichgestaltet werde. Hier also wird, wie ich ja früher zeigte, deutlich, daß der Grund aller communio sanctorum die Gemeinschaft mit dem sanctus κατ᾽ ἐξοχήν (vorzugsweise) ist, mit Christus.

Besonders aufschlußreich ist 1 Joh 1,1–3. Hier wird die theologische Begründung der Gemeinschaft der Christen untereinander in der Gemeinschaft mit dem Vater und dem Sohn explizit ausgesagt: Eure Gemeinschaft mit uns besteht darin, daß ihr in unsere Gemeinschaft mit dem Vater und Sohn eintretet. Gehen wir weiter, so sehen wir, daß auch die Prägung κοινωνία τοῦ πνεύματος (Gemeinschaft des Geistes) vorkommt (2 Kor 13,13; Phil 2,1). Es wird sich hier | 42 um einen genitivus auctoris handeln: Die vom Heiligen Geist gestiftete Gemeinschaft der Glaubenden untereinander, aber eben das ist die Pointe: So wie die Gemeinschaft von Christus ausgeht, so vom Geist die Kirche. Also wiederum Gemeinschaft im senkrechten und Gemeinschaft im waagerechten Sinn. Wir sahen in 1 Kor 10,16, daß sich die Gemeinschaft mit Christus als Gemeinschaft mit den Elementen darstellt. Die Gegenbewegung sehen wir in Acta 2,42: Hier wird die Gemeinschaft der Christen untereinander mit der κλάσις τοῦ ἄρτου (dem Brechen des Brotes) verbunden (allerdings nicht notwendig sakramental zu verstehen). Und schließlich noch Röm 15,26: Gemeinschaft mit den Armen, 2 Kor 8,4 κοινωνία τῆς διακονίας (Gemeinschaft des Dienstes); nicht vollständig (vgl. Konkordanz). Nur am Wort κοινωνία, nur am Hauptwort, nicht κοινοῦν, κοινός, κοινωνεῖν usw. haben wir uns orientiert. Natürlich [wäre] auch darüber hinaus Gemeinschaft zu betrachten, z.B. 1 Thess 4 die Gemeinschaft mit den Toten. Theologisch wichtig: Grund und Ursprung aller Gemeinschaft ist die Gemeinschaft mit Christus.

Auf Grund des neutestamentlichen Befundes können wir also sagen: Communio sanctorum wurzelt in der Gemeinschaft mit Christus und umfaßt von dieser Wurzel aus die Bedeutung: Gemeinschaft der Glaubenden, Gemeinschaft mit den verstorbenen Glaubenden und Gemeinschaft mit dem Sakrament.

[1. Kirche am Ort]
Stellen wir nun noch die Frage, wie man das Spezifikum der Gemeinschaft in soziologischer Hinsicht präzisieren kann. Hierzu hilft schon ein Blick in die Vulgata. Für die an sich wenigen Belege von κοινωνία im Neuen Testament finden sich fünf lateinische Äquivalente: communicatio, communio, collatio, participatio, societas. Uns interessiert hier nicht der Übersetzungsvorgang als solcher; vielmehr macht uns die Vulgata aufmerksam auf die hohe Differenziertheit der gesellschaftlichen Phänomene, die im κοινωνία-Begriff zusammengefaßt sind. Welches, so möchte ich kurz erwägen, ist es, was die Kirche als Gemeinschaft der Glaubenden nicht nur theologisch, also vom Wesen her, sondern daraus folgend auch soziologisch unterscheidet etwa von der Gesellschaft, vom Zweckbündnis, Vereinigungen usw. Was also ist das Spezifische der Gemeinschaft, die wir als die eine, universale Kirche verstehen? Ich nehme als Ausgangspunkt 1 Kor 1,1f, wo Paulus die ἐκκλησίᾳ τοῦ θεοῦ τῇ οὔσῃ ἐν Κορίνθῳ (*die Kirche Gottes in Korinth*) anspricht: Kirche Gottes! Wenn Paulus so spricht, so meint er nicht die Kirchgemeinde, also eine Parzelle der Gesamtkirche, sondern er spricht die eine Kirche – Kirche Gottes – an, wie sie sich in Korinth zeigt. Das ist für das Verständnis der Gemeinschaft von höchster Bedeutung: Die Kirche ist nämlich zugleich universal, unbegrenzt und endlich, ortsansässig. Die Kirche ist hier, wie ja Paulus durch sein weltumspannendes Reisen zeigt, unbegrenzt, aber sie zeigt sich immer polyzentral, sie ist immer endliche, konkrete Gemeinschaft bestimmter Subjekte. Überall auf der Welt, wo zwei oder drei in Jesu Namen zusammen sind, Mt 18,20, da ist Kirche. Also die Universalität der Kirche besteht nicht in der Zentralorganisation, sondern darin, daß unendlich viele endliche Gemeinschaften existieren, die | 43 alle im Namen des gleichen Herrn versammelt sind. In jeder Kirchgemeinde auf der ganzen Welt existiert die Kirche. In diesem Sinn verstehen wir den Begriff der Kirche als Gemeinschaft präzis: Eine weltumspannende Gemeinschaft kann nur existieren, indem das Gesamtwesen der Gemeinschaft je endlich und konkret, in Bindung an Ort und Zeit, existiert. Der Zusammenhang der unendlich vielen endlichen und konkreten Gemeinden ist nicht das Ergebnis des Zusammenschlusses der Gemeinschaft, sondern daß überall, an jedem Ort und jeder Stelle,

der eine Herr gegenwärtig ist, der örtlich und endlich die Glaubenden in seine Nähe und in die Gemeinschaft untereinander versammelt. Dies ist, wie ich denke, der genuin urchristliche Begriff von Gemeinde und Kirche, und so hat auch die Reformation Kirche und Gemeinde verstanden. Denn jede Gemeinde muß endlich und konkret sein, um Gemeinschaft zu sein. Die UNO ist eine Organisation, die versucht, weltumspannende Interessen gemeinsam wahrzunehmen, aber sie ist keine Gemeinschaft. Auch der Staat, die Gesellschaft, die Nationen, sind in diesem Sinne nicht Gemeinschaft. Aus diesem Begriff der Gemeinde folgt nun, daß das Wort Kirchgemeinde genau besehen ein Pleonasmus ist: Jede Gemeinde ist die Kirche Gottes an diesem Ort. Und dazu, und das ist nun wesentlich, tritt die Kirche in ihren primären Institutionen auch an jedem Ort in Erscheinung, nämlich mit Gottesdienst und Sakramenten; und wo die sind, da ist Kirche. Für die Kirche folgt daraus, daß die kirchliche Ortsgemeinde die primäre Erscheinungsform der Kirche ist. Hier geht es um den Glauben und die Gemeinschaft der Glaubenden in der endlichen Reichweite jedes Individuums, jeder Gemeinde. Und alles Gesamtkirchliche, Ökumene, Weltkirchenbündnisse bis hin zur weltweiten Diakonie, das wird leben und sterben, je nachdem, ob der Glaube der konkretendlichen Gemeinde der Kirche lebt oder stirbt. Die Krise der Ökumene usw., das wird ja wohl die Folge sein der Krise der Kirche an Ort und Stelle.

[2. Heilige]

Fragen wir nun noch nach der Bedeutung des Wortes »heilig«, wenn wir communio sanctorum interpretieren wollen. Ich habe auf die verschiedenen Bedeutungsmöglichkeiten hingewiesen. Die Heiligen, οἱ ἅγιοι, sind gerade nicht dadurch bestimmt, daß sie an ihrem Subjekt, an ihrem Ich identifiziert werden können, als besonders vollkommene Menschen. Heilig ist ein Relationsbegriff, er meint die Bestimmtheit für Gott, spezifisch für Christus, und es ist völlig richtig, wenn Luther den Begriff mit Glaubenden gleichsetzt. Der Heilige ist also der Hörer des Wortes, der sich von sich weg zu Gott, zu Christus und zur Welt, zum Nächsten rufen läßt: 1 Kor 1,2: Kirche Gottes in Korinth ἡγιασμένοις ἐν Χριστῷ Ἰησοῦ, κλητοῖς ἁγίοις (*den in Christus Geheiligten, den berufenen Heiligen*). Der Heilige also ist der, der sich transzendieren läßt, der das transire, den Übersprung an sich selbst vollziehen läßt. Die Gemeinschaft solcher Heiligen gewinnt ihre Aktualität, |44 besser gesagt ihre actualitas, in einem Doppelten: in dem sich gegenseitig Stärken und Absehen von sich selbst: Heilige stärken den Nächsten in der Selbsttranszendenz und erfahren sich selbst als angewiesen auf eben diese Stärkung.

Und diese Stärkung erfolgt natürlich nicht durch die eigene Kraft – paulinische Schwachheit – , sondern durch den gegenseitigen Zuspruch des Evangeliums, nämlich damit am Heiligen die Kraft Jesu Christi wirksam werde, nicht des Heiligen. Und sodann zeigt sich die Gemeinschaft der Heiligen darin, daß sie auch sich selbst transzendiert, also verkündigt, nach außen ruft und die Menschen in die Transzendierung ihrer selbst hineinruft, κλῆσις (Berufung). Also das, was heute die kirchliche Wirklichkeit bestimmt, die Selbstpflege, die Ich-Immanenz, das Zelebrieren des Gefühls, der Selbstverschluß in transzendenzunfähigen Gruppen, das ist absolut widerkirchlich und Überwältigung der Kirche durch die Pforte der Hölle. Ich schließe mit einem Satz Luthers aus den Schmalkaldischen Artikeln (BSELK 459,20–22) von der Kirche: »es weiß gottlob ein Kind von 7 Jahren, was die Kirche sei, nämlich die heiligen Gläubigen und ›die Schäflin, die ihres Hirten Stimme hören‹« (Joh 10,3). Nun, Luthers Wort in unser aller Ohr und Mund!

§ 8: DIE ATTRIBUTE DER KIRCHE: UNA, SANCTA, CATHOLICA, APOSTOLICA

Die sogenannten Attribute der Kirche finden sich in dieser Reihenfolge im Symbolum Nicäno-Constantinopolitanum, und sie sind von da aus in die Dogmatik eingedrungen. Wie beim Apostolischen Symbol müssen wir uns aber klarmachen, daß ihr ursprünglicher Sitz nicht die Dogmatik ist, sondern das Bekenntnis, also das persönliche Bekenntnis des Christen (Täuflings) und das Bekenntnis der Kirche. (Ich habe das im Paragraphen credo ecclesiam ausgeführt.)

Zum Akt des Bekennens gehört die Bedingungslosigkeit, Vorbehaltlosigkeit; beim Bekennen gibt es kein aber; und diesem Wesen des Bekenntnis-Aktes entspricht das Referenzobjekt des Bekenntnisses: Wirklich bekennen kann man sich nur zu etwas Solidem, Grundfestem, Tragendem; wenn man sich also zur Kirche bekennt, so kann man sich nicht zu einem Dachverband oder [einer] Infrastruktur verschiedener Gruppen bekennen, zu einem Haufen von Sekten, zum Pluralismus usw., denn das trägt ja alles nicht. Wenn sich jemand zum Pluralismus bekennt, so ist das im Sinn von confessio ein Pseudobekenntnis, man kann das nur, wenn man den Bekenntnis-Akt gerade aufhebt, und zwar dadurch, daß man sich faktisch ja auf sich selbst gründet und nicht auf den Pluralismus, zu dem man sich bekennt. Bekennen heißt aber gerade Selbsttranszendenz, oder besser: Transzendenz über das Selbst hinaus. D.h.: Bekennt man sich zur Kirche, so muß dies gleichsam notwendig mit festen, tragenden Eigenschaften versehen sein – Eigenschaften, Attributen allerdings, die wiederum nicht so sehr an ihrer Substanz haften, sondern die Kirche gerade dem zu- |45 teilen, attribuieren, der ihr Grund ist, Jesus Christus. Alle vier Attribute der Kirche sind ausschließlich christologisch zu verstehen.

a) Die Einheit der Kirche

Zunächst ist negativ zu sagen, daß die Einheit der Kirche nicht an der Kirche als Subjekt, als Substanz dargestellt werden kann, sondern ausschließlich an ihrem Grund oder an ihrem Haupt, Jesus Christus. Darum ist die Einheit der Kirche theologisch nicht zu erkennen an der Einheitlichkeit ihrer Lehre, ihrer Ideologie, ihrer Organisation oder Hierarchie. Die Einheit der Kirche besteht darin, daß alle Glieder der communio sanctorum an den einen Herrn glauben. Daraus ergeben sich für das Verständnis der Einheit der Kirche etwa folgende Bestimmungen: Die Einheit der Kirche ist ihr mit sich selbst vorgegeben durch Jesus Christus. D.h., die Einheit der Kirche kann durch die Glaubenden nur zerstört, niemals hergestellt werden, weil sie ja nicht in den Glaubenden, sondern in Jesus Christus beruht. Die Einheit der Kirche beruht also in der vollkommenen Hingabe, im vollkommenen Glauben jedes einzelnen und aller einzelnen an Jesus Christus. Die fehlende Einheit der Kirche ist Resultat des fehlenden Glaubens. Der zentrale Text, aus dem Sie das lernen können, ist Joh 17.

Hier geht es darum, daß für alle Menschen gebetet wird, daß sie in der Wahrheit = Jesus Christus geeint bleiben, in der Gott der Vater alle Menschen geeint hat. Darum ist die Einheit der Kirche etwas außerordentlich Strenges und Präzises, sofern sie als Person Jesus Christus der Kirche vorgegeben ist. D.h.: Die Christologie ist der Weg, auf dem die Einheit der Kirche ermittelt wird. Christologie aber heißt: In der christlichen Kirche – wenn sie denn überhaupt noch bei sich ist – wird von Jesus Christus her entschieden, wer Jesus Christus ist. Darum allein gibt es theologische, christologische Arbeit, die sich als sorgfältiges Erkennen Jesu Christi vollzieht. Diese christologische Erkenntnis als Erkenntnis der Einheit der Kirche ist die Aufgabe jeder einzelnen christlichen Kirche, und je mehr in jeder Kirche die Glaubenden Jesus Christus erkennen, umso mehr werden die Kirchen untereinander näher kommen. Die Einheit der Kirche liegt also extra nos, ist uns als Person Jesus Christus vorgegeben, er ist das Maß, das Kriterium der Einheit der Kirche (vgl. Eph 4,3–6; 1 Kor 1,10). Um des Bleibens bei Jesus Christus willen wird der Geist gesandt, Joh 14–16; Luther:»Du helles Licht, gib uns deinen Schein, lehr uns Jesus Christ kennen allein ...« [EG 124,2] Erkenntnis

Jesu Christi als Christologie ist aber, wie ich früher sagte, Erkenntnis des Für-uns-Seins Jesu Christi, und dies muß streng an Jesus Christus selbst erkannt werden. |46

Die Strenge, Klarheit und Präzision der Einheit der Kirche ist also jeder Festlegung der Einheit in Ideologie oder Hierarchie überlegen, sofern sie als Jesus Christus identifiziert ist. Die Würde der Glaubenden besteht eben in ihrem Glauben an Jesus Christus und in der Hingabe ihrer Erkenntnis. Alle Einheit der Sprache, des Denkens, des Geistes, der Lehre, der Theologie folgt aus dieser Einheit, die Jesus Christus selbst [ist]. Deshalb nun kann sich mit der Strenge, Klarheit und Präzision der Einheit der Kirche ein ungeheurer Reichtum, Vielfalt der Sprache verbinden – denn das Für-uns-Sein Gottes in Jesus Christus kann nie erschöpfend gesagt werden. Freilich muß alle Sprache, alles Denken auf dem Grund Jesus Christus bleiben.

Wenn es in Eph 4,3–6 heißt [»Seid darauf bedacht, zu wahren die Einigkeit im Geist durch das Band des Friedens: ein Leib und ein Geist, wie ihr auch berufen seid zu einer Hoffnung eurer Berufung; ein Herr, ein Glaube, eine Taufe; ein Gott und Vater aller, der da ist über allen und durch alle und in allen.«] – dann ist das so zu verstehen: Jeder ist mit seiner Individualität, Personsein Glied des einen Leibes, in einem Geist, zu einer Hoffnung berufen, auf einen Herrn und Gott bezogen. Und gerade im Bezug auf diese Einheit werden die besonderen Gaben jedes Individuums evoziert, bedacht und entfaltet. Darum widerspricht die Verschiedenheit gerade der strengen Einheit nicht. Denn wenn der Glaube, wie ich sagte, eine existentielle Gemeinschaft mit Jesus Christus ist, dann kann dies ja nur stattfinden, wenn ich selbst es bin, mit der Besonderheit meiner Gabe, der diese Gemeinschaft lebt. Deshalb sagt Paulus 1 Kor 12,4–6: Es sind verschiedene Gaben, aber es ist ein Geist. Und es sind verschiedene Ämter, aber es ist ein Herr. Und es sind verschiedene Kräfte, aber es ist ein Gott, der da wirkt alles in allen (vgl. das ganze Kapitel und dazu Röm 12).

Bei der Auslegung dieser Texte muß man sich das Gefälle der Sprache vergegenwärtigen, um den wesentlichen Aspekt für die Einheit zu gewinnen. Unser postmodernes Empfinden legt die Texte so aus: Paulus betont neben der Einheit die Verschiedenheit der Gaben. Solche Akzentsetzung folgt aus der Sorge, der Individualität, dem Ich könnte bei allzu viel Einheit, allzu viel Individualität verloren gehen. Aber Paulus denkt ganz anders. Er sieht die Vielheit der Gaben, der Individualitäten, und versammelt sie in der Einheit des Leibes Christi, in dem Glauben an den einen Gott in Jesus Christus (wie Joh 17). Aber damit werden die Vielheit und Vielfalt der Gaben nicht aufgehoben, sondern sie bekommen eine klare Kontur, eine Richtung, die sie im Dienste des bloßen Ich gar nicht haben. Einheit ist, wie ich sagte, ja nicht Ideologie, doktrinale Einheit, sondern Jesus Christus als Person, der gerade jedem Menschen als diesem selbst sein Für-den-Menschen-Sein mitteilt. | 47

Das heißt nun: Die erkenntnistheoretische und ontologische Ebene der Einheit ist Jesus Christus als Person und unser Glaube an ihn. Damit verändert sich die Ebene selbst. Denkt man die Einheit ideologisch als unité de doctrine oder Hierarchie, so gewinnt diese Einheit immer etwas das Individuum Bedrohendes. Die Reaktion des Pluralismus und die Gegenreaktion der Ideologie folgen daraus.

Der Pluralismus aber ist nur eine Scheinalternative zur Ideologie; denn er liegt auf derselben Ebene, nur daß er eine Vielheit von Ideologien und Meinungen zuläßt, wobei freilich der Pluralismus dort an seine Grenzen gerät, wo er mit anderen Meinungen und Interessen in Konflikt gerät. Der Pluralismus ist eine Reaktion auf die ideologische Verunstaltung der Wahrheit, aber er ist keine Lösung des damit gegebenen Problems.

Der Satz aus Joh 8,32: »Die Wahrheit wird euch freimachen«, birgt einen formalen philosophischen Hinweis: Wahrheit ist Befreiung des Ich aus der ideologischen Verunstaltung der Wahrheit, sowohl der totalitären als auch der pluralistischen; und diese Wahrheit ist die Person Jesu Christi. Was für die Wahrheit gilt, gilt, Joh 17!, dementsprechend für die Einheit: Wahrheit und Einheit liegen außer uns selbst, und wenn unser Denken und Glauben von dieser Wahrheit bestimmt wird, dann ist jeder auf seinem Weg zur Wahrheit und Einheit. Das hat etwa für die Ökumene gravierende Folgen: Die Einheit der Kirche kann nicht auf der Ebene eines Minimalkonsensus aller Kirchen gewonnen werden, weil diese Ebene die ideologische ist. Wenn der Glaube Glaube an das Für-uns-Sein Jesu Christi ist, dann kann Glaube nur die maximale, optimale Entsprechung zu Jesus Christus sein; und also kann auch die Einheit der Kirche nur in diesem Maximalkonsens, Optimalkonsens bestehen.

Anhang: Historische Hinweise zum Verständnis der Einheit der Kirche: Ich habe die Einheit der Kirche ganz theologisch dargestellt. Alle Institutionen der Kirche müssen diesem Verständnis der Einheit dienen. In der Geschichte der christlichen Kirche ist es auch immer klar gewesen, daß die Einheit der Kirche in ihrem einen Glauben an den einen Herrn begründet liegt. Die erste Schrift über die Einheit der Kirche stammt von Cyprian von Karthago: De Unitate Ecclesiae. Hier beobachten wir schon den Prozeß, daß das kirchliche Amt, also die bischöfliche Hierarchie, selbst zum Grund der Einheit wird (Cap. V), während ja im Neuen

Testament, etwa 2 Kor 5, das Amt ganz von dem Logos = Jesus Christus her verstanden ist, der die Einheit allein stiftet. |48

b) Die Heiligkeit der Kirche. Vgl. Abschnitt com. sanctorum

Die Heiligkeit der Kirche ist analog der Heiligkeit der Glaubenden aus ihrem Bestimmtsein für Gott zu verstehen. Wenn in Bekenntnissen der Kirche also das Attribut der Heiligkeit zuerkannt wird, so wird damit ausdrücklich gemacht: Die Kirche ist die Gemeinschaft derer, die für Gott leben und vor Gott existieren. In der Kirche als heiliger Kirche wird also eigens und primär dies thematisiert: Die Glaubenden, die in der Welt, in Weltverbundenheit, Menschenverbundenheit, Schöpfungsverbundenheit, Arbeits- und Berufs- und Familien- und Freundschaftsverbundenheit leben, existieren als Kirche bewußt ihre Gottverbundenheit. Darum ist Heiligkeit der Kirche nicht moralische Makellosigkeit – moralische Makellosigkeit, als Selbststilisierung zum Reinen und Guten, das ist ja als Zelebration des Ich gerade Bruch der Gottverbundenheit. Die Heiligen der Kirche sind die, welche sich als Sünder bekennen können, die sich loslassen, aus den Fesseln des Ich befreien lassen können, die Psalm 51 beten können. Die communio sanctorum bestärkt sich gerade in diesem Heiligsein, in diesem sich selbst Aufgeben Können.

Das ist nun das genaue Gegenteil dessen, was man solchen Worten vorwirft, nämlich daß dem Menschen in der Kirche eingeredet werde, er sei nichts wert, er bedeute nichts, ja, es werde durch solche Gedanken alles Selbstwertgefühl des Menschen zerstört. Sofern das Ich-Gefühl des Menschen in einer permanenten selbstbedrohenden, weltbedrohenden Selbstüberschätzung besteht, ist das auch richtig. Der Glaube ist selber die Erkenntnis, daß der Mensch nicht Herr in seinem eigenen Haus sein darf, wenn er Zukunft und Hoffnung haben soll, und insofern ist der Glaube die denkbar schwerste narzißtische Verletzung des Menschen. Aber dies ist keine Leistung des Menschen und keine Selbstnegierung. Vielmehr ist die Depotenzierung des Menschen aufgehoben in dem Für-uns-Sein Jesu Christi und daher ist es ein Vorgang der Befreiung von uns selbst, der uns im Glauben widerfährt. Und der befreite Mensch kann nun sich selbst wahrnehmen in dem Menschsein Jesu Christi, durch das er befreit wird, sozusagen zu einer doppelten Perspektive: zum Blick in den Abgrund des Menschen und in seine christologische Wahrheit. Im Glauben wird das Ich des Menschen aufgehoben: tollere, elevare, conservare, aufgehoben in der Gottverbundenheit. Das ist die Heiligkeit der Kirche und der Glaubenden.

Auf dem Boden dieses Ansatzes erledigt es sich von selbst, der Kirche, wie es in der römisch-katholischen Dogmatik geschieht, die Attribute der Indefektibilität | 49 und Infallibilität zuzusprechen. Diese Attribute gehören allein Gott und seinem Wort, und die Kirche ist umso heiliger, je mehr sie diesem verbum externum dient. Das meint die CA, wenn sie von pura doctrina und recte administrare sacramenta spricht.

In diesem Zusammenhang ist kurz auf ein wichtiges Problem hinzuweisen, nämlich auf die Frage der sittlichen Reinheit der Christen, in der Kirchengeschichte berühmt geworden am Beispiel des Donatismus (Erzählen!). D.h.: Die Indefektibilität und Infallibilität des Gotteswortes darf nie zu einer sittlichen Indefektibilität und Infallibilität des Subjekts umgestaltet werden. Keineswegs folgt daraus, daß man nun Freiheit zur Sünde hat, da es ja dem Wort Gottes nicht schaden kann; das ganze Sittengesetz gilt in aller Strenge für den Glaubenden. Aber seine Verfehlung ist kein Argument gegen die Wahrheit des Wortes, das er verkündigt, und das ist für das Versehen eines kirchlichen Amtes natürlich konstitutiv.

Man könnte also sagen: Versteht man unter communio sanctorum sancta, dann ist Heiligkeit der Kirche konstituiert durch Gottes indefektibles und infallibles Evangelium und Sakrament, dem die Heiligen dienen, dem sie sich ganz hingeben. Und die Heiligkeit der sancta wird durch eine allfällige Sittenlosigkeit der Kirche und der Glaubenden nicht widerlegt. Daß freilich die moralische und intellektuelle Integrität für das Bestehen der Kirche wichtig ist, das wird man heute doch sehr nachdrücklich betonen müssen. Wo, mit Wilhelm Hermann zu sprechen, der sittliche Ernst fehlt, z.B. der sittliche Ernst des Auslegers, sich ganz dem Zur-Sprache-Bringen der Sach-Aussagen der Schrift zu widmen, da wird sich die moralische und intellektuelle Verlotterung so auswirken, daß die ἄγια, die sancta gar nicht mehr erscheinen, zur Sprache und zu Worte kommen. Das ist keine Widerlegung ihrer Wahrheit, aber es ist die Institutionalisierung der Überflüssigkeit der Kirche, die ja nicht der Scheffel sein soll, unter den das Licht des Evangeliums gestellt werden dürfte.

Die Struktur der Heiligkeit kann man sich klarmachen an Lev 19,2: Ihr sollt heilig sein, denn ich bin heilig, der Herr, euer Gott. Die Heiligkeit Gottes ist das Herr-Sein Jahwes für sein Volk; als Heiliger bestimmt sich Jahwe für sein Volk. Durch das ganze Kapitel endet jede Bestimmung des Gesetzes mit der Formel: Ich bin der Herr. Und die Heiligkeit des Volkes besteht darin, dieser Heiligkeit Jahwes entsprechend zu leben, zu wandeln, ihr also analog zu existieren. Das führt gerade nicht dazu, sich selbst als heiliges Subjekt zu konstituieren, denn dann würde man dem Herr-Sein Jahwes ja widersprechen. | 50[1] Der Satz ist ja nicht so gemeint, daß wir uns an Jahwes Stelle setzen, sondern unsere Heiligkeit besteht gerade darin, Gott als den Heiligen, also als Gott für uns, wahrzunehmen. Genau ebenso ist Jesu Satz aus Mt 5,48 zu verstehen: »Ihr sollt vollkommen sein, wie euer Vater im Himmel vollkommen ist.« Es ist nicht gemeint, daß wir wie Gott werden sollen. Aber wir sollen unser eigenes Verhalten mit Gottes Verhalten zu den Menschen in Übereinstimmung bringen. Und wie geschieht das? Gott verhält sich zu den Menschen wie seinem Gott-Sein entsprechend, ohne Ansehen der Person. Er läßt seine Sonne aufgehen und Regen fallen ohne Ansehen der Person. Und das sollen auch wir tun: lieben nicht nach Ansehen der Person, sondern lieben um der Liebe, also um Gottes willen. Und dieses Verhalten hat zum Zweck und zur Folge, daß ihr Kinder seid eures Vaters im Himmel. Kind aber ist man gerade in Bezug zum Vater; ohne den Vater kein Kind. Und in dieser Differenz zwischen Gott, unserem Vater im Himmel, und uns Kindern, in dieser Differenz besteht unsere Vollkommenheit, Heiligkeit. Unsere Heiligkeit ist gerade die Gottesbeziehung, nicht der Ersatz der Heiligkeit Gottes durch unsere Heiligkeit.

Darum können wir auch hier wieder christologisch resümieren: Die Heiligkeit der Kirche wird an ihrem Grund offenbar, nämlich an Jesu Christi eigener Heiligkeit, die in seiner vollkommenen Hingabe besteht; vgl. Mk 1,24; Joh 6,69; Apk 3,7. Daraus ergibt sich nun, daß im Attribut der Heiligkeit eine Beliebigkeit ausgeschlossen ist. In der Kirche gilt nur das, was streng dem Herr-Sein Gottes und dem Für-uns-Sein Jesu Christi entspricht. Die Kirche ist für alle da, aber beileibe nicht für alles. Aus der Heiligkeit der Kirche ergibt sich die Aufgabe, streng nach dem Gott-Sein Gottes zu fragen und dieses Gott-Sein Gottes ist das Für-uns-Sein Jesu Christi. Gott will nach seiner Façon verehrt werden. | 50a

[Exkurs zum Verständnis des Heiligen]
Exkurs: Heilig, die Heiligen, die Heilige Schrift, die heilige Jungfrau Maria, der Heilige Geist – zum Verständnis des Heiligen (Lexikon-Artikel; Rudolf Otto, Das Heilige. Über das Irrationale in der Idee des Göttlichen und sein Verhältnis zum Rationalen, Gotha, 16. Aufl. 1927; G. van der Leeuw, Phänomenologie der Religion, Tübingen 1933; Friedrich Heiler, Das Gebet. Eine religionsgeschichtliche und religionspsychologische Untersuchung, München, 5. Aufl. 1923)

a) [Heiligkeit als Bestimmtsein für und durch Gott]
Mit dem vorher Gesagten habe ich gewiß nicht alles gesagt, was zum Wort »heilig« zu sagen wäre; aber doch den Bedeutungshorizont des

neutestamentlichen und evangelischen Sprachgebrauchs abgesteckt: Heiligkeit ist das Bestimmtsein für Gott und durch Gott, also durch Gottes Heiligkeit für uns. Weil das so ist, ist das ganze Leben des Christen auf die Heiligkeit angesprochen, ob er Gott entspricht oder nicht.

Die erste der 95 Thesen Luthers lautet: »Da unser Herr und Meister Jesus Christus spricht: Tut Buße (Mt 4,17), so wollte er, daß das ganze Leben der Gläubigen eine Buße sein solle.« Buße ist, wie ich sagte, die μετάνοια, die Umorientierung des Lebens, also keineswegs ein Modus, das Leben mit hängendem Kopf und Leichenbittermiene zu verbringen, sondern gerade daran zu arbeiten, sich durch die Erkenntnis des Für-uns-Seins Jesu Christi in die μετάνοια, die Kehre, die Versöhnung, die Rechtfertigung, die Wiedergeburt usw. bringen zu lassen. Diese Umkehr ist also von heiligem Ernst und heiliger Freude; von heiligem Ernst, sofern wir aller religiösen Schwärmerei zugunsten der Erkenntnis Christi entsagen müssen, von heiliger Freude, sofern uns die Erkenntnis Christi die Erkenntnis unserer eigenen Erlösung ist. »Heiligkeit« also bezieht sich auf das ganze Leben, die Heiligkeit ist nicht Sache bestimmter Zeiten oder Orte oder Akte oder Riten oder bestimmter Menschen, denn Heiligkeit ist eine Qualifikation des ganzen Lebens als Gottesbeziehung – als Leben zwischen Glaube und Unglaube, Freiheit und Unfreiheit, Gehorsam und Ungehorsam.

Nun hat sich aber in der Kirche ein Verständnis von Heiligkeit ausgebildet, das die Heiligkeit nicht als reine Beziehung, sondern zugleich als Beschaffenheit bestimmter Orte, Zeiten, Gegenstände, Subjekte versteht. Dieses Verständnis von Heiligkeit hat uralte religiöse Tradition (Orte, Zeiten, Personen usw.). Es hat nun den Anschein, daß der neutestamentliche Begriff der Heiligkeit als reiner Beziehung auf Gott, also als Analogie der Existenz, des Lebens, und daher die Destruktion des religiösen Heiligkeitsbegriffs in der Verkündigung Jesu wurzelt: Sabbatfrage oder Mt 15,11, ein geradezu revolutionäres Wort, = ein Wort der μετάνοια (*Umkehr, Buße*), des vollkommenen Umdenkens. Aber die Vorstellung heiliger Substanz, also Orte, Zeiten, Gegenstände, besondere Subjekte der Heiligkeit und vor allem der heiligen Jungfrau Maria haben sich doch in der Kirche wieder angesiedelt. Die Reformation hat dem gegenüber das urchristliche Verständnis der Heiligkeit erneuert – siehe Luther –, aber heute findet | 50b auch in den evangelischen Kirchen eine Rückkehr eines nicht biblischen Verständnisses der Heiligkeit statt. Ich versuche nun, in aller Kürze dazu etwas zu sagen.

b) [Verehrung der Heiligen]

Ich habe ja immer betont, daß es für die Kirche wichtig ist, mit den Toten zu leben, ihre Stimmen zu hören als diejenigen, die vor uns geglaubt haben. In diesem Sinne ist es vollkommen christlich und evangeliumsgemäß, auf die Toten zu hören. Die beste Art, wie wir es tun, ist aber nicht irgendeine kultische Verehrung, sondern etwa die Auslegung ihrer Texte, wie wir es in der Schrift und Kirchengeschichte tun. Man kann ja einen Menschen nicht höher respektieren, als daß man auf ihn hört, ernsthaft, hingebungsvoll – auch wenn man ihm nicht zustimmt. Also indem wir an dem Erbe der Toten ernsthaft arbeiten, hören wir auf die Heiligen, die vor uns geglaubt haben. Aber kultisch verehren, sie anrufen, das tun wir nicht, und zwar schon deshalb nicht, weil wir ja wissen, daß Gott selbst uns hört, wenn wir aus tiefer Not schreien.

Die Verehrung der Heiligen ist entstanden aus dem Phänomen des Martyriums, also in der Verehrung derjenigen, die so sehr ganz Gott hingegeben waren, daß sie dafür den Tod auf sich nahmen. Ein Märtyrer ist in diesem Sinn in der Tat ein Heiliger im biblischen Sinn, also ein sein Leben sich ganz und gar von Gott bestimmen lassender. Ältestes Zeugnis ist das Martyrium Polycarpi (ca. 156).[1] Dieser Text ist aber zugleich schon ein Beleg, daß man der heiligen Märtyrer nicht nur gedenkt, sondern sie anruft und verehrt. Und sodann ist dieser Text von entscheidender Bedeutung, daß er sich schon Gedanken macht über die Frage, wie sich denn die Verehrung und Anbetung Gottes und Christi und die des Gedächtnisses der Märtyrer unterscheidet: »Diesen (Christus) beten wir an, weil er der Sohn Gottes ist. Die Märtyrer aber lieben wir gebührend als Schüler und Nachahmer des Herrn, wegen ihrer unübertrefflichen Zuneigung zu ihrem König und Lehrer« (17,1).

Nun, ich sage es noch einmal: Das Gedächtnis der Glaubenden gilt jedem Christen. Bald schon aber entwickelte sich kultische Verehrung, die Darbringung des Messopfers, Anrufung usw. Im Zusammenhang damit emanzipiert sich die Verehrung von Märtyrern, Confessores, vorbildli-

---

1 Das Martyrium des Polykarp (17,3) ed., übersetzt und kommentiert von G.Buschmann, in: Kommentar zu den Apostolischen Vätern, hg. v. N. Brox u.a., Bd. 6, Göttingen 1998, 32 u. 324: »Denn diesen verehren wir als Sohn Gottes, die Märtyrer aber lieben wir in angemessener Weise als Jünger und Nachahmer des Herrn wegen der unüberbietbaren Zuneigung zu ihrem König und Lehrer; wenn doch auch wir deren Teilhaber und Mitjünger würden!«

chen Heiligen usw. Es ist gewiß richtig: Die Wurzel des Heiligen-Kultes ist die biblische, relationale Heiligkeit; aber es ist unverkennbar, daß im Laufe der weiteren Geschichte nun die Subjekte in der Beziehung zu Gott selbst zu heiligen Subjekten wurden. Es ist ein paralleler Prozeß, in welchem die Anrufung der Heiligen und die Etablierung eines substantiellen Heiligkeitsbegriffes sich vollzogen. Der vermutliche Grund der Anrufung der Heiligen ist ihre Funktion als Fürbitter vor Gott: Sie bringen die Anliegen der Beter vor Gottes Thron. Für das Verständnis der Heiligen im kirchlich-römisch-katholischen Sinn sind zwei Bestimmungen wesentlich: | 50c

Die kultische Verehrung der Heiligen einschließlich Marias ist von der Verehrung Gottes kategorial unterschieden. Denn die Heiligen einschließlich Marias sind Geschöpfe, Gott aber ist Gott; man kann Gott und die Heiligen nicht auf dieselbe Weise verehren. Daher unterscheidet man den latreutischen Kult, der allein Gott zukommt, vom dulischen Kult, der den Heiligen zukommt. Anbeten kann man allein Gott.

Das zweite ist die Kanonisierung der Heiligen. Diese ist erst durch den Papst im 10. Jahrhundert, heute fest geregelt durch die Heiligsprechungs-Kongregation, Benedikt XIV. Der Sinn ist, festzustellen, daß der oder die Angerufene wirklich bei Gott ist. Es handelt sich um die Feststellung dessen, daß ein Heiliger natürlich im Stand der Gnade stehen muß und durch heroische Heiligkeit den Durchschnitt überragt. Der Kult der Heiligen schließt den Kult ihrer Reliquien und ihrer Bilder mit ein.

Wir sehen: Das Gedenken an die Märtyrer als der Glaubenden entspricht durchaus genuin christlichem Verständnis von Heiligkeit, aber in der Anrufung der Heiligen und der damit verbundenen Verlagerung der Heiligkeit auf das Subjekt findet durchaus ein Verfallsprozeß statt. Ich will das Problem scharf fixieren: In diesem Verständnis von Heiligkeit kann die Suggestion entstehen, als könne es in der Kirche Glieder geben (z.B. Maria), die der Sündenvergebung nicht mehr bedürften.

c) Maria

Was für den Kult der Heiligen gilt, daß er aus durchaus annehmbaren Anfängen des Gedenkens an die vor uns Glaubenden entstand, das gilt ebenso für Maria, der erhabensten Heiligen, der darum ein spezifischer

Kult, die Hyperdulia,[1] zukommt. Das historische Wissen von Maria ist ja praktisch Null, ihr Name wird in der Bibel seltener genannt als der des Pontius Pilatus. Aus dem Neuen Testament kann man sich kein Bild von Maria machen, alle einschlägigen, zum Teil umfangreichen Bücher sind Überinterpretationen und Phantasie. Das nach-neutestamentliche Schrifttum ist Legende. Die Marienverehrung ist nicht auf bestimmte historische Ereignisse und Erkenntnisse gegründet, sondern umgekehrt, die Marienverehrung schafft Geschichte, Erzählungen, Legende. Die Marienverehrung selbst ist aus einer theologischen Bedeutung Marias entstanden und abgeflossen; diese theologische Wurzel ist ganz und gar theologisch: Maria hat nur eine einzige Bedeutung, nämlich sie steht dafür, daß Jesus Christus ein wirklicher Mensch war. Das geht z.B. aus dem Credo Nicäno-Constantinopolitanum deutlich hervor: Am Anfang und Ende des Erdenlebens Jesu Christi werden zwei Namen genannt, Maria und Pontius Pilatus, und beide Nennungen haben genau denselben Sinn, nämlich Garanten der wirklichen, historischen Menschlichkeit Jesu zu sein. Maria ist also, um es ganz technisch zu sagen, christologisch funktionalisiert. Daß die Jungfräulichkeit Marias betont wird, hat ebenso ausschließlich christologischen Sinn: Jesus Christus ist wahrer Mensch, aber er ist es nicht aus der Generationenfolge | 50d der Menschheit, sondern als Akt Gottes selbst. Im Übrigen ist die Jungfrauenschaft ja ein theologisches Zentralmotiv des Neuen Testaments. Aber man kann nun gerade hieran die Entwicklung zur Mariologie erkennen: Die Jungfrauenschaft Mariens emanzipiert sich bald vom christologischen Zusammenhang und verselbständigt sich. Im Protevangelium des Jakobus tritt eine Hebamme auf, die eine gynäkologische Prüfung der Intaktheit der Jungfrau vornimmt. Hier sehen Sie auf besonders krasse Weise, was geschieht, wenn die Heiligkeit aus der Relation ausbricht und zur Qualität der Substanz wird: Maria ist substantiell ein Wunderwesen, das auch nach der Geburt Jesu noch Jungfrau ist (semper virgo). Dieser Legendenbau ist die eine mächtige Wurzel der Mariologie. Die andere ist der Aspekt der Gottesmutter. Maria als Gottesmutter zu bezeichnen, ist theologisch und christologisch ganz legitim. So ist es denn auch gemeint, wenn in Ephesus 431 Maria als θεοτόκος (deipara) bezeichnet wird – es ist ganz christologisch gemeint, diesmal mit dem Akzent: Maria hat in Jesus Christus nicht nur den wahren Menschen, sondern auch den wahren Gott geboren (einzelnes gehört in die Christologie). Aber auch hier

---

[1] Georg Söll, Hyperdulie, LThK Bd. 5, Freiburg 2. Aufl. 1960, Sp. 574f.

trat nun eine Emanzipation ein von der Christologie, sofern sich das Interesse an der Gottesgebärerin verselbständigte. Das führte dazu, daß die Kirche ihr Privilegien zusprach, die sie zwar Mensch bleiben ließen, aber sie in schlechthinniger Einzigartigkeit von allen Menschen unterschied: Maria war vom Augenblick ihrer Empfängnis an frei von aller Erbsünde (8. Dezember), und nach ihrem Tod wurde sie nicht nur wie alle anderen Menschen mit ihrer Seele, sondern auch mit dem Leib in den Himmel erhoben. Sie ist also von der Auferstehung am jüngsten Tage ausgenommen, weil sie schon jetzt auch mit dem Leib bei Gott ist.

Zum Dogma erhoben wurde das erste 1854 (Pius IX.), das zweite 1950 (Pius XII.). Durch päpstliche Entscheidungen ist es erlaubt, Maria die mediatrix omnium gratiarum und auch corredemptrix zu nennen. Das ist aber nicht dogmatisch, sondern gehört einer Überlieferungsphase der Mariologie an, die von besonnenen katholischen Theologen nicht vertreten wird.

Das etwa ist grob gesagt eine Skizze der offiziellen Mariologie. Ihre theologische Bedeutung erschließt folgender Schrift-Hinweis: In Marias Antworten an Gabriel: »Mir geschehe, wie du gesagt hast« (Lk 1,38), sieht die offizielle römisch-katholische Theologie das Ja der Menschen zu Gottes Heilstat. Gott wollte den Menschen nicht gegen den Willen des Menschen erlösen, und stellvertretend, ja als korporative Menschheit spricht Maria dieses Ja aus. Von hier aus läuft die Linie dazu, daß Maria durch dies Ja auch am Heilswerk mitwirkt, Mutter aller Gnade und sogar corredemptrix genannt werden darf. Hier liegt natürlich | 50e die eigentliche Problematik der Mariologie, denn sie ist eine Gefährdung des sola gratia, der Versöhnung durch Gott. In der Mariologie träumt die Kirche den heimlichen Traum der Selbsterlösung. Natürlich werden alle Privilegien Marias auf die Gnade Gottes zurückgeführt, aber das ist natürlich ein Konstrukt. Zweitens ist Maria Symbol der Kirche, in Maria feiert die Kirche sich selbst. In ihr sieht sich die Kirche selbst als Mittlerin aller Gnade, als Miterlöserin, vor allem aber als sündenfreie, und in diesem Sinn heilige. Als Beleg der Katechismus der katholischen Kirche, 1993, deutsche Ausgabe, S. 247, Nr. 829: »Während aber die Kirche in der seligsten Jungfrau Maria schon zur Vollkommenheit gelangt ist, in der sie ohne Makel und Runzel ist, bemühen sich die Christgläubigen noch, die Sünde völlig zu besiegen und so in der Heiligkeit zu wachsen; und daher erheben sie ihre Augen zu Maria (*lumen gentium* 65). In ihr ist die Kirche schon die ganz heilige.« In der Mariologie träumt also die Kirche den Traum der Sündlosigkeit, das nicht mehr auf Sündenvergebung Angewiesensein. Vielleicht ist die Mariologie gerade heute auch für evangelische Christen so attraktiv, für eine evangelische Christenheit, die ja das

Reden von der Sünde auch am liebsten loswerden will. Dieser Traum ist ja auch ein wesentliches Moment feministischen Denkens, nicht nur in der Theologie, und so verbinden sich frauenspezifische Denkweise mit dem Traum von der Sündlosigkeit, welche zur Rezeption der Mariologie führt.

Zum Schluss noch einige Feststellungen:

α) Ein systematischer Hinweis: Wir haben es in der Mariologie zum großen Teil mit Konsequenztheologie zu tun. Das ist eine Denkform, die durch rein rationale Schlußverfahren zur Aufstellung von Sätzen kommt, für die die geschichtlichen Gegebenheiten nichts hergeben. Die Mariologie ist ein Wolkenkratzer auf einer Erbse. Ihre Sätze sind nicht geschichtliche Erkenntnisse, sondern Postulate (Beispiel: Aufsatz von [Berthold] Altaner: Zur Definibilität des mariologischen Dogmas *vor* der Definition 1950 [in: ThRv 44, 1948, 129–140]).

β) Wenn das Mariologie ist, kann es eine evangelische Mariologie nicht geben. Maria ist, aber davon wissen wir eigentlich nichts, eine Glaubende und allein darin besteht ihre Würde. In Lk 1,38 nennt sie sich selbst δούλη κυρίου (*Magd des Herrn*), und der Sinn ist im Zusammenhang klar: Sie ist gehorsam, sie tut das, was der Mensch zu tun schuldig ist, wenn Gott zu ihm kommt: Sie läßt Gott Gott sein. Von irgendwelcher Zustimmung zum Heilswerk ist hier nicht die Rede. Was evangelisch über Maria zu sagen ist, hat Luther in seiner schönen Auslegung des Magnificat gesagt, die ich Ihnen empfehle: WA 7;544ff; MüA[3] Bd. 6, 186ff oder andere Lutherausgaben. | 50f

γ) Die Marienverehrung ist geschichtlich gesehen in vielen Aspekten ein Zeugnis tiefer, echter Religiosität. Das dürfen wir nicht übersehen, wenn wir die Mariologie theologischer Kritik unterziehen. Aber nicht jede tiefe und echte Religiosität ist als solche schon wahr – und wir haben doch Gott im Geist und in der Wahrheit anzubeten. Daher möchte ich sozusagen ein Kriterium angeben, an dem die Marienverehrung geprüft werden kann: Wie verhält sich unsere Marienverehrung zum exklusiven Für-uns-Sein Gottes in Jesus Christus? Drängt sich mit [der] Marienverehrung etwas in den Vordergrund, das unseren Glauben als Rezeption des Für-uns-Seins Jesu gefährdet – also etwa das Weibliche, der Traum der Sündlosigkeit, das Mitwirken-Wollen am Heil usw.?

δ) Die heutige katholische Theologie – nicht der offiziell-römische Katholizismus – betont sehr energisch die christologische Rolle der Mariologie, d.h. sie versucht, die mariologische Hypertrophie besonders der Pius-Päpste seit Pius IX. zu relativieren; freilich forciert der gegenwärtige Papst die Marienverehrung wieder. Die katholische Theologie hat gesehen, daß eine hypertrophe Mariologie in der Marienverehrung die Exzeptionalität Jesu Christi gefährdet und die Kirche in einen die Kirche selbst gefährdenden Triumphalismus führen kann. Insofern ist der Boden für kritische Erwägungen in der katholischen Theologie selbst schon bereitet. Aber – und das will ich noch anfügen: Die Mariologie ist immer noch ein Probierstein im Gespräch mit Katholiken: Die theologischen Differenzen müssen um der Wahrheit willen klar und deutlich gemacht werden, ohne daß man den katholischen Mitchristen deswegen herabsetzt. Eine Liebe, welche die Wahrheitsfrage umschifft, ist wohl keine Liebe. Im übrigen ist es ja so, daß in einem echten Gespräch – und ein echtes Gespräch ist ja dann der Fall, wenn gehört wird –, wenn ich den katholischen Partner vor die Wahrheitsfrage stelle, er dasselbe ja mit mir macht – und dann ist vielleicht die Situation geschaffen, uns gemeinsam auf den Weg zu machen.

Zur Literatur: Ein Abschnitt über Mariologie in jeder katholischen Dogmatik, umfassend die schon ältere Dogmatik: Michael Schmaus, Katholische Dogmatik, Bd. 5: Mariologie, 2. erw. Aufl., München 1961; W. Beinert u. H. Petri (Hg.), Handbuch der Marienkunde, Regensburg 1984; Hugo Rahner, Maria und die Kirche. Zehn Kapitel über das geistliche Leben, Innsbruck 1951, ²1962.

Zum Schluß zitiere ich zur Illustration des Verständnisses von Heiligkeit Dietrich Bonhoeffer, Widerstand und Ergebung, neue Ausgabe: [»Ich erinnere mich eines Gesprächs, das ich vor 13 Jahren in Amerika mit einem französischen jungen Pfarrer hatte. Wir hatten uns ganz einfach die Frage gestellt, was wir mit unserem Leben eigentlich wollten. Da sagte er: ich möchte ein Heiliger werden (– und ich halte für möglich, daß er es geworden ist –), das beeindruckte mich damals sehr. Trotzdem widersprach ich ihm und sagte ungefähr: Ich möchte glauben lernen. Lange Zeit habe ich die Tiefe dieses Gegensatzes nicht verstanden. Ich dachte, ich könnte glauben lernen, indem ich selbst so etwas wie ein heiliges Leben zu führen versuchte. Als das Ende dieses Weges schrieb ich wohl die ›Nachfolge‹. Heute sehe ich die Gefahren dieses Buches, zu dem ich allerdings nach wie vor stehe, deutlich. Später erfuhr ich und ich erfahre es bis zur Stunde, daß man erst in der vollen Diesseitigkeit des Lebens glauben lernt. Wenn man völlig darauf verzichtet hat, aus sich selbst etwas zu machen – sei es einen Heiligen oder einen bekehrten Sünder oder einen Kirchenmann (eine sogenannte priesterliche Gestalt!), einen Gerechten oder einen Ungerechten, einen Kranken oder einen

Gesunden – und dies nenne ich Diesseitigkeit, nämlich in der Fülle der
Aufgaben, Fragen, Erfolge, Mißerfolge, Erfahrungen und Ratlosigkeiten
leben, – dann wirft man sich Gott ganz in die Arme, dann nimmt man
nicht mehr das eigene Leiden, sondern das Leiden Gottes in der Welt
ernst, dann wacht man mit Christus in Gethsemane, und ich denke, das
ist Glaube, das ist μετάνοια (*Buße*); und so wird man ein Mensch, ein
Christ.« D. Bonhoeffer, Widerstand und Ergebung, DBW 8, 541f, Nr.
178, an E. Bethge, 21.7.1944].

d) Heiliger Geist
Unter dieser Überschrift versuche ich, gleichzeitig das Verständnis des
Wortes heilig und den christologischen Charakter der Heiligkeit heraus-
zuarbeiten. | 50g
    Ich sagte früher, daß wir Gott nach Gottes Façon verehren sollen,
daß also unsere Gottesverehrung nicht beliebig ist. Und ich sagte weiter,
daß, je mehr wir Gott nach seinem, Gottes Willen, verehren, anbeten,
umso mehr tut das jeder und jede von uns ganz als er oder sie selbst.
Denn Gott kann man nur anbeten mit der ganzen Hingabe seiner selbst,
und so befreit uns Gott ganz zu uns selbst, aktiviert durch seine Zuwen-
dung alle Gaben und Möglichkeiten, die er als unser Schöpfer in uns
gelegt hat. Wenn Joh 4,24 sagt: »Gott ist Geist, und die ihn anbeten,
müssen ihn im Geist und in der Wahrheit anbeten«, dann ist damit nicht
über Gottes Substanz spekuliert, sondern es ist ein Doppeltes gesagt:
Gott will seinem Wesen entsprechend angebetet werden, und eben darum werden wir selbst in Geist und Wahrheit stehen, also ganz dem Willen Gottes entsprechen, ganz dazu befreit sein, was wir selbst sind. Das
Neue Testament, und das ist nun entscheidend, lehrt uns, daß wir frei
sind, daß wir selbst sind nur im Glauben, also nur in der Gemeinschaft
mit Gott und Jesus Christus, und daß wir als Substanzen, Ich und Selbst,
gerade nicht frei sind, sondern gebunden an uns selbst und daher mit all
den Folgen der Selbstverkrümmung (incurvatio) behaftet. In vielen religiösen Erscheinungen heute, wie sie uns etwa in fundamentalistisch-
evangelikalen, feministischen, politischen, befreiungstheologischen Mo-
dellen usw. entgegentreten, ist man ja oft schlicht entsetzt über die Enge,
die seelische und geistige Selbstbeweihräucherung, die dort begegnet,
und man könnte heulen über diese Selbstbegrenzung und zugleich
Selbstüberschätzung, dieses Nicht-Wahrnehmen und Nicht-Ausschöpfen
der eigenen Möglichkeiten. D.h.: In dem Satz, daß wir Gott nach seiner,
Gottes Façon und nicht nach unserer Façon anbeten sollen, liegt nicht
eine Bedrohung unseres Selbst – so empfinden das alle, die spießig den-

ken – sondern eine Befreiung unserer selbst. Und das kann man zeigen, wenn man sieht, wie vollkommen unausgeschöpft die Tiefe und der Reichtum der Heiligen Schrift heute daliegt (Predigt). 1 Joh 3,20: μείζων ἐστὶν ὁ θεὸς τῆς καρδίας ἡμῶν καὶ γινώσκει πάντα (*Größer als unser Herz ist Gott und erkennt alle Dinge*).

Nun wird man auf den Einwand stoßen, den man sich als systematischer Theologe selbst machen muß, der einem aber auch gerade heute faktisch begegnet: Woher weißt du denn, wie Gott angebetet werden will? Das Christentum ist doch auch nur eine unter vielen Religionen? Und es ist selbst aufgespalten? Und dazu noch das oben genannte Argument, daß solche Rede unsere Freiheit bedroht! Wie ist auf dieses Argument zu reagieren? Gewiß nicht so, daß wir von der Absolutheit des christlichen Glaubens ausgehen, denn gerade sie wird ja durch diese | 50h Fragen bestritten. Es wird ja gesagt, daß das Christentum nicht länger einfach den Anspruch auf wahre Gotteserkenntnis erheben kann. Hinter diesem Einwand wird dann der Pluralismus als Ausweg angeboten, jeder nach seiner Façon. Ich habe früher schon gesagt, daß der Pluralismus keine Alternative zu einem ideologischen Verständnis der Wahrheit ist, sondern nur dessen Zerfallsprodukt.

Wir gehen vielmehr ganz anders vor. Gewiß ist es so, daß jede religiöse Annahme, auch die christliche, die Meinung derer ist, die sie vertreten, auch wenn die Glaubenden selbst sie für wahr halten und das ja auch müssen, wenn sie sich als Glaubende ernst nehmen. Aber gerade daraus ziehen wir nicht die Konsequenz, Glaube als bloßes Meinen zu verstehen, sondern genau das Gegenteil: Da ja jeder Glaube, wenn er echt ist, jede Religion Gott selbst anbeten will, nicht bloß in der Bibel, so ist jedem Glauben, jeder Religion die Frage nach der Wahrheit des Gottesverhältnisses zu eigen. (Darauf habe ich immer hingewiesen, es ist ein wichtiger Grundgedanke); und, auch das habe ich von Anfang an herausgestellt, die Wahrheit des Gottesverhältnisses ist unsere eigene existentielle Wahrheit vor Gott. In diesem Ansatz ist jedes ideologische und daher auch pluralistische Glaubens-Verständnis ausgeschlossen, weil es nicht um Anschauungen und Gottesbilder geht, sondern um die Wahrheit des Lebens vor Gott. Es geht also um die Heiligkeit unserer Existenz, wenn es um die Wahrheit geht, also um die Gottbestimmtheit der Existenz: Heilige sie in deiner Wahrheit, Joh 17,17. D.h., mein Glaube, meine Religion, ist nicht einfach die wahre Ideologie, das Wissen, daß mein Gottesverhältnis das wahre ist, oder das Gottesverhältnis der Kirche, der ich angehöre. Aber daraus ziehe ich nicht die Konsequenz, das

Gottesverhältnis der Beliebigkeit zu übergeben, sondern ganz im Gegenteil leiten wir daraus die Aufgabe ab, die Wahrheit des Gottesverhältnisses zur unablässigen Denkaufgabe unseres Glaubens zu machen. D.h. nochmals: Religion ist nicht Gottesbild, Gottesvorstellung; sondern Religion ist Existenz vor Gott. Und daher ist die Frage: Wie bin ich wahr vor Gott; wie bin ich so, wie Gott mich will – das ist die religiöse Kernfrage, es ist die Frage jeder Religion: Wie sind wir richtig, gerecht, wahr vor Gott? Wie müssen wir existieren, was müssen wir tun, um heilig vor Gott zu sein?

Nun ist es ganz klar, daß das oben skizzierte Dilemma nicht aufgehoben ist: Woher weiß ich denn, wie Gott mich will; woher weiß ich denn, wer Gott ist, der mich so oder so will? Und wie komme ich dazu, so zu sein, wie Gott mich will? Obwohl diese Fragen weiter bestehen, ist mit der denkerischen Kehre, die ich vollzogen habe, ein | 50i wesentlicher Schritt vollzogen: Es geht in der Religion, existential interpretiert, nicht um das Gottesbild bzw. nicht ausschließlich, sondern um die Wahrheit und Richtigkeit meiner Existenz vor Gott. Und dies ist die Grundfrage aller Religion, hierin sind Christen, Juden, Mohammedaner usw. existentiell verbunden, sofern sie überhaupt ernsthaft religiös sind. Ich habe aber darauf hingewiesen, daß in Israel, im Alten Testament, die Frage nach der existentialen Wahrheit des Menschen, des einzelnen und des Volkes, Gerechtigkeit!, auf einzigartige Weise thematisiert worden ist. Das Alte Testament ist für uns daher theologisch-hermeneutisch von entscheidender Bedeutung, weil es uns lehrt, daß die Wahrheitsfrage in der Religion nicht spekulativ – welches Gottesbild hat der Mensch – sondern existentiell entschieden wird. In dieser religiösen Tradition ist Jesus Christus erschienen, also eine menschliche Existenz, Person. Er verkündet kein neues Gottesbild, sondern die Nähe Gottes, den Willen Gottes, spricht die Menschen nicht auf ihr Gottesbild, sondern auf ihr Gottesverhältnis an. Und in diesem Verkünden erscheint Gott selbst als Vater und Schöpfer, obwohl Jesus nie theoretische Ausführungen darüber gemacht hat, daß Gott Vater und Schöpfer ist. Darum ist Jesu Verkündigung allen Menschen zugänglich. Ich verdeutliche das am Kontrast: Wenn man sich an religiösen Vorstellungen orientiert, an Gottesbildern usw., dann wird der interreligiöse Dialog schwierig, weil z.B. der absolute Monotheismus des Islam und der trinitarische Monotheismus des Christentums nicht vereinbar sind. Wenn man sich aber nicht am Gottesbild, sondern an der existentiellen Gerechtigkeit und Wahrheit, also am Gottesverhältnis, orientiert, ist, bei aller Verschiedenheit der Vorstellungen, das existentielle Moment und das existentielle Interesse identisch. Jesus kann daher alle Menschen ansprechen, und der Übergang des Glaubens von den Juden auf alle Menschen ist daher konsequent und notwendig.

Für den christlichen Glauben hat nun Jesus Christus etwa folgende fundamentale Bedeutung:

a) Er ist der wahre, wirklich gerechte Mensch vor Gott, er ist so also die Vollendung aller Religion. Er ist dieser wahre, gerechte Mensch nicht wegen der Richtigkeit und Absolutheit seines Gottesbildes, sondern wegen der Gott gerecht werdenden Existenz. Nur im Zusammenhang mit ihr wird seine Wahrnehmung Gottes als des Herrn der βασιλεία (*Reiches*), als Vaters und Schöpfers sprechend.

b) Jesus Christus ist wahrer und wirklicher Mensch – d.h. er ist heilig κατ᾽ἐξοχήν, und er ist das nun nicht aus menschlicher Kraft, sondern durch diese Einzigartigkeit der Verbindung Gottes mit ihm (Präexistenz, Zwei-Naturen-Lehre).

c) Jesus Christus hat diese Heiligkeit nicht für sich, sondern ὑπὲρ ἡμῶν (*für uns*).

d) Der Glaubende nimmt dementsprechend seine eigene Heiligkeit nicht an sich, sondern an Jesus Christus wahr – er ist meine Gerechtigkeit. Sobald die Heiligkeit des Glaubenden in irgendeiner Weise zum Werk des Glaubenden wird, und sei es noch so fromm, | 50| geht sie gerade verloren, sofern sie als substantielle, essentielle Heiligkeit ja verhältnislos wird – man kann nicht an sich heilig sein, sondern nur im Verhältnis zu Jesus Christus und zu Gott.

e) Die Wahrnehmung meiner eigenen Gerechtigkeit, Heiligkeit, Wahrheit in Christus, extra nos, ist der Glaube.

f) Der Glaube ist Vollendung und Ende aller Religion: Vollendung, sofern er in der Frage nach der Wahrheit – Gerechtigkeit mit aller Religion verbunden ist; Ende, sofern er die absolute Kehre bedeutet: Nicht der Mensch macht sich gerecht und wahr vor Gott, sondern Gott macht den Menschen wahr und gerecht in Jesus Christus. Nicht die Welt versöhnt sich mit Gott, sondern Gott versöhnt die Welt.

Und der Glaube – ist er nicht ein intellektueller, voluntativer, affektiver, emotionaler Akt des Menschen? Für den Glauben ist der Glaube das Geschöpf des Heiligen Geistes. Das ist die logische, theo-logische, Konsequenz der Christologie bzw. Jesu Christi. Durch und in Jesus Christus macht Gott alle Versuche des Menschen, durch sich selbst gerecht zu werden, zuschanden, indem er selbst wahrer Mensch wird. Und der Glaube an Jesus Christus, unsere eigene Gerechtigkeit, ist ebenfalls ein Werk Gottes, nämlich [des] Heiligen Geistes: Luthers Kleiner Katechismus, Erklärung des 3. Artikels: [»Ich glaube, daß ich nicht aus eigener Vernunft noch Kraft an Jesum Christum, meinen Herrn, glauben oder zu ihm kommen kann, sondern der heilige Geist hat mich durchs Evangelium berufen...«].

Der Heilige Geist also ist heilig ebenso κατ᾿ἐξοχήν wie Gott heilig ist und wie Jesus Christus heilig ist: Er arbeitet der Neigung des Menschen entgegen, wieder auf sich selbst zurückzufallen. Er ist es, der mich externalisiert, nach außen versetzt, meine Bestimmtheit für Gott bewirkt und bewahrt. Der Heilige Geist also bewirkt bei den Glaubenden das Ende der Selbstrechtfertigung, das Ende der substantiellen und essentiellen Gerechtigkeit, das Gott selbst als Jesus Christus bewirkt hat. Darum schafft der Heilige Geist im Glauben den Menschen neu: »Kein Werk kann den Menschen anders machen als er ist, allein der Glaube kanns und tuts.« (Luther, Pred. 1530, in: WA 32;100,2f).

Ich habe früher gesagt, daß Heiligkeit das Ende der Selbstbestimmtheit ist durch den Beginn der Bestimmtheit für Gott. Das eben bewirkt der Heilige Geist, weil unsere Bestimmtheit für Gott immer Gottes Werk selbst ist. Für den christlichen Glauben ist diese Bestimmtheit durch Gott nun ein Vorgang einer elementaren Befreiung, einer Befreiung von aller Selbstrestriktion und Ichverhaftetheit (Luther, Ennar. Ps. 51, Vorl. 1532/38, in: WA 40,2;354,2–4: »Ideo Christianus non est sanctus intrinsece et formaliter. Nec Sanctitas est praedicamento substantiae sed relationis,« ...[1]). Wir müssen uns klar sein, daß dies für den modernen Menschen sehr befremdlich ist, auch und gerade für viele Christen heute, deren ganzes Denken und Fühlen um ihr Ich, ihre Gruppe, die Kirche kreist. Hier aber wirkt der Heilige Geist nicht, sondern ein Gegengeist, Gegengeist deswegen, weil gerade das ichverhaftete Ich die Möglichkeiten des Menschen beengt, beschränkt, vernichtet (Röm 7!). Vgl. dagegen die zentralen Aussagen des Paulus Röm 8,2; 1 Kor 3,17; Gal 5,13ff: Die Freiheit des Geistes befreit zur Liebe und zeitigt Früchte nach außen. Um das Kommen des Geistes muß man unablässig bitten, auch das ist ein Werk des Heiligen Geistes. Heute aktuell: Die Christusbeziehung zu leben, [heißt,] an die Stelle der Frage, ob sie modern ist, die Frage zu stellen, ob sie wahr ist. Aus diesen Ausführungen geht hervor, daß man dogmatisch gesprochen der Kirche mit Recht den Ort in der Pneumato-

---

1 Deshalb ist ein Christ nicht heilig inwendig und formal. Auch ist Heiligkeit nicht durch ihr Wesen definiert, sondern durch ihre Relation zu...

logie gibt. Da der Heilige Geist aber unseren Glauben als Glauben an Jesus Christus schafft und erhält, kann man nur eine christologische Pneumatologie aufstellen. | 50[2]

c) [3.] Die Katholizität der Kirche

καθ' ὅλον. Das Wort ist kosmisch gemeint, im Sinn des neutestamentlichen Kosmosbegriffs: Kosmos ist die Menschenwelt, also die Erde, aber nicht einfach als Natur, sondern als οἶκος (Haus) des Menschen und vom Menschen bewohnte Welt. Die Katholizität der Kirche folgt daraus, daß das Für-uns-Sein Jesu Christi allen Menschen gilt. Die Universalität Gottes, also die Transzendierung der Grenze Israels als des Herrschaftsbereichs Gottes, findet sich schon im Alten Testament. Im Neuen Testament wird das ganz deutlich, ich nenne nur den Taufbefehl (Mt 28,19; Mk 16,15). Das Evangelium gilt nicht nur den Juden (berit, Beschneidung), sondern allen Menschen. Zentral Gal 3,28; Kol 3,11. Die Katholizität der Kirche ist also nicht einfach nur quantitativ, sondern qualitativ zu verstehen. Sie folgt aus dem Wesen des Für-uns-Seins Jesu Christi. In Jesu Für-uns-Sein ist niemand und nichts ausgeschlossen. Dieser Zusammenhang zeigt sich sehr schön an dem ersten Vorkommen des Wortes katholisch: Ignatius von Antiochien, Smyrnäer 8,2: Wo Jesus Christus ist, da ist die katholische Kirche. Also die Katholizität der Kirche gründet in der Katholizität Jesu Christi selbst. Von dieser Begründung aus bekommt die Katholizität der Kirche eine präzise Bestimmung: Sie ist Katholizität über die ganze Welt und alle Zeiten, da Jesus Christus für alle Welt und alle Zeiten ist. Das ist die christologische Wurzel nicht nur der räumlichen, sondern auch der zeitlichen Katholizität der Kirche. In diesem Sinn ist Katholizität der Kirche die räumliche und zeitliche Realpräsenz Jesu Christi, und als communio sanctorum ist die Kirche präsent, sofern und solange sie die Präsenz Jesu Christi wahrnimmt und feiert. | 51

Im Für-uns-Sein Jesu Christi ist vorausgesetzt, daß im Menschsein jedes Menschen das objektive Bedürfnis besteht, am Für-uns-Sein Jesu Christi zu partizipieren. Dieses objektive Bedürfnis besteht nicht einfach in einer allgemeinen religiösen Anlage, sondern, mit Paulus zu sprechen, in der Allgemeinheit der Sünde und in der existentiell-objektiven Angewiesenheit auf die Notwendigkeit der Sündenvergebung (Röm 3,23). Der Katholizität Jesu Christi entspricht die Katholizität der Sünde bzw. der Sünder. Dieser Verifikationszusammenhang ist undurchbrechbar. Die Kirche ist ja, wie ich sagte, Gemeinschaft der Heiligen im Sinn der Gemeinschaft der Sünder, d.h. derjenigen, die aus der Sündenvergebung, also aus dem Für-uns-Sein Jesu Christi leben. Dieses radikale Verständnis des Menschen als Sünders ist etwas spezifisch Christliches, aber es trifft auf jeden Menschen zu, auch auf den, der davon lebt, daß es auf ihn nicht zutrifft. Darum nun vollzieht sich die Katholizität der Kirche, die sich ja missionarisch verwirklicht, kerygmatisch und also sprachlich. Sie ist Verkündigung des Für-uns-Seins Jesu Christi und zugleich Zuspruch der Sündenvergebung, also Offenbarung des Seins des Menschen als Sündersein. Das ist am wunderbarsten mit dem Pauluswort vom λόγος τῆς καταλλαγῆς (*Wort der Versöhnung;* 2 Kor 5,19) gesagt. Der Kosmos ist die Welt der Sünder, die Gott in Christus mit sich versöhnt. Wenn wir so dem ursprünglichen Sprachgebrauch und dem genuinen Sachverständnis folgen, so kommt Katholizität der Kirche als solcher zu. Unser heutiger Sprachgebrauch, mit dem wir die römisch-katholische Kirche als katholisch bezeichnen, ist demgegenüber sekundär.

Nun hat das Wort katholisch, dies wieder ein dogmengeschichtlicher Hinweis, sehr bald schon die zusätzliche Bedeutung von rechtgläubig erhalten. Diese Bedeutungszunahme ist durchaus sachgemäß, wenn man im genuinen Sinn katholisch sagt. Es hängt zusammen mit der Ablehnung der Häresie. Häresien, also vom Glauben abweichende oder glaubenswidrige Anschauungen, traten ja immer als bestimmte Bewegungen auf, verursacht durch einzelne Personen oder Gruppen, und dadurch wurden Häresien faktisch, historisch auch als lokale, eben nicht katholische Erscheinungen wahrgenommen. Dieser Sprachgebrauch konnte natürlich erst entstehen, als sich die Kirche im römischen Reich fest etabliert hatte, als also feststand, daß die Orthodoxie mit der Großkirche zusammenfiel. Jetzt konnte man folgende Argumentationslinie aufbauen: Die Großkirche, also die das ganze römische Reich umfassende Kirche, also die katholische Kirche, ist auch die Bewahrerin des ursprünglich wahren Glaubens. Demgegenüber sind alle Abweichungen Neuerungen, sie sind als solche partiell, Abtrennungen von, | 52 also eben Häresien, Sekten, sie sind also weder katholisch im weltumspannenden Sinn noch eben rechtgläubig. Dies alles hat ein allerdings selbst nicht ganz unverdächtiger Mönch und Theologe auf eine Formel gebracht, die dann wegweisend wurde für das Verständnis des Katholischen: Vinzenz von Lerinum († vor 450, Insel bei Nizza, Semipelagianer und Augustin-Gegner): Commonitorium pro catholicae fidei (Rückweis der Gnadenlehre des Augustinus als Neuerung). Comm. II,3 [CChr.SL 64,147ff–195) ed. v. A. Jülicher, 2. Aufl., J.C.B. Mohr (Paul Siebeck), Tübingen 1925, S. 3, 20–23]: »In ipsa item catholica ecclesia magnopere curandum est, ut id teneamus quod ubique, quod semper, quod ab omnibus creditum est; hoc est etenim vere proprieque catholicum.«[1] Mit ubique, semper und ab omnibus wird das Wort katholisch im Ursprungssinn umschrieben, also weltumspannend, wobei ich ja früher erklärt habe, daß Welt die geschichtliche Menschenwelt meint. Und dieses Weltumspannende, also Katholische, ist »katholisch« – hier erscheint das Wort selbst im Sinne von rechtgläubig. Auf dem Boden dieses Sprachgebrauchs konnte sich dann die konfessionalistische Verwendung des Wortes entwickeln. Auf die Problematik der Aussage des Vinzenz kann ich jetzt nur einen Hinweis geben: Die weltweite Verbreitung einer Lehre als solche ist natürlich kein Wahrheitsbeweis, ja, man kann sich fragen, ob Unglaube und Torheit sich nicht immer frecher brüsten. Also die Aussage ist natürlich grundsätzlich zu interpretieren: Die Katholizität gehört zum Wesen der Kirche; auch wenn die wahre Kirche, der wahre Glaube gelegentlich vielleicht faktisch, real-existierend in der Geringfügigkeit existiert. Zusatz: Katholisch nicht nur universal, sondern vollkommen im Sinne des Jesus Christus: Anfänger und Vollender des Glaubens.

d) [4.] Apostolizität

Ich beginne jetzt mit einer hermeneutischen Erörterung, die für alle Attribute gilt, die aber an der Apostolizität besonders deutlich entwickelt werden kann. Die Kirche hat ja ihren Grund, wie ich lang und breit ausgeführt habe, in Jesus Christus und in ihrer Gemeinschaft mit Jesus Christus. Also ist für die Kirche *die* Existenzfrage, wie sie bei Christus bleibt bzw. wie und daß Jesus Christus bei ihr bleibt, wie also der Glaube an Jesus Christus rein bleibt, das Evangelium, der λόγος τῆς καταλλαγῆς usw., bei der Kirche bleiben. Es ist also die Lebensfrage der Kirche, die Beziehung zu Jesus Christus zu bewahren. Diese Lebensfrage wurde mit der Bildung der Kirche selbst aktuell und sie hat sich deutlich im Neuen Testament niedergeschlagen. Es geht um die Frage des Bleibens in der Gemeinschaft mit Christus, das ist die Thematik des Johannesevangeliums: μένειν (*bleiben*), παράκλητος (*Tröster*); Gebet um die Einheit. Es geht um die Frage, was geschieht, wenn in der Gemeinschaft sich Gruppen bilden (vgl. 1 Kor 1f). Es geht um die Frage der Verbind-

---

1 »Desgleichen ist in der katholischen Kirche selbst entschieden dafür Sorge zu tragen, daß wir das festhalten, was überall, was immer und was von allen geglaubt wurde; denn das ist im wahren und eigentlich Sinne katholisch.« (Übersetzung G. Rauschen, in: Bibliothek der Kirchenväter, Bd. 20, München 1914, 17)

lichkeit des Gesetzes, eine fundamentale Frage, da das Gesetz – Gal! – das Bleiben bei Christus zu bedrohen vermag, sofern es die durch Christus gebrachte Freiheit gefährdet, Gal 5,1. D.h. die Frage ist, wie der Glaube bewahrt wird vor dem Rückfall des Menschen auf sich selbst, auf seine Subjektivität, und wie er bei Christus bleibt. Dazu ist es nötig, die echte ursprüngliche Überlieferung von Jesus zu bewahren, |53 seine Worte, sein Geschick, seinen Tod am Kreuz, also zu tradieren, wer er wirklich war. Dies ist der positive Grund, dem ein negativer entspricht: Positiv, weil der Glaube, um Glaube zu sein, seinen Grund kennen muß, Jesus Christus. Negativ, weil sich schon sehr früh – vor allem in der Gnosis, verfälschende, legendäre Jesus-Christus-Überlieferung einstellt. Daraus erwuchs die Frage, wie man die Wahrheit und Echtheit der Überlieferung von Jesus Christus sichern kann gegen die wuchernden Verfälschungen und Uminterpretationen, die schon früh einsetzten. Sie werden leicht erkennen, daß dieses hermeneutische Problem keineswegs peripher ist, sondern über Sinn oder Nutzen des Glaubens wird hier entschieden, und es ist gerade heute so aktuell wie selten – heute, wo Jesus Christus wie nie zuvor sein eigenes Personsein, seine eigene Identität genommen wird und er zur Leinwand für die Projektion unserer Jesusbilder mißbraucht wird, zum Spielball unserer Phantasien. Was sich jedes dieser Subjekte strengstens verbieten würde, nämlich zur Manövriermasse anderer gemacht zu werden, das wird mit Jesus Christus skrupellos gemacht.

Den urchristlichen Willen nun, die Überlieferung von Jesus Christus zu bewahren, können wir an verschiedenen Phänomenen beobachten: Zuerst an der Aufstellung von bestimmten Glaubensformulierungen, welche den Glauben an Jesus Christus binden: κύριος Ἰησοῦς Χριστός (*Herr ist Jesus Christus*) Phil 2,5ff; 1 Tim 3,16; 2 Tim 1,9f; Tit 3,4–6 u.v.a. (K. Wengst, Christologische Formeln und Lieder des Urchristentums, 1972). Hieraus hat sich die regula fidei entwickelt, d.h. hermeneutische Anweisung für das Bleiben des Glaubens bei Jesus Christus. Um diese Formeln hat sich die Sammlung der Jesus-Überlieferung einschließlich der apostolischen Schriften kristallisiert, und aus diesem Prozeß ist das Neue Testament hervorgegangen. Der Grund der Entstehung des Neuen Testamentes und sein theologisch geistlicher Sinn ist: Es ist Sammlung jener Überlieferung, die dazu dient, den Glauben bei Jesus Christus zu halten. Der Sinn des Neuen Testaments, also die Angabe über seine Aufgabe, seine hermeneutische Funktion findet sich Joh 20,31, also am Schluß des Evangeliums (vor dem Nachtragskapitel 21). Weiter kristallisiert sich um die Glaubensregel neben und parallel zur Entstehung des Kanons die Theologie, die dann jene Glaubensentscheidungen vorbereitet, die in den Konzilien getroffen werden, von denen wiederum starke Impulse auf die Theologie ausgehen. Auch die Theologie ist entstanden einzig aus dem Motiv des Bleibens des Glaubens an Jesus Christus und der Bewahrung der echten Jesusüberlieferung. Weitere Phänomene sind der Gottesdienst am Herrentag, also das Stehen in der Gegenwart des auferstandenen Gekreuzigten, das Herrenmahl als Feier der Gegenwart des Für-uns-Sein des Jesus Christus: Das ist mein Leib – für euch. In und mit all diesen Phänomenen nun entwickelt sich auch jenes, das wir mit dem Stichwort Apostolizität bezeichnen. Denn vor allem im Zusammenhang mit dem Entstehen pseudochristlicher, häretischer, gnostischer Literatur – von der wir heute nur noch einen Bruchteil kennen – entstand die Frage, wer als Garant des Echten gegenüber dem Unechten, des Wahren gegenüber dem Falschen auftreten könnte. Und hier gewannen die Apostel insofern eine entscheidende Bedeutung, als sie, als Jesu Jünger und ihm am nächsten stehend, die Garanten für die Echtheit der Jesus-Überlieferung | 54 waren. Es ist also – das sei gleich hier festgehalten – die Apostolizität der Kirche eine Variante ihrer Christologie. Die Apostolizität ist also nichts Selbständiges. Deshalb wurden als Neues Testament jene Schriften zusammengestellt, von denen man annahm, daß sie von einem Apostel oder Apostelschüler stammten, weil der Apostel am ehesten garantierte, daß man es mit wahrer Jesus Christus-Überlieferung zu tun hatte. Es ist überaus wichtig zu sehen, daß der Apostel oder dessen Schüler und Nachfolger nicht an die Stelle Jesu Christi tritt, also nicht vicarius Christi wird – Paulus nennt sich δοῦλος Ἰησοῦ Χριστοῦ (*Knecht Jesu Christi*) – sondern apostolisch heißt gerade: nichts als Hinweis sein auf Christus. Niemand ist mehr ein Diener Christi als ein Apostel. Das ist außerordentlich wichtig angesichts jener Entwicklung zum Frühkatholizismus und zum Katholizismus, in welcher das Amt des Apostels und Bischofs tendenziell in die Rolle des Christusvikariats wuchs – das beginnt vor allem schon mit dem Petrus-Amt. Hier stellt sich nun tendenziell eine völlige Umkehr des hermeneutischen Gefälles ein: Was ein Apostel ist, das unterliegt im Neuen Testament dem Kriterium der Christologie. D.h., Jesus Christus, der κύριος hält den Apostel in seinem δοῦλος-Sein fest. Die Umkehr des Gefälles zeigt sich nun darin, daß, das ist allerdings ein langer Prozeß, das als christologisch und glaubenskonform gilt, was die Amtskirche, also der Bischof als Nachfolger der Apostel sagt. Diese Umkehr der wahren Relation zwischen Apostel und Christus zeigt sich in der Hypertrophie dieses Amtsverständnisses im römischen Papstum: Dogmen der Empfängnis und Himmelfahrt [Marias]. Gewiß theologische Beweisführung, aber doch hat Pius IX. den Schleier fallen lassen: *La tradizione sono*

io. Heute nicht mehr so. Demgegenüber hat Luther die wahren Proporti-
onen wiederhergestellt und das umgekehrte Gefälle wiederum umgekehrt, wenn er in der Vorrede zum Jakobusbrief unvergleichlich ein-
drucksvoll sagt: ...[»das Amt eines rechten Apostels ist, daß er von Christi
Leiden und Auferstehen und Amt predige und lege desselben Glaubens
Grund, wie er selbst sagt Joh 15,27 ›Ihr werdet von mir zeugen.‹ Und
darin stimmen alle rechtschaffenen heiligen Bücher überein, daß sie allesamt Christum predigen und treiben, auch ist das der rechte Prüfestein,
alle Bücher zu tadeln, wenn man siehet, ob sie Christum treiben oder
nicht.« MüA 26, 121f]. Luther also unterwirft die Apostolizität dem Kriterium des Christum-Treibens und kann von daher auch Kritik am Jakobusbrief üben, indem er ihm einen Apostel als Verfasser abspricht (obwohl Jakobus, der Herrenbruder, ja nicht Apostel ist).

Wenn wir auch heute sehen, daß das Neue Testament nicht so stark
im historischen Sinn apostolisch ist wie die Alte Kirche annahm, so können wir doch mit Recht von der Apostolizität der Kirche sprechen und
eine doppelte Apostolizität unterscheiden: Eine historische Apostolizität,
sofern der Kanon des Neuen Testamentes mit Einschluß des Alten in
der Kirche auf jeden Fall eine höhere Sachautorität hat als alles andere
Schrifttum, und zwar einzig und allein um des Glaubens an Jesus Christus willen. Und insofern ist die Kirche gebaut auf dem Grunde der
Apostel und Propheten, Eph 2,20. |55 Diese historische Apostolizität
besteht nicht in einem höheren Rang der Apostel gegenüber anderen
Christen, sozusagen in einer spezifischen Amtsgnade, sondern einzig
allein in dem Faktum, daß sie die Urheber der Überlieferung von Jesus
Christus und als solche δοῦλοι (*Diener*) sind. Darum fügt sich der historischen Apostolizität eine persönliche hinzu, sofern jeder Christ, wenn er
es denn ist, den Glauben an Jesus Christus vollzieht und verkündet und
also an der Weitergabe, *traditio,* der Jesus Christus-Überlieferung arbeitet.
Und insofern ist jeder Christ Apostel und ist die Kirche apostolisch. In
1 Tim 2,7 wird mit dem Wort Apostel das Wort κῆρυξ (*Verkündiger*)
verbunden.

Anhang:
Zum Verständnis der Apostolizität in der Tradition der römisch-
katholischen Kirche:

Nicht nur aus historischen und ökumenischen Gründen, sondern
durchaus aus systematischen komme ich auf dieses Thema zu sprechen,
denn die Fragen und Probleme, aus denen sich die römisch-katholische
Lehre von der Apostolizität der Kirche entwickelt haben, haben uns als

Evangelische genau so zu beschäftigen und haben es in der Reformation getan – auch wenn die Lösung ganz anders ausfiel.

Im römischen Katholizismus wird unter Apostolizität anderes verstanden als ich bisher ausführte. Das Wesen der Apostolizität der Kirche liegt in einem doppelten: Der Apostel tritt in gewisser [Weise] an die Stelle Christi: »Christus hat seine Kirche auf die Apostel gegründet, indem er ihnen sein dreifaches Amt, das Lehramt, das Hirtenamt und das Priesteramt, übertrug und Petrus zum obersten Hirten und Lehrer der Kirche bestellte« (L. Ott. Grundriss der katholischen Dogmatik, Freiburg/Basel/Wien [10]1981, 372). Zweitens: Die Bischöfe als Nachfolger der Apostel, durch apostolische Sukzession, repräsentieren die Apostolizität der Kirche. Die Apostolizität der Kirche ist also an die bischöfliche, sakramentale Hierarchie gebunden. Diese Interpretation der Apostolizität der Kirche müssen wir zunächst als Lösung eines in der Tat fundamentalen Glaubens-Problems betrachten. Denn in der Kirche, wir sehen diesen Prozeß im Neuen Testament schon voll im Gange, gab es von Anfang an Erscheinungen, die sich mit der Erscheinung Jesu Christi nicht vereinbaren ließen: gnostischen Libertinismus, Gesetz als Heilsnotwendigkeit, Doketismus usw. – aber alle diese Thesen verstanden sich selbst ja als durchaus christusgläubig. Wie sollte man hier zu klaren Entscheidungen kommen? Den Glauben konnte man nicht der Beliebigkeit überlassen, dem Pluralismus, aus zwei Gründen: Erstens hatte man ja gerade gegenüber der Beliebigkeit des antiken Synkretismus die Erscheinung Jesu in ihrer Einzigartigkeit und Exklusivität gerade als Erlösung, als Befreiung zu wahrem Glauben empfunden: Ignatius, ad Eph 19. Also galt es, diese Erlösung und Befreiung zu bewahren. Und zweitens waren die ersten Christen, soziologisch gesehen, noch nicht in einer solchen kollektiven Verstandesverwahrlosung, die in der Kirche einen Pluralismus allererst möglich macht. Im Neuen Testament sehen wir vor allem bei Paulus und Johannes, daß es die Theologie | 56 ist, die hier entsteht und klärt. Aber Theologie gab es auf allen Seiten – übrigens eine Situation, aus der grundsätzlich nicht herauszukommen ist – die Wahrheitsfrage kann nur theologisch geklärt werden, methodisch durch sachlich saubere exegetische Arbeit. D.h.: Das Bleiben des Glaubens und Denkens bei Jesus Christus ist sensu strictissimo das Werk des Heiligen Geistes. Aber im Geist zu reden, behauptete und behauptet auch ein Enthusiast – auch das schon im Urchristentum –, Prophetien usw. In dieser Situation nun gewann das bischöfliche Amt eine hohe Bedeutung. Denn erstens galten die Bischöfe schon bald als Überlieferer der primären, genuinen Tradition, die sie aus der Hand der Apostel und deren Nachfolger erhielten. Und zweitens galten die Bischöfe auch als die kompetenten Ausleger dieser Tradition bzw. als diejenigen, deren Kompetenz in der Bewertung echter und unechter apostolischer Tradition bzw. nichtapostolischer Tradition bestand. Diese beiden Aspekte führten nun dazu, daß das Bischofsamt sakramental verstanden wurde, d.h. durch die Weihe wurden die Bischöfe durch Handauflegung in die apostolische Sukzession gestellt und gleichzeitig mit dem Heiligen Geist ausgestattet: accipe spiritum sanctum. D.h. der Heilige Geist wird nun zu einer besonderen Amtsgnade, zugleich aber wird der Heilige Geist an die apostolische Überlieferung gebunden, d.h. an die Christologie, d.h. es wird dem enthusiastischen (Miß)verständnis des Heiligen Geistes entgegengewirkt. Schon sehr früh, nämlich schon sichtbar bei Irenäus von Lyon, adv. Haer. III,3,3, werden Sukzessionslisten der Bischöfe bestimmter Städte aufgestellt, hier einer römischen Bischofsstadt, nämlich der Bischofsstühle, deren erster Inhaber ein Apostel selbst gewesen war.[1] Auf diese Weise kam Rom schon frühes Ansehen als Nachfolgerin des Petrus [zu], aber auch Alexandria als Nachfolgerin des Evangelisten Markus, Antiochien, wo Paulus zuerst Bischof gewesen sein soll. Schönes Beispiel: Konstitutionen des Theodosius 380.[2] Da nun trotz allem auch schon bald be-

---

[1] Adv. Haereses III,3,3, ed. N. Brox, Freiburg 1995, Bd. 8/3,30;32: Nachdem die seligen Apostel die Kirche so begründet und eingerichtet hatten, übergaben sie Linus das Bischofsamt, die Kirche zu verwalten: dem von Paulus in seinen Briefen an Timotheus erwähnten Linus. Ihm aber folgte Analectus. Nach ihm, an dritter Stelle nach den Aposteln, wurde Clemens für das Bischofsamt ausgesucht. Der hatte die Apostel selbst noch gesehen und sich mit ihnen unterhalten. Und so wie er die Predigt und Überlieferung der Apostel bis dahin im Ohr und vor Augen hatte, war er nicht allein: Ausser ihm waren nämlich viele der von den Aposteln Gelehrten noch am Leben ... Es ist diese Amtsbesetzung und Nachfolge, durch welche von den Aposteln die Überlieferung und Verkündigung der Wahrheit in der Kirche bis zu uns gekommen ist. Und dies bleibt auch der beste Beweis dafür, dass in der Kirche von den Aposteln bis heute ein und derselbe lebendig machende Glaube bewahrt und in Wahrheit weitergegeben ist.

[2] Konstitutionen XVI, 1,2 (27. Februar 380): Von allen Völkern, unserer milden Leitung unterworfen, wollen wir, dass sie zu der Religion gehören, welche der göttliche Apostel Petrus den Römern auftrug zu überliefern, von ihm ab bis heute zum Papst Damasus sowie durch Petrus, Bischof von Alexandrien, einem Mann apsostolischer Heiligkeit, sichtlich befolgt, – was bedeutet, dass wir entsprechend der apostolischen Schule wie evangelischen Lehre Vater, Sohn und Heiligen Geist als eine Gottheit bei gleicher Majestät und heiliger Trinität glauben. Die diesem Gesetz folgen, denen befehlen wir, den Namen ›katholische Christen‹ liebevoll auf sich zu nehmen, die übri-

merkbar wurde, daß die Bischöfe nicht immer konkordante Lehrent-
scheidungen trafen, lief der Prozeß weiter: im Abendland allmählich zu
einer immer autokratischeren und monarchischen Stellung des Bischofs
von Rom, im Osten in der Herausbildung der großen Patriarchen und
vor allem der Konzilien als höchster Lehrautoritäten. Um das Bischofsamt zu würdigen, müssen wir sehen, daß es entstanden ist in der
Frage nach der Wahrheit und Identität des christlichen Glaubens, also als
Lehr- und Klärungsamt in Glaubensfragen unter der Leitfrage der Identität des Glaubens, der christologischen Identität des Glaubens. Das
Bischofsamt ist also sachlich gerade kein Machtamt, sondern ein herme-
neutisches Amt. Und darin bestand seine ursprüngliche | 57 Würde. Es
ist entstanden zur Lösung und Klarheit einer Frage, die keinen Christen
unbewegt sein lassen darf, der Wahrheitsfrage. Es ist allerdings unver-
kennbar, daß die Entwicklung aus dieser ursprünglich hermeneutischen
Struktur herausgewachsen ist, daß, vor allem das Papsttum, zu einem
Machtamt geworden ist und daß auch hier die Wahrheitsfrage nicht immer und immer weniger das Fundament dieses Amtes war.

Darum hat die Reformation, deren Wesen es ist, die Frage nach der
Wahrheit des Glaubens zum Kriterium aller Theologie und Kirche zu
machen, gegen das Bischofsamt und vor allem gegen das Papstamt pro-
testieren müssen. Wohlgemerkt: nicht, um die Wahrheitsfrage zugunsten
eines individuell beliebigen Glaubens zu suspendieren, sondern um der
Wahrheitsfrage selbst willen. Um es sehr vereinfacht auszudrücken: Die
Reformation erkannte, daß sich sachlich das Verhältnis zwischen Amt
und Christus umgekehrt hatte: Der mit dem Heiligen Geist als Amtsgnade ausgestatte Bischof sagte, was Christus und die Wahrheit des Glaubens ist, nicht mehr umgekehrt.

Ich habe Sie schon darauf hingewiesen, daß Luther die Apostolizität
wieder dem Kriterium der Christologie unterwarf. Daraus folgte, daß
jeder, der Jesus Christus wahr lehrt, Apostel und Amtsinhaber ist. D.h.:
Luther band das apostolische Band wieder streng an die Christologie.
Dadurch gewann das Amt wieder strenge Präzision und wurde aus den
Fesseln des sakramentalen Amtsverständnisses befreit zum allgemeinen

---

gen aber, in Wahrheit toll und wahnsinnig Urteilenden, müssen die Bezeichnung
›Haeretiker‹ als einer infamen Lehre tragen, auch dürfen ihre Zusammenkünfte die
Bezeichnung ›Kirchen‹ nicht annehmen, – sie sind geschlagen zuerst durch göttliche
Verdammung, dann auch durch die Bestrafung entsprechend unserer Überzeugung,
die wir aus himmlischen Ratschluss annehmen.

Priestertum: »Wer das Evangelium lehrt, ist Papst und Nachfolger Christi, wer es nicht lehrt, ist Judas und Verräter Christi.« (WA 7;721,32)

Ist so jeder Christ, sofern er glaubt, und d.h., sofern er seinen Herrn den Mitmenschen verkündet, Apostel, so gewinnen innerhalb dieses Verständnisses die historischen Apostel doch einen besonderen Rang; wobei ich den Ausdruck historische Apostel jetzt verwende für die Verfasser der Schriften des Neuen Testaments. (Es gibt ja nur einen Apostel, von dem wir persönlich etwas wissen – Paulus.) Denn wenn die Apostolizität unseres Glaubens und also der Kirche dem Kriterium Jesu Christi unterliegt, dann bedürfen wir der Schriften des NT, um zu prüfen, ob unser Glaube ein Christus-Treiben ist oder nicht.

§ 9: JESUS CHRISTUS, DER EINZELNE, DIE GEMEINSCHAFT – HINWEISE ZUR ERSCHEINUNG DER KIRCHE

Ich habe bisher versucht, die wesentlichen Elemente eines christlichen Kirchenverständnisses zu skizzieren. Ich habe dafür gelegentlich die Formel gebraucht, in Anlehnung und Amplifizierung der Definition der Kirche als sanctorum communio: Kirche ist die Gemeinschaft derjenigen, die Gemeinschaft mit Jesus Christus haben. Ich möchte jetzt diese Formulierung noch ein wenig erläutern, im Hinblick auch auf eine mögliche Gestalt des Glaubens und der Kirche. | 58

Die Formel: Kirche ist Gemeinschaft derjenigen, die Gemeinschaft mit Jesus Christus haben, hat natürlich ihre Voraussetzung und zugleich ihren Sinn im Wesen der Religion, die ja Gemeinschaft mit Gott ist: Religion ist Gottesverhältnis, also Beziehung zu Gott, Glaube an Gott, Liebe zu Gott, Erkenntnis Gottes. Glaube an Gott, Liebe zu Gott, Erkenntnis Gottes, das alles ist natürlich echte Religion nur dann, wenn in Glaube, Liebe, Erkenntnis die Kehre stattfindet: Glaube an Gott heißt, daß Gott uns geschaffen hat und erlöst, Liebe, daß Gott uns liebt, Erkenntnis, daß Gott uns erkennt. Religion heißt: Gott Gott sein lassen. Ps 100,3: »Erkennet, daß der Herr allein Gott ist; er hat uns gemacht, und sein sind wir, sein Volk und die Schafe seiner Weide.« Religion ist also die kritische Klärung der Besitzverhältnisse: Nicht wir haben Gott, sondern Gott hat uns. Unsere Gemeinschaft mit Gott ist unsere von Gott gestiftete Gemeinschaft mit sich. Die Formel, die wir aufstellten, ist also amplifizierbar: Kirche ist die Gemeinschaft derjenigen, die Gemeinschaft mit Gott haben, so zwar, daß ihre Gemeinschaft mit Gott zugleich Gemeinschaft mit Jesus Christus ist; und daß ihre Gemeinschaft mit Jesus Christus Gemeinschaft mit Gott ist. Diese Formel entspricht

im Wesentlichen dem neutestamentlichen Sprachgebrauch von
ἐκκλησία (*Kirche*). ἐκκλησία erscheint an grundlegenden Stellen als
ἐκκλησία τοῦ θεοῦ (*Gottes*): 1 Kor 1,2; 2 Kor 1,1; 1 Thess 1,1:
ἐκκλησία Θεσσαλονικέων ἐν θεῷ πατρὶ καὶ κυρίῳ Ἰησοῦ
Χριστῷ (*an die Gemeinde der Thessalonicher in Gott, dem Vater, und dem Herrn
Jesus Christus*); ebenso 2 Thess 1,1; Röm 1,7: πᾶσιν τοῖς οὖσιν ἐν
Ῥώμῃ ἀγαπητοῖς θεοῦ, κλητοῖς ἁγίοις (*allen Geliebten Gottes, berufenen Heiligen, die in Rom sind*). Zugleich aber ist deutlich, daß diese Gemeinde Gottes berufen, versammelt, konstituiert ist durch Jesus Christus. Vgl. nur das Präskript des Römerbriefes, wo die Glaubenden als
κλητοί (ἐκκλησία!!) Ἰησοῦ Χριστοῦ (*die Berufenen Jesu Christi*) bezeichnet werden, speziell V. 1 Paulus als δοῦλος Χριστοῦ Ἰησοῦ,
κλητός ἀπόστολος (*Knecht Christi Jesu, berufen zum Apostel*).

Nun, wir schreiten jetzt zum Thema, bedarf es, besonders heute, der
Klärung vor allem des existentiellen und ontologischen Ranges der Gemeinschaft und des einzelnen in ihrem Verhältnis zueinander und zu
Gott. Und es ist ja wohl von vornherein einsehbar und ersichtlich, daß
eine solche Klärung nicht bloß theologisch-religiös, sondern auch ekklesiologische, soziale und politische Bedeutung hat. Wir gehen zunächst
auf das Neue Testament ein, da wir hier einen m.E. wichtigen Wink in
die einzuschlagende Richtung bekommen:

Ἐκκλησία ist ja die Volksversammlung, so schon im Bereich der
griechischen Polis terminus technicus im politischen Sprachgebrauch. In
der Septuaginta ist ἐκκλησία im Wesentlichen Übersetzung von קָהָל
[qahal], Volksversammlung, eines auch im Hebräischen politischen | 59
Begriffs. Ich hebe hier en passant hervor, daß weder ἐκκλησία noch
קָהָל eine spezifisch religiöse Bedeutung hat, also etwa Kultgemeinde,
Mysteriengenossenschaft usw. Es ist höchst bedeutsam, daß die Christen
mit ἐκκλησία einen nicht spezifisch religiösen Begriff zur Selbstbezeichnung wählen. Nun ist es sodann sehr wichtig, daß der Begriff
ἐκκλησία, der ja ein Singular ist, also ein Kollektivbegriff, erstens, das
habe ich früher ausgeführt, immer ortsgebunden ist: ἐκκλησία in Rom,
Korinth usw. Also, die Kirche ist nicht abstrakt kollektiv, sondern konkret: Sie ist ganz, aber je an bestimmtem Ort (Zürcher Bibel, Anmerkung
zu Eph 1,22:»Im Grundtext steht dasselbe Wort (sc. ἐκκλησία), das
sonst die einzelne Gemeinde bezeichnet. Hier und 3,10; 5,23.24.
25.27.29.32; Kol 1,18.24; 1 Kor 12,28; Mt 16,18 bezeichnet es die ganze
Christenheit.«). Zweitens ist aber nun entscheidend, daß, besonders in
den genannten Briefpräskripten, die ja solennen Wortlaut haben,
ἐκκλησία immer erläutert wird, ausgelegt, präzisiert wird durch Plural-
bezeichnungen wie κλητοί (*Berufene*), ἅγιοι (*Heilige*), ἐκλεκτοί (*Erwähl-*

te), ἀγαπητοί (*Geliebte*). Plurale sind aber immer eine Mehrzahl von einzelnen, von einzelnen, die zuvor in einer Mehrheit existieren, die aber in der Mehrheit nicht untergehen. Sieht man sich die Begriffe an, so wird diese Auslegung noch gestärkt: Berufen, geheiligt, erwählt, geliebt – diese Passive deuten auf Gott bzw. Jesus Christus als handelndes Subjekt, und sie beziehen sich auf eine Vielzahl, Mehrzahl von einzelnen (vgl. die Berufung einzelner Jünger durch Jesus usw.). Nun lösen diese Plurale den Kollektiv-Begriff Kirche – ἐκκλησία nicht auf, sind aber eine Präzision, auf die man nur mit katastrophalen Folgen verzichten kann: Wenn sich diese Plurale auf einzelne beziehen, so heißt das nicht, daß diese berufen, geheiligt, erwählt, geliebt werden – andere nicht (das ist auch ein Aspekt); sondern es heißt durchaus, daß mehrere, viele, ja alle berufen usw. werden, aber jeder einzelne, jeder und jede als er und sie selbst. Man kann diesen Zusammenhang nun an allen neutestamentlichen Begriffen durchspielen: ein Leib, viele einzelne Glieder; ein Herr, viele Gaben usw.

Wir rezipieren noch einen Sachverhalt, der auch für unsere Frage aufschlußreich ist. Das Wort ἐκκλησία kommt ja, von Mt 16,18; 18,17 abgesehen, in den Evangelien nicht vor. Es ist ein Wort der Apostelgeschichte und der neutestamentlichen Briefe. Besonders interessant Lukas: Im Evangelium nicht, aber 23-mal Apostelgeschichte. Das alles kann ja nicht heißen, daß zur Zeit der Abfassung der Evangelien das Wort ἐκκλησία noch nicht bekannt und gebraucht gewesen wäre; das Gegenteil beweist Lukas. Auch sind die Evangelien später abgefasst als etwa die paulinischen Briefe. D.h. also: die Evangelien haben genau gewußt, daß das Wort ἐκκλησία nicht in das Wirken Jesu gehört. Denn es fehlt in Jesu Verkündigung überhaupt ein Wort, das als Bezeichnung einer zu gründenden Bewegung usw. in Frage käme. Denn Jesus berief die Menschen unter die Herrschaft Gottes. Also ist es ziemlich sicher, daß Jesus das Wort nicht gebraucht hat und wohl auch irgendwie die Gründung eines Kollektivs, einer Bewegung, eines Reiches gar, das irgendwie eine Analogie zu beschreibbaren sozialen und politischen Phänomenen hätte, gar nicht intendiert hat (vgl. Jesus vor Pilatus über βασιλεύς (*König*) und βασιλεία (*Reich*): Joh 18,33–38). | 60 Wohl aber rief Jesus die Menschen aus ihrer Verflochtenheit in die Welt und ihrer Verlorenheit an die Welt in die Nähe Gottes, unter die Herrschaft Gottes und in die Metanoia. (Eine produktive Weiterinterpretation des Wortes μετάνοια findet sich übrigens Röm 12,20.) Jesus hatte also alles andere als ein Kollektiv und dessen Gründung im Auge, vielmehr berief er einzelne, viele und alle einzelnen in die Nähe Gottes, in die μετάνοια. Das Wort ἐκκλησία nun hat die Gemeinde nach seinem Tod aufgebracht, wer und wie wissen wir nicht. Und zwar hat sie offenbar, wie die ständige Parallelisierung mit κλητοί beweist, das Wort von seinem ursprünglichen Sinn her verstanden, als herausrufen, und zwar, wie die Verbindung mit ἐκκλησία τοῦ θεοῦ zeigt, als herausrufen aus der Selbstverständlichkeit der Horizontalen in die Vertikale zu Gott. Damit war sichergestellt, daß der Begriff ἐκκλησία nicht als Kollektivbegriff verstanden wurde – dazu ist er schon bald geworden –, sondern als Gemeinde der einzeln Berufenen; und so konnte ἐκκλησία zur Selbstbezeichnung der an Jesus Christus Glaubenden werden und der Verkündigung Jesu entsprechen. Die Kirche ist keine Bewegung, Institution, sondern Gemeinde der von Gott Regierten. Kirche heißt also eine Gemeinschaft, in der der einzelne als einzelner gestärkt wird; und ebendaher eine Gemeinschaft, in der die einzelnen die Gemeinschaft stärken, und zwar auf Grund einer Erfahrung mit Jesus Christus, die erst auf Grund seines Todes und nach seinem Tod möglich war, einer Erfahrung, die Sprache gewann in ihrer Rede von der Auferstehung oder Erhöhung Jesu, seiner Gegenwart im Geist (Paraklet), der Feier seiner Gegenwart im Herrenmahl usw. Alle diese Sprachkeime wurzeln in der Erfahrung eines elementaren Für-uns-Seins Jesu, von dem ich ja sagte, daß dieses das Fundament des christlichen Glaubens überhaupt ist. Dazu gehört die Erfahrung, daß Jesus Christus in einzigartiger Weise ein einzelner, ein absolut einzelner war; das spricht sich ebenso mannigfaltig aus, er, er allein, ist auferweckt; er ist εἰκὼν τοῦ θεοῦ (*Bild Gottes*); er ist der neue Adam, er ist unser Friede. Dieses einzelne Sein Jesu, dieses Vereinzeltsein zeigt sich noch darin, daß ihn in seiner Passion alle verlassen, auch seine Jünger und Anhänger. Jesus ist also nicht Gründer, Leiter, Anfänger einer Bewegung, sondern in seinem Dasein ein absoluter einzelner, eine Erfahrung, die erst mit und an seinem Tod gemacht wird. Aber ein Weiteres kommt hinzu: Die Erfahrung, die man nach Jesu Tod machte, erkannte, daß dieses Einzeln-Sein nicht individualistisch ist – das würde ja schon dem öffentlichen Wirken Jesu widersprechen. Sondern dieses Einzeln-Sein ist gerade kein Für-sich-Sein, kein Narziß-Sein, sondern Sein für alle, ὑπὲρ ἡμῶν (*für uns*). Dieses Für-Sein Jesu Christi, daß er als einzelner, und zwar er als einzigartiger einzelner, ist, hat ein Wesen, eine Essenz: Es ist seine absolute Hingabe an Gott, die ihn nicht nur zum wahren, gerechten Menschen macht, sondern zur Wahrheit und Gerechtigkeit für alle Menschen. Jesus als einzelner für alle: Das hat seinen Grund darin, daß dieser einzelne das Ganze ist, er ist die Wahrheit und Gerechtigkeit aller Menschen. Wir sahen früher schon, daß diese Erfahrung der Christen nach Jesu Tod, nämlich, daß er ihre, der Christen, Wahrheit und Gerechtigkeit ist, für uns, in der Rede von Auferstehung, Heiligem Geist, Abendmahl, sprachliche Gestalt annahm, nämlich als Gegenwart Jesu Christi für alle Menschen allezeit und überall. Eine weitere Gestalt dieser Sprache ist die Aussage von der Sendung des Logos | 61 ins Fleisch bzw. der Menschwerdung: Dieser Mensch, dieser wahre und gerechte Mensch, so sagt das, ist die Frucht einer spezifischen Anwesenheit Gottes selbst in der Geschichte, nicht Aufgipfelung menschlicher Möglichkeit, sondern gerade deren Dekonstruktion: Gott selbst wird wahrer Mensch.

Nun fällt von hier aus nochmals Licht auf unser Thema, Jesus Christus, der einzelne und die Gemeinde. Denn die Aussage, daß Gott Mensch wird, daß der Logos Fleisch wird, bezieht sich auf diesen einzelnen Menschen. Aber die Menschwerdung Gottes in diesem einzelnen Menschen ist der ganzen Menschheit zugeeignet: Joh 3,16. Die Erfahrung des Für-uns-Seins Jesu Christi ist also Erfahrung des Für-uns-Seins Gottes. Und sie wurzelt in der Erfahrung der Sünde, d.h. der Erfahrung des Verlorenseins an Sünde, Welt und Tod.

[David Friedrich Strauß: Das Leben Jesu]
Um Ihnen nun auch die philosophischen und soziologisch-politischen Zusammenhänge zu vermitteln, greife ich einen Topos aus der Geschichte und Wirkungsgeschichte des deutschen Idealismus heraus, der nun die Menschwerdung des Logos in kontradiktorischem Gegensatz zur theologischen Christologie interpretiert. David Friedrich Strauß, Das Leben Jesu kritisch bearbeitet, Tübingen 1835/36, Bd. 2, 734f (2. Aufl. 739f); Nachdruck der 1. Aufl. Tübingen 1984 (734–737) (vorlesen).

Strauß (1808–1874; nach Zürich berufen 26.1.1839, pensioniert 19.3.1839; Züri-Putsch 6.9.1839). Strauß ist ein Theologe, der im Gefolge der idealistischen Philosophie, wie sie vor allem Hegel ausgebildet hatte, dachte, und er gehört, bei aller blendenden stilistischen Artistik und Gescheitheit schon in die Geschichte der vulgarisierenden Auslegung Hegels, die das Denken bis heute so beherrscht. Für Strauß gehört es zu den wesentlichen Voraussetzungen seiner Arbeit, die mythischen Aussagen, und alle religiösen Aussagen, auch vor allem die christlichen, sind mythisch, in den Begriff, und das heißt in philosophische Vernunft umzuwandeln. Gegenüber dem philosophischen Begriff sind die religiös-mythischen Vorstellungen zwar nicht einfach unwahr, aber ihre Wahrheit ist noch vorvernünftig-vorbegrifflich, sinnlich-roh, noch nicht voll entfaltet. Im Zentrum steht für Strauß die Christologie und die Versöhnung durch Christus. Strauß also befaßt sich in der Tat mit dem Kernstück der christlichen Theologie: Christus hat Gott und Mensch versöhnt. Christus aber ist ein historisches Individuum, und ein historisches Individuum ist nur ein Exemplar der ganzen Menschheit. Die Einheit zwischen göttlicher und menschlicher Natur, so interpretiert Strauß in Anlehnung an die christologische Formel von Chalkedon die Versöhnung, kann man aber nicht auf dieses Individuum beschränken. Daher: »Die sinnliche Geschichte des Individuums, sagt Hegel, ist nur der Ausgangspunkt für den Geist.« (737) Der Geist, also die Philosophie, erkennt in diesem geschichtlichen Individuum das Prinzip, den Begriff, den geschichtlichen Prozeß als den wahren Begriff: » …die Idee der Einheit von göttlicher und menschlicher Natur« – so fragt Strauß rhetorisch – »wäre nicht vielmehr in unendlich höherem Sinn eine reale, wenn ich | 62 die ganze Menschheit als ihre Verwirklichung begreife, als wenn ich einen einzelnen Menschen als solchen aussondere?« (734) Nicht Jesus Christus als Individuum, sondern die Menschheit als Gattung ist die Vereinigung der beiden Naturen. Die Menschheit ist der Mensch gewordene Gott (735). Das Individuum Jesus Christus ist auf der Ebene sinnlicher Vorstellung die historische Erscheinung dieser Idee. Sie muß aber von diesem Individuum abgelöst werden, um zu ihrer ganzen philosophisch-begrifflichen Wahrheit zu werden. So spielt Jesus Christus nur noch als historische Reminiszenz eine Rolle; begrifflich-philosophisch löst sich die Realisierung der Idee der gottmenschlichen Natur von Jesus Christus ab. Wie Strauß sich das denkt, sagt er vor allem 735: »Die Menschheit [ist die Vereinigung der beiden Naturen, der menschgewordene Gott, der zur Endlichkeit entäusserte unendliche, und der seiner Unendlichkeit sich erinnernde endliche Geist; sie ist das Kind der sichtbaren Mutter und des unsichtbaren Vaters: des Geistes und der Natur; sie ist der Wunderthäter: sofern im Verlauf der Menschengeschichte der Geist sich immer vollständiger der Natur bemächtigt, diese ihm gegenüber zum machtlosen Material seiner Thätigkeit heruntergesetzt wird; sie ist der Unsündliche: sofern der Gang ihrer Entwicklung ein tadelloser ist, die Verunreinigung immer nur am Individuum klebt, in der Gattung aber und ihrer Geschichte aufgehoben ist; sie ist der Sterbende, Auferstehende und gen Himmel Fahrende: sofern ihr aus der Negation ihrer Natürlichkeit immer höheres geistiges Leben, aus der Aufhebung ihrer Endlichkeit als persönlichen, nationalen und weltlichen Geistes ihre Einigkeit mit dem unendlichen Geiste des Himmels hervorgeht. Durch den Glauben an diesen Christus, namentlich seinen Tod und seine Auferstehung, wird der Mensch vor Gott gerecht: d.h. durch die Belebung der Idee der Menschheit in sich, namentlich nach dem Momente, dass die Negation der Natürlichkeit, welche selbst schon Negation des Geistes ist, also die Negation der Negation, der einzige Weg zum wahren geistigen Leben für den Menschen sei, wird auch der einzelne des gottmenschlichen Lebens der Gattung theilhaftig.«]

»Der absolute Inhalt der Christologie« (735) ist also: »dass derselbe an die Person und Geschichte eines Einzelnen geknüpft erscheint, hat nur den subjektiven Grund, dass dieses Individuum durch seine Persönlichkeit und sein Schicksal Anlass wurde, jenen Inhalt in das allgemeine Bewusstsein zu erheben und dass die Geistesstufe der alten Welt, und des Volks zu jeder Zeit, die Idee der Menschheit nur in der concreten Figur eines Individuums anzuschauen vermag.« (735f) Bevor ich nun kritisch auf Strauß eingehe, sei hervorgehoben, welche Probleme ihn bewegen: Es ist das Problem, wie die Versöhnung in Jesus Christus allgemein, also die ganze Menschheit betreffe; und es ist das Problem, wie sie geschichtlich wirksam, wirklich werde. Das sind nun in der Tat die zentralen Fragen des Glaubens an Jesus Christus: Denn der Glaube an Jesus Christus schließt ja ein, daß, wie ich immer wieder sagte, dieses Individuum nicht für sich war, sondern für alle; und daß das durch ihn gebrachte Heil, Versöhnung, Leben, Gerechtigkeit, wirklich sei. Strauß löst diese Probleme so, daß er das Individuum in die Gattung aufhebt, die christologischen Aussagen auf die Menschheit überträgt, sie aus der Vorstellung befreit und zum Begriff, zur Idee, zum allgemeinen Bewußtsein macht. Und die Verwirklichung dieser Idee vollzieht sich in der Entwicklung, dem Fortschritt der Menschheit, also, heilsgeschichtlich gesprochen, in politischen, ökonomischen, sozialen Prozessen, wobei die Substanz dieser Prozesse die Unterwerfung der Natur unter den Geist (Mensch) ist mit dem Ziel einer endlich vollkommenen Unterwerfung der Natur unter die Herrschaft des Geistes. Die kritische Auseinandersetzung mit Strauß stelle ich nun, damit Sie wissen, was mich leitet, unter die Leitung einer Antwort auf die Straußische Frage, die allerdings 1800 Jahre vor Strauß gegeben worden ist: Die erste Straußsche Frage, wie das Individuum Jesus Christus allgemein relevant wird, beantwortet das Neue Testament mit der Verkündigung, dem λόγος τοῦ σταυροῦ, τῆς καταλλαγῆς (*dem Wort vom Kreuz, von der Versöhnung*), in welchem dieses Individuum Jesus Christus als solches vergegenwärtigt wird. D.h., Jesus Christus wird nicht als Idee zum intellektuellen Besitz jeder Vernunft, sondern als |63 Logos zum Anspruch an, zur Ansprache an, zur Anrede an den Menschen. Daher gewinnt für das Neue Testament nicht als Ganzes gedachte Geschichte, die Gattung Menschheit und die Idee Vorrang, sondern die Sprache, das Wort. Nicht Metaphysik und Geschichtsphilosophie, also das Denken der Idee des Ganzen, sind die dem Neuen Testament wesentlichen philosophischen Konzepte, sondern die Anwesenheit Gottes in Jesus Christus im Wort leisten diese philosophische Analyse, wissenschaftlich gesprochen: die Hermeneutik, theologisch gesprochen: der Heilige Geist.

Die zweite Straußische Frage beantwortet das Neue Testament mit dem Glauben, d.h., die Versöhnung Jesu Christi wird, da sie ja keine Idee ist, nicht verwirklicht im geschichtlichen Prozeß der Gattung Menschheit, sondern im Glauben jedes einzelnen Glaubenden. Glaube ist aber das Erscheinen eines alles Denken, Fühlen, Vorstellen usw. zugleich Umfassenden und Transzendierenden, eine höhere Form der Vernunft, des Geistes, die ihren Ort vor allem im Vernehmen hat.

[Kritik an D. F. Strauß]
Ich hebe nun, im Hinblick auf unser Thema – Jesus Christus, der einzelne und die Gemeinschaft – die wesentlichen kritischen Einwände gegen Strauß hervor.

a) Der Grundgedanke von Strauß, daß Jesus Christus die Versöhnung von Gott und Mensch ist, ist, theologisch beurteilt, durchaus sachgemäß. Sachgemäß ist auch, daß Strauß, Seite 734, so energisch nach der Wirklichkeit dieser Versöhnung fragt und zwar nach der Wirklichkeit für die ganze Menschheit, die ganze Geschichte. Strauß kann die Christologie der christlichen Theologie und des Glaubens nun nur als die Übertragung dieser Wirklichkeit auf das Individuum Jesus verstehen. Immerhin stimmt Strauß dem christlichen Glauben darin zu, daß ihm die Versöhnung von Gott und Mensch das metaphysische Prinzip der Weltgeschichte zu sein scheint. In Jesus erscheint dieses Prinzip als Idee, als nicht bloß dieses Individuum betreffende Wirklichkeit, als Idee der Versöhnung von Gottheit und Menschheit. Im geschichtlichen Prozeß verwirklicht sich diese Idee und gewinnt daher Realität. Doch nun stellt sich die fundamentale Frage: Wie ist es um die Realität dieser Realität bestellt? Läßt man die Geschichte der Menschheit nicht aus dem Auge, so ist von dieser Realität allenfalls räumlich und zeitlich partiell zu reden, in den meisten Fällen als Postulat. Durch die Interpretation Jesu als des Symbols einer Idee wird also die Realität der Versöhnung gerade aufgehoben, sie wird zu einer Aufgabe, zu einem Prozeß, zu einer Entwicklung, und die Realität dieser Idee der Versöhnung besteht in dem Optimismus, nämlich in der Annahme, daß die Realisierung dieser Idee in der Tat das Wesen der Geschichte sei. D.h. was Strauß Denken nennt, was er sich gegenüber dem mythologischen Vorstellen des christlichen Glaubens gerade als philosophisches Verdienst zuspricht, beruht auf einem vollkommen irrationalen, durch nichts gerechtfertigten, mythologischen

Axiom, nämlich dem Verständnis der Geschichte als Versöhnungsprozesses.

b) Das hängt zusammen mit dem Mißverständnis des Glaubens. Strauß versteht den Glauben als Fürwahrhalten bestimmter mythischer Wahrheiten; sofern man diese Wahrheiten retten will, müssen sie auf ihren rationalen Kern reduziert werden. Menschwerdung Gottes besagt also Idee der Versöhnung Gott – Mensch. Nun ist aber der Glaube etwas ganz anderes als eine spezifische Gestalt |64 des Denkens; er ist ein Existentialverhältnis zu Gott und zu Jesus Christus als dem realen, geschichtlichen Für-uns-Sein Gottes. Der Glaube also setzt dem idealistischen Realitätsbegriff ein realistisches Realitätsverständnis entgegen: Ideell, prozessuell, weltgeschichtlich ist die Versöhnung Gottes eben nur Idee, Postulat, Entwurf, Handlungsanweisung – so denkt das Denken. Der Glaube sieht die Versöhnung Gott – Mensch konkret, real, existentiell in Jesus Christus. Dadurch entdeckt der Glaube überhaupt etwas Wesentliches über die Wirklichkeit der Versöhnung: Versöhnung, Freude, Gerechtigkeit können überhaupt nur wirklich, konkret sein als Person, in einer Person, in der Relation, welche diese Person konstituiert. Die Ausbreitung nun der in Jesus Christus konkreten und realen Versöhnung über die Welt sieht der Glaube gerade nicht in der Verwandlung der Person Jesu in eine Idee, oder, wie es viele Theologen sagen, in der Verwandlung der Gabe in eine Aufgabe, also nicht in der Transformierung des Glaubens in Metaphysik und Ethik; vielmehr wird im Glauben der Mensch, jeder einzelne Mensch, der Versöhnung Gottes mit dem Menschen in Jesus Christus gleichgestaltet, conformis gemacht; und wenn diese Konformität alle Menschen ergriffen hat, dann wird die Menschheit mit Gott versöhnt sein. Was bei Strauß geschieht, ist leider, im Namen des Denkens und der Philosophie, ein philosophisches Desaster, indem Strauß nicht sah, welcher über Metaphysik, Geschichtsphilosophie und Ethik hinausgehende philosophische Beitrag im Glauben liegt: nämlich ein entscheidender Wink zum Verständnis dessen, was Realität von Versöhnung, Freiheit, Friede, Gerechtigkeit überhaupt ist. Realität von Versöhnung ist nicht, wenn wir für die Realität dieser Idee kämpfen; Realität ist vielmehr die personale Realisierung dieser Versöhnung in Jesus Christus und die im Glauben vollzogene Annahme dieser Realität.

c) Strauß ist – um das zwischendurch zu bemerken – nicht der Erfinder solcher Gedanken –, er steht vielmehr, und zwar schon als Vulgarisator und Popularisator, in dem mächtigen Strom von Aufklärung und Idealismus. Aber dieses Denken ist natürlich herrschend geworden, bestimmt uns alle. Aufgrund des in b) Gesagten ist nun weiter zu sehen:

Der christliche Glaube versteht Versöhnung, Friede und Gerechtigkeit nur streng als ausschließliches Werk Gottes. Sie können überhaupt von gar keinem anderen Subjekt kommen. Im Glauben wird dies als gewisse Erkenntnis gegen alle Verführung des Denkens festgehalten, und insofern ist der Glaube ein Denken gegen das Denken. Wiederum zeigt sich hier im Glauben eine philosophische Überlegenheit: Er erkennt, daß es Wirklichkeit gibt, die nicht aus menschlicher Produktion hervorgeht; er erkennt sodann, daß diese Bestimmung von Wirklichkeit vor allem sein eigenes Sein betrifft; und er erkennt, daß es diese Erkenntnis gegen alle Versuchungen zu verteidigen gilt. Das ist in einer Welt nicht einfach, in der alle Verwirklichung des Idealen als Ergebnis menschlicher Produktion gedacht wird, so schon Strauß. Das heißt: Mit | 65 der Auslegung der Versöhnung als Idee wird automatisch die Versöhnung aus einem Werk Gottes zu einem Werk des Menschen. Damit wird nicht nur der Glaube zerstört, sondern auch die Versöhnung. Der Glaube ist ja jene Daseinsweise, in welcher die Versöhnung gerade dadurch real, innerweltlich real und konkret wird, daß der Glaube sie als Werk Gottes an sich geschehen läßt. Der Friede ist gemacht, und dieser Realität entspricht der Glaube. Das konnte aber Strauß schon nicht mehr denken; es leuchtete ihm seltsamerweise ein, daß die Versöhnung realer ist, wenn man sie in eine Idee verwandelt, als wenn man sie als personale Realität des einzelnen betrachtet. Dieser Wahn, obwohl 150 Jahre nach Strauß die Skepsis wächst, liegt wie ein Fluch über der Menschheit und Kirche und Theologie ebenfalls. Es ist unser aller latenter oder gar nicht so latenter Atheismus: Für die Realität der Idee müssen wir schon selbst sorgen.

Blickt man in die zentrale Stelle zur Versöhnung 2 Kor 5, so sehen wir hier in die denkerische Werkstatt des Glaubens: Erstens wird hier Vers 11–21 nachhaltig Gott als Subjekt der Versöhnung sprachlich sichtbar. Und zweitens, das ist nun die Kontradiktion gegen Strauß: Paulus sagt nicht: Nun tritt diese Versöhnung ihren Siegeszug an, nun realisiert sie sich prozeßhaft, nun soll sie euer versöhnendes Werk werden, sondern er sagt: Laßt euch versöhnen mit Gott; tretet ein in die realexistierende Versöhnung, werdet conform mit ihr. D.h. also: Paulus sah die Realität der Versöhnung als Werk Gottes in Jesus Christus, und er sah die Versöhnung des Kosmos in der Versöhnung jedes einzelnen mit Gott. Also: Gegen Strauß' Interpretation sehen wir Paulus: Die Versöhnung des Kosmos, der durch Gott versöhnt ist, soll in jedem einzelnen real werden. Und das ist nicht nur theologisch, sondern auch philosophisch dem Strauß weit überlegen; denn das Ganze kann nur versöhnt sein, wenn es in jedem einzelnen versöhnt ist. Und versöhnt sein kann der Mensch nur, wenn seine Existenz auf einer außerhalb seiner liegenden Realität steht (Wilhelm Hermann, Gesammelte Aufsätze 1923, 267: »… es wäre eine jammervolle Täuschung, wenn wir uns jemals auf die Energie unseres Glaubens verlassen wollten, anstatt auf das, was dem Glauben als wirklich gilt.«).

d) Durch die Verflüchtigung der Versöhnung zu einer Idee wird, so sahen wir, Versöhnung zu einem Werk des Menschen, wenn Strauß das auch noch gut hegelisch einbettet in den Prozeß der Selbstverwirklichung des Geistes. Doch waren Feuerbach und Marx schon dabei, diese letzten idealistischen Eierschalen der Geistphilosophie zu zerbröseln. Damit hängt ein letztes zusammen, nämlich die Verschiebung des Verständnisses von Versöhnung überhaupt. Versöhnung im Neuen Testament ist Versöhnung des Sünders mit Gott; von daher ist klar: Sünde ist Nein des Menschen zu Gott und dieses Nein kann nur im einzelnen erkannt und getilgt werden, und Versöhnung kann nur als |66 Werk Gottes durch den einzelnen empfangen werden. Von Sünde aber ist bei Strauß nicht mehr die Rede, und so steht er der Mehrzahl der heutigen Christen trotz des Abstandes sehr nahe. Aber mit welchen Konsequenzen: Versöhnung zwischen Gott und Mensch – das verschiebt sich bei Strauß nun begrifflich vollkommen. Nicht mehr Gott versöhnt den Sünder. Sondern zunächst verschiebt sich der Gottesbegriff. Was hier, vermittelt durch den Geistbegriff, als Gott erscheint, ist ja die Menschheit. Die Menschheit ist der Geist – Gott. Und dementsprechend verschiebt sich die Versöhnung: Versöhnung wird zur Versöhnung zwischen Geist und Natur. Entzweiung ist Entzweiung zwischen Geist und Natur. Das ist ein erz- und uridealistisches Thema, und es ist darauf hinzuweisen, daß dieses Thema nicht überall so verplattet wird wie bei Strauß: Denn bei ihm wird Versöhnung zwischen Geist und Natur zur vollkommenen Beherrschung und Unterwerfung der Natur unter den Geist, also die Menschheit. Nun muß man Strauß, der gewiß humanistisch dachte und ein ideales Menschenbild pflegte, die entsetzlichen ökologischen Katastrophen nicht als Absicht unterstellen, die aus dieser Sicht hervorgehen. Aber, ich will jetzt fragen: Wenn man der Menschheit das christologische Prädikat der Sündlosigkeit anhängt, wenn man die Gattung vergöttlicht, wenn man das Stehen des Menschen vor Gott (Glauben) in das Verhältnis des Individuums zur Gattung uminterpretiert und verschiebt – sind dann diese Katastrophen noch vermeidbar? Und weiter: Wenn gegen Strauß, das Ganze, die Gattung, eben nicht Gott ist, eben nicht das Wahre ist, woher kann dann überhaupt noch Hoffnung für das Ganze kommen, wenn nicht vom einzelnen, von einigen einzelnen, vielleicht den Glaubenden, welche die schreckliche Falschheit dieses Denkens erkennen? Wie soll aber der einzelne das dann überhaupt noch können, Hoffnung für das Ganze sein, wenn er als Individuum durch das Ganze korrumpiert und vernichtet wird, wenn das Ganze ihn instrumentalisiert für die wahnhafte Wahrheit? Wir sehen heute nicht nur in den östlichen Gesellschaften, sondern auch bei uns, daß hier von etwas hoch Aktuellem gesprochen wird. Der hemmungslose Individualismus, in dem die Menschen gegen die kollektive Vereinnahmung heute nach sich selbst suchen, der ist ja gerade keine Gegenbewegung gegen die Bewegung des Ganzen, er ist selbst ja ein Zeichen äußerster Gleichschaltung, er ist Beleg dafür, daß der Gattung die Gleichschaltung des einzelnen gelungen ist, er ist das äußerste Extrem der Korruptheit. Das unsündliche Subjekt Gattung (Strauß, 735), dieses hybride Subjekt, das sich Gott entgegenwirft, hat sich in individualistischen Individuen genau jenen Menschen geschaffen, den es zur Realisierung seines Wahns gebraucht. |67 Dem wirft der Glaube den einzelnen entgegen, gegen Gattungswahn und Individualismus, weil im einzelnen die Wahrheit erkennbar werden kann, die dann a priori etwas anderes ist als das Ganze.

Was sich bei Strauß verschiebt mit der Verschiebung der Gottesprädikate von Gott auf die Gattung Menschheit, kann man auch so beschreiben: Die Gottesprädikate werden auf die Geschichte übertragen. Alles, was das abendländische theologische Denken über Gott gesagt hat, wird jetzt von der Geschichte gesagt: Sie ist das Ganze, das Wahre, das Allmächtige, Allwissende usw. Und mit dieser Verschiebung hängt eine andere zusammen, welche die Wesentliche ist: Die Sünde und das Böse werden in ihrer Macht vollkommen unterschätzt, und sie müssen unterschätzt werden, denn mit dem Übergang der Gottesprädikate auf die Geschichte wird diese ja selbst sündlos. Das Böse ist nur noch Hemmung des an sich zielstrebig verlaufenden geschichtlichen Prozesses. Das Denken des Ganzen ist sündenblind, die Feindschaft des Menschen gegen Gott, deren Wahrnehmung ja den Glauben auszeichnet, ist hier gar nicht wahrnehmbar. Dann ist aber die Wahrheit nicht mehr wahrnehmbar, wenn die Existenz der Sünde wahr ist. Und das wiederum hängt zusammen mit der Depotenzierung des einzelnen: Denn ist Sünde immer nur im einzelnen wahrnehmbar als praktische Gottesfeindschaft, so ist auch die Wahrheit nur im einzelnen wahrnehmbar. Ich verweise Sie zum Schluß auf einen ganz und gar nichttheologischen Text, in dem derselbe Gedanke spielt: Camus, Belagerungszustand...

[Von der theologischen Rede der Menschwerdung Gottes zur philosophischen Rede von der Verwirklichung der Idee]

e) Alle diese Verschiebungen nun hängen zusammen mit der wesentlichen Verschiebung von der theologischen Rede der Menschwerdung Gottes zur philosophischen Rede von der Verwirklichung der Idee. Diese Verschiebung begründet Strauß theoretisch damit, daß die christlich-theologische Rede von der Menschwerdung des Logos in der Person Jesu Christi die vorstellungsmäßige Gestalt der Idee von der Versöhnung von Menschheit und Gottheit sei. Nun ist es klar: Die Idee inkarniert sich nicht in einem Exemplar der Gattung Mensch in ihrer Fülle. Denn die Idee inkarniert sich überhaupt nicht. Die Idee, nehmen wir die Idee des Guten, ist als regulative Idee – und hierfür spielt es keine Rolle, ob die Idee ontologisch oder logisch verstanden – Regel, Orientierung und Anweisung für das Verhalten des Menschen. In ihrer Realisierung ist die Idee also auf den Menschen angewiesen. Als verhaltens- und handlungsleitende Idee bestimmt sie – im Glücksfall – das Menschsein, aber sie bleibt zugleich immer unerfüllt, unerschöpft, also potentiell, im Modus der Potentialität. Das aber hat mit Inkarnation nichts zu tun; und insofern betreibt Strauß hier ein terminologisches Täuschungsmanöver. |68 Die Idee inkarniert sich überhaupt nicht, und daher auch nicht im einzelnen Individuum.

Also: Der Gegensatz zwischen der Philosophie, wie sie Strauß entwirft, und dem christlichen Glauben besteht nicht darin, wie es Strauß suggeriert, in der Frage, ob die Inkarnation in einem einzelnen oder in einer Gattung stattfindet. Sondern der Gegensatz ist viel fundamentaler im Verständnis der Inkarnation selbst angelegt. Das Denkmodell von Strauß ist, daß die Idee als Theorie durch das handelnde Subjekt Mensch – das ist hier gedacht als die Gattung – prozeßhaft verwirklicht wird. Das nennt Strauß Inkarnation, aber das hat mit dem christlichen Wort Inkarnation nichts mehr zu tun – freilich, dieser Sprachgebrauch von Strauß hat sich bis heute erhalten und durchgesetzt. Das christliche Wort Inkarnation hat als Subjekt Gott selbst – der Logos wird Fleisch, d.h. Mensch, der Logos – Gott – bleibt als Inkarnierter das wirkende, handelnde Subjekt – das zu sagen, ist der Zweck und Sinn der Zwei-Naturen-Lehre. Und sodann: Aus diesem Begriff Inkarnation, d.h. also, daß Gott selbst in die Geschichte eintritt – σάρξ (*Fleisch*) –, geschichtlich menschlich da ist, folgt mit Notwendigkeit, daß Inkarnation Menschwerdung, also Erscheinen als Individuum meint, weil zum Menschsein das Individuum-Sein zugehört. Das äußere Symbol für die individuelle Verfaßtheit des Menschseins ist der Name; der Mensch gewordene Logos heißt Jesus. (Die denkerische Arbeit haben die altkirchlichen Theologen geleistet

durch Jahrhunderte hindurch in äußerster Anstrengung des Begriffs, bis
hin zu den theologischen Voraussetzungen des Chalcedonense, der Aus-
legung der Union zwischen göttlicher und menschlicher Natur als einer
hypostatischen, personalen Union und der scharfen Abwehr aller nicht-
personalen Prädikationen: Man kann nicht sagen, die Gottheit wird
Menschheit; man kann aber sagen: Gott wird Mensch, dieser Mensch.
D.h.: Um Strauß zu begegnen, braucht man nur auf die altkirchliche
Theologie zurückzugreifen, jene Theologie, die Strauß mit genau jenem
Denken überwinden und vollenden will, gegen welches die altkirchliche
Theologie entstanden ist.)

Wir müssen hier nun aus Gründen der Zeitökonomie abbrechen, ich
würde hier freilich noch allzu gern noch weiter ausholen; doch scheint
mir das für unseren Zweck Wesentliche gesagt zu sein, nämlich für den
ontologischen Rang des einzelnen. Ich fasse das Wesentliche zusammen:

a) Der ontologische Rang des einzelnen ergibt sich schon allein aus
philosophischen Überlegungen, nämlich anthropologischen und soziologischen; aber auch aus geschichtlicher historischer Wahrnehmung erken-
nen wir, von welcher, geschichtsentscheidender, |69 Bedeutung das
Leben, das Verhalten des einzelnen ist – das ist es, was ich Existenz nenne.

b) Diese philosophischen Überlegungen werden bestätigt und ampli-
fiziert durch den theologischen Ur-Satz: Gott wird Mensch; denn an
diesem Satz wird die anthropologische und soziologische Erkenntnis
bewährt, daß Menschsein sich nur als individuelles Menschsein realisie-
ren kann.

c) Die Folge ist die Deskription des einzelnen, des Individuums, des
Personalen – ich biete Ihnen hier mit Absicht keine starre Definition:
Der einzelne ist ein sowohl antikollektivistischer wie auch antiindividua-
listischer Begriff; ja, mit der Erkenntnis des einzelnen tritt eine philosophische Dimension ins Denken, die in der Konstellation kollektivistisch-
individualistisch gar nicht mehr wahrgenommen wird: Es ist die Dimension des Sünderseins und des Gottesbezuges; also nicht zweier Dimensi-
onen, sondern der einen, des Zusammenhanges von Gotteserkenntnis
und Sündenerkenntnis. Wir sahen bei Strauß, daß in seinem kollektivis-
tisch-individualistischen System sowohl das Reden von der Sünde ver-
schwindet als auch die Unterscheidung von Gott und Mensch zugunsten
der Konvergenz von Gottheit und Menschheit. Die Gleichheit von bei-
dem ist natürlich kein Zufall. Ich will nun versuchen, auf Grund dieser
drei Punkte a) bis c) zum Thema des Paragraphen abschließend etwas zu
sagen!

Das durch Strauß repräsentierte Denken macht die Selbstbezogenheit des Menschen, die Eindimensionalität, zum Prinzip; es handelt sich um einen gattungsspezifischen Egoismus: Die Versöhnung, das Glück, die Beherrschung und Unterwerfung der Natur usw., das ist das Ziel des Prozesses. Das Göttliche in diesem Prozeß ist nicht etwa ein Anderes zum Menschlichen, sondern das Göttliche ist der Endzustand des Menschlichen. Die Geschichte tendiert auf die Versöhnung, das kann ja nur heißen, auf die Aufhebung des Menschlichen im Göttlichen. Genau dieses Denken haben die Väter als Monophysitismus abgelehnt und bekämpft. In diesem kollektivistischen Egoismus oder Subjektivismus der Gattung – das Menschsein der Gattung ist ausschließlich ein Für-sich-selbst-Sein – war der genau so strukturierte individualistische Egoismus und Subjektivismus das unvermeidliche Pendant. Dieser Individualismus spiegelt in sich selbst den gattungsmäßigen Subjektivismus und Egoismus wieder – jenes bei Paulus erscheinende καύχημα (καύχησις *Ruhm*), das alles Seiende versteht als Prädikat des Menschen. Dieses hemmungslose Für-sich-Sein des Individuums ist zwar eine – das wird heute erkannt – akute Gefährdung des Ganzen, aber es ist zugleich | 70 das unvermeidbare – genaue Pendant zu diesem Kollektivismus-Egoismus. Daß hier Kollisionen entstehen, ergibt sich aus dem Wesen des Subjekts selbst; wo immer ein Subjekt sich gefährdet sieht durch den Egoismus des anderen, entsteht der Konflikt. Darum gilt, was ich zur Gefährdung des Ganzen durch den hemmungslosen Individualismus sagte, auch umgekehrt: Heute fühlen sich viele Individuen – nicht zu Unrecht – bedroht durch die Gier, die unbeschränkten Ansprüche des Ganzen. Aber der Individualismus, mit dem sie sich wehren, ist von der absolut gleichen Struktur. Die heute, gerade in der Kirche und in religiösen Kreisen, so virulente Frage nach sich selbst, nach dem Ich, verdankt sich dieser Metaphysik des Für-Sich, der Selbst-Verabsolutierung, gegen die sie sich richtet (alarmierendes Beispiel: die Verschiebung des Verständnisses von Solidarität). Speziell in der Kirche herrscht heute dieses Denken, das zeigt sich in dem Interesse der Kirche an sich selbst, diese Selbstrotation, in der die Kirche die bestimmenden Konstanten unserer Gesellschaft getreu widerspiegelt. Das meiste, was uns als Alternative erscheint, ist nur der Schein einer solchen: So wie die Gattung, in der Theorie, hemmungslos das Individuum vernichtet und verbraucht, so besteht der Individualismus in dem hemmungslosen Verzehr des Ganzen, ja in der Gleichsetzung mit dem Ganzen. Dieses Denken kann man durchaus mit ganz materialistischen und biologistischen Lehren parallelisieren, nach denen sich im Prozeß der Evolution immer die stärksten Gene durchsetzen, weil der Selbstbehauptungswille, der Glückswille, der

Lebenswille zum Sinn des Weltprozesses gemacht wird. Ein anderes Beispiel ist die Rückkehr des Nationalismus. In diesem eindimensionalen Denken aber, in diesem von Glück und Utopie dirigierten Denken, ist das Ferment der Dekomposition schon enthalten. Wo immer, mit Strauß zu reden, die Selbstverwirklichung des Geistes auf Unterwerfung der Natur ausgeht, und der Mensch selbst ist ja auch Natur; wo immer das Glück zum Fluchtpunkt des individuellen Lebens oder des geschichtlichen Prozesses als Ganzem gemacht wird, da werden fundamentale Bedingungen unseres In-der-Welt-Seins übersehen: Die Natur z.B., das erkennen wir heute wieder, ist die Bedingung unseres Lebens überhaupt, nicht ihre Beherrschung, sondern die Anerkennung ihrer Subsistenz, ihres Eigenstandes, ist Lebensgrundlage. Und im sozialen, politischen, ökonomischen Bereich ist Kants Maxime wieder zu entdecken, daß der Mensch niemals nur Mittel, |71 sondern immer auch Zweck sein muß. Die Orientierung an der immer sich steigernden Glücksmaximierung ist ein individueller und kollektiver Selbstverwirklichungsvorgang, dieses kollektive oder individuelle Subjekt, weil dabei das Seiende im Ganzen und im einzelnen immer nur als Mittel zum Zweck gesehen wird.

Wenn wir uns nun demgegenüber auf den einzelnen besinnen, so halten wir zunächst das Gesagte [fest], daß wir den einzelnen antikollektivistisch *und* antiindividualistisch verstehen. Und fügen dem sogleich hinzu: daß mit der Kategorie des einzelnen nicht einfach sozusagen alles automatisch in Ordnung gerät. Der einzelne, in der Summe aller einzelnen, ist überhaupt [als] der Ort zu sehen, an welchem sich angesichts des Gesagten eine Umorientierung ergeben kann, eine μετάνοια, eine Kehre, Konversion, christlich-theologisch gesprochen eine Versöhnung oder Rechtfertigung. So können wir den Begriff des einzelnen parallelisieren mit biblischen, christlichen Begriffen wie Herz, Gewissen in Luthers Verständnis, nämlich, daß sich hier konkret entscheidet, was das Leben bestimmt, was es wirklich beherrscht, was faktisch über uns regiert. Wenn im Neuen Testament πνεῦμα (*Geist*) und σάρξ (*Fleisch*) als Herrschaftsmächte über den Menschen erscheinen, so ist genau das gemeint: Lassen wir die σάρξ über uns herrschen, dann nehmen wir die Welt wahr unter der Leitfrage, wie sie uns dienen kann, wie sie zur Maximierung, Durchsetzung und Verwirklichung unserer Ansprüche benutzt und gebraucht werden kann. Lassen wir das πνεῦμα über uns regieren, so nehmen wir die Welt wahr als Raum unseres Dienstes an Gott und Welt. Eine sarkische Existenz sucht und giert nach dem Glück und zerstört es ebenso. Eine pneumatische Existenz dient Gott und der Welt und den Menschen und erfährt so ungesucht die Seligkeit der Hingabe. Was sarkische Existenz ist, sehen wir aufgrund der Analyse des Straußischen Textes: Es ist die Etablierung des gattungsmäßigen oder individualistischen Egoismus und Subjektivismus. Demgegenüber ist pneumatische Existenz die Folge einer μετάνοια (*Umkehr*) aus diesem und gegen diesen Subjektivismus, sie ist die Kehre, und darum notwendige Hingabe an Gott und Welt. Pneumatische Existenz ist, gegenüber der sarkischen, nicht mehr Für-sich-Sein, sondern für Gott und den Nächsten und die Welt-Sein. Darum kann das Neue Testament die vom Menschen verlangte Existenz zusammenfassen in das Doppelgebot der Liebe, Mk 12,30f. Der Ort nun, an dem sich dergleichen vollzieht, ist der einzelne. Schon die singularische Formulierung des Doppelgebotes der Liebe (und des Gesetzes, Dekalog!) ist ja ein entscheidender Hinweis. Aber ebenso entscheidend ist nun das doppelte Folgende: Das Gebot spricht jeden einzelnen an. Es ist ja klar, daß das ›Du wirst, oder: sollst lieben‹ nicht für bestimmte Menschen reserviert ist, es ist ja gerade die Zusammenfassung des ganzen Gesetzes. Und |72 sodann wird ja nun der einzelne gerade von sich selbst weggewiesen, er wird Gott und der Welt zugewiesen, er wird also auf das Ganze bezogen, und die Bezogenheit ist die Liebe. Der einzelne ist unverwechselbar er oder sie, aber er oder sie ist es gerade nicht isoliert, sondern bezogene Freiheit, ohne die μετάνοια wird das Wesen dieses neuen Seins nicht erkennbar sein; denn es gilt wahrzunehmen, daß sich in und unter unser aller frommer Sprache ein furchtbarer Subjektivismus verbirgt, ein faktisches Absolutsetzen des Subjekts. – Sie müssen nur einmal darauf achten, wie in religiöser Sprache oft das Ich erscheint.

[Kehre vom Subjektivismus zur Liebe]
Man muß das nun theologisch noch um einen wesentlichen Gesichtspunkt erweitern. Das erste also, was dem einzelnen zukommt, ist die Kehre aus dem Subjektivismus in die Liebe, aus einem Entwurf über das Ganze in ein Verhältnis zu Gott und Welt. Liebe aber heißt existentiell, in der Hingabe an Gott und Welt zu leben. Diese Hingabe ist gewiß verbunden mit einem Verlust an Ichgefühl, eine narzisstische Verletzung, aber sie ist ein Gewinn an Personalität, die sich gerade im Verhalten konstituiert.

Nun kommt ein Zweites hinzu: Liebe heißt ja in eins mit der Hingabe an Gott und Welt zugleich auch aus der Hingabe Gottes und der Welt an mich zu leben. Das ergibt sich aus der Logik der Liebe, denn der Nächste z.B. erfährt meine Hingabe an ihn ebenso als einzelner wie ich. Nun ist vielleicht das Wesen des Subjektivismus und Egoismus erst dann erschöpfend erkannt, wenn wir ihn nicht bloß als Mangel oder Fehlen altruistischer Liebe verstehen. Das Zerstörerische des Subjektivismus ist wahrscheinlich dies, daß man sich nicht mehr lieben lassen kann. Nun ist natürlich zu sagen, daß ich Liebe hier nicht als bloßes Sentiment verstehe. Liebe ist ja in Bibel und Antike ein ontologischer Begriff (Artikel Liebe HWP; Helmut Kuhn, Liebe. Geschichte eines Begriffs, 1975; Josef Pieper, Über die Liebe, 31972; WB; ThWB). Ein subjektivistisches, egoistisches Denken ist so ich- und selbstfixiert, daß es die Zuneigung Gottes und der Welt nicht wahrnehmen kann (psychopathologisches Phänomen). Vielleicht sieht man der Verfaßtheit unserer Welt auf den Grund, wenn wir dieses Syndrom erkennen: Das beherrschende Denken verschließt uns die Wahrnehmung Gottes und der Welt auf Grund des Egoismus. Die Freudlosigkeit unserer Zeit ist dafür das herrschende Indiz: Wir haben alles Seiende so sehr und furchtbar dem kollektivistischen und individualistischen Ego unterworfen, als Material des Glücksgewinns, daß wir die Sprache, die uns aus dem Seienden anspricht, nicht mehr hören, daß wir das Erfreuliche nicht mehr wahrnehmen, das uns im Wort Gottes als Offenbarung und Schöpfung | 73 begegnet.

Den Zusammenhang hat Paulus schon gesehen: In Röm 1f sagt er, daß die Menschen die Schöpfung nicht mehr als Anrede Gottes hören und verstehen können; und es ist auch für Paulus klar, daß es die Ichverhaftetheit des Menschen ist, die ihn so taub macht. Anderseits ist der Zusammenhang zwischen Liebe und Freude klar, denn in Gal 5 erscheint die Freude sogleich nach der Liebe als Frucht des Geistes, also eine pneumatische Existenz. Liebe also ist nicht nur Für-Gott-und-den-Nächsten-Sein im Gegensatz zum Egoismus; sondern Liebe ist auch das Empfangen der Liebe Gottes und des Seienden an mich selbst. Das ist der kontradiktorische Gegensatz zum Verbrauch und Verzehr der Welt, denn in der Liebe lasse ich Gott und den Nächsten als andere zu mir selbst andere [sein]; in diesem Hinnehmen gebe ich Gott und dem Seienden [die] Ehre, indem ich mich lieben lasse. Auch hierfür ist der einzelne der Ort; und wiederum gilt: nicht isoliert; und so, daß er ja gerade Gott und die Welt als Quell der Liebe empfangen kann.

Im christlichen Glauben nun wird, was ich sagte, elementarisiert, sofern die Durchbrechung des Egoismus, der subjektivistischen Daseinsführung, also der Sünde, als Akt der Liebe Gottes erfahren wird. Der Christ erfährt das Wesen der pneumatischen Existenz zuerst als Liebe Gottes an sich, dem Christen, obwohl er weiß, daß das Liebesgebot als solches allen Menschen gilt. Pneumatische Existenz, Leben in der Gnade ist für den Christen Rechtfertigung und Versöhnung, also Vollzug der Kehre durch Gott selbst. Die Kehre aus der egozentrierten Daseinsform in die Hingabe der doppelten Liebe zu Gott und dem Nächsten ist für den Christen keine subjektive Kehre, sondern ein Gekehrtwerden durch die Liebe Gottes zu ihm. Diese Kehre sieht er vollzogen, verwirklicht, als Werk Gottes in Jesus Christus, mit dem er sich daher im Glauben vereinigt.

Nun wäre es mir selbst sehr wichtig, die philosophischen Konsequenzen aus dem Gesagten noch breiter auszuziehen. Doch das kann jetzt aus Zeitgründen nicht geschehen. Ich pointiere zum Schluß den einzelnen so: Im einzelnen allein kann ein Verhältnis zur Wahrheit stattfinden, kann die Entscheidung zwischen Ich-Sucht (καύχημα) und Liebe konkret fallen; denn nicht, welches Bild wir uns von Gott machen, welche Gottesvorstellung wir haben, sondern welches Verhältnis wir zu Gott haben, ist lebensentscheidend. Nicht, welches Bild wir von Welt und Menschen haben, sondern wie wir uns konkret zueinander und zur Welt verhalten, ist welt- und geschichtsentscheidend. Und das alles entscheidet sich im einzelnen und in der Vielzahl der einzelnen. Paulus bringt dies in 1 Kor 9,24 in ein schönes Bild: Nur einer erreicht als erster das Ziel, aber alle, d.h. alle einzelnen und jeder soll so laufen, | 74 daß er das Ziel erreichen möchte.

Nun können wir sagen, was die Kirche als Gemeinschaft der Glaubenden ist, denn sind die Glaubenden die einzelnen, so wird dadurch Gemeinschaft nicht unmöglich gemacht, sondern gerade konstituiert. Der Glaube des einzelnen haftet ja an Jesus Christus als Hingabe Gottes an uns, und diese Hingabe zielt auf die konkrete Existenz des einzelnen. Die Kirche ist a) die Gemeinde derer, die den Logos dieser Hingabe durch die Welt trägt; und sie ist b) die Gemeinschaft derjenigen, die sich gegenseitig darin stärken und stützen, in diesem Sinn einzelner zu sein: Gegen allen Rückfall in eine ego- und subjektorientierte [Gesellschaft] geht alles Denken der Kirche und alles Handeln der Kirche auf das Bleiben in der pneumatischen Existenz.

Kirche ist Gemeinschaft der Menschen, die sich gegenseitig darin stärken, von sich selbst abzusehen, die vor allem wach dafür sind, daß die Kirche und ihre Glieder nur Kirche sein können, wenn sie alle Eigeninteressen systematisch destruieren; denn nur so können sie in der Welt etwas sein.

(Hinweis auf Martin Heidegger, Sein und Zeit, und Sören Kierkegaard, Die Schriften über sich selbst, Gesammelte Werk hg. v. E. Hirsch, 33. Abteilung; HWP Bd 2, Artikel: der Einzelne; Walter Schulz, Philosophie der Subjektivität, 1979; derselbe: Subjektivität im nachmetaphysischen Zeitalter, 1992)

Kapitel II: Die primären Institutionen der Kirche – spezielle Ekklesiologie

Literatur: Peter Brunner, Zur Lehre vom Gottesdienst der im Namen Jesu versammelten Gemeinde (Leiturgia, Handbuch des evangelischen Gottesdienstes, Bd. 1, hg. v. Karl Ferdinand Müller und Walter Blankenburg) Kassel 1954; Neudr.: Leiturgia N.F. Bd. 2, 1993,); Christian Möller, Gottesdienst als Gemeindeaufbau, Göttingen ¹1988; derselbe, Lehre vom Gemeindeaufbau, Bd. 1, Göttingen ¹1987; Bd. 2, Göttingen 1990.

§ 10: DER GOTTESDIENST – DIE SUMME DER PRIMÄREN INSTITUTIONEN DER KIRCHE

Ich knüpfe nun an vorher Gesagtes an und setze überhaupt voraus, daß Sie bisher Dargelegtes nicht vergessen haben.

Der Gottesdienst ist die Summe der Institutionen, in welchen die Kirche als solche in ihrem Wesen erscheint. Es ist nicht entscheidend, ob man nun von Institution im Singular oder Plural spricht. Man kann, ohne Gewalt, den Gottesdienst vierfach differenzieren, und zwar je zweifach nach den möglichen Auslegungen des Wortes »Gottesdienst«: Gottes Dienst an uns – unser Dienst an Gott. Im ersten Verständnis kommt man auf die Bewegungslinie Gottes auf uns hin, sein Werk für uns, das wir als Jesus Christus zusammenfassen. In dieser Bewegung ergibt sich:

Gott ⟶ Mensch

a) Predigt des Evangeliums von Jesus Christus als Rede Gottes mit uns.
b) Abendmahl als Begehung des Für-uns-Seins Christi.

Gott ⟵ Mensch

a) Taufe als Eintritt in die Wirklichkeit (ὄνομα) des Seins Gottes.
b) Gebet als Antwort des Menschen und Rede mit Gott.

Bevor ich auf diese vier Institutionen eingehe, noch einige allgemeine Bemerkungen:
1. In seiner Predigt über Röm 15,4 (Adventspostille 1522, WA 10,1,2;80,20–23) sagt Luther: »Alle das gutt, das wyr gott thun mugen, das ist: lob und danck, wilchs auch der recht eynige gotisdienst ist, wie er selb sagt ps. 49 [50,23]: Das opffer des lobs preysset mich, und das ist

der weg, durch wilchen ich yhm weyß die selickeyt gotis.« (vgl. MüA, Epistel-Predigten, Erg.Bd. 5, S. 39).

Nach allem, was ich bisher gesagt habe, kann es ja gar nicht [anders] sein, daß der Ort des christlichen ganzen Gottesdienstes der jeweilige Aufenthalt |75 des Menschen ist und die Zeit des Gottesdienstes das ganze Leben. Da Gottes Zeit Gegenwart ist, da Gottes Für-uns-Sein die Gegenwart ist, ist seine βασιλεία (*Reich*) Gegenwart (Ps 139,1ff). Da im Christentum Gottes Gottsein streng gedacht ist, ist die Gegenwart Gottes Zeit. Glaube, so sagte ich, heißt, Gott Gott sein lassen, und das ist Sache jeden Lebensaugenblicks. Dieser Umstand wird noch verschärft durch die Fixierung des Glaubens auf Jesus Christus. Was Jesus auszeichnet, war seine Hingabe an Gott in jedem Lebensmoment, und das ist der Grund für die Aufhebung jeglicher bestimmter Zeit und jeglichen bestimmten Ortes als spezifisch gottesdienstlich. Da Gottesdienst Selbsthingabe ist, ist rein logisch irgendeine Beschränkung dieser Selbsthingabe undenkbar. Wenn Jesus sagt: Mt 18,20: Wo zwei oder drei zusammen gekommen sind εἰς τὸ ἐμὸν ὄνομα (*in meinem Namen*), da bin ich in ihrer Mitte, so besagt dieser Satz ein Doppeltes: Wo immer wie viele auch in meinem Namen zusammen sind, da ist Gemeinschaft der Heiligen, also anachronistisch gesprochen, Kirche. Und das ist völlig unabhängig von Ort und Zeit. Man könnte also sagen, daß Gottesdienst durch die Qualität bestimmt wird: Allein die Feier der Präsenz Gottes – des Zeigens Gottes – entscheidet darüber, ob Gottesdienst ist, nicht die Beachtung bestimmter Zeiten, Orte, Riten usw. Also: Wo immer wirklich und konkret geglaubt wird, da ist wahrer, vollkommener Gottesdienst. Denn da wird Gottes Für-uns-Sein gedacht und gefeiert und gedankt. Man kann also diese Qualität, dieses Wesen des Gottesdienstes in zwei Aspekte unterscheiden: Gottesdienst ist Dank, und dieser Dank kann nichts anderes sein als das Leben selbst. Und Gottesdienst ist Verkündigung, nämlich Verkündigung des Grundes der Dankbarkeit: »Das ist der einzige Gottesdienst im Neuen Testament, den wir Gott leisten, daß wir die Wohltat, die Gott uns Sündern in Christus erwies, predigen.« (WA 25;156,11–13; Vorlesung über Jesaja 1527–29) Dieses Predigen aber meint nicht bloß den speziellen Akt der gottesdienstlichen Predigt, sondern das Leben als Zeugnis dieses Dankes selbst.

Ist dies so, was sind dann die spezifisch gottesdienstlichen Handlungen, also jene vier eingangs genannten primären Institutionen der Kirche? Sie können natürlich qualitativ nichts anderes sein als der Gottesdienst, der sich als Leben selbst abspielt. Gleichwohl ist es notwendig, das, was das ganze Leben umfaßt, immer wieder eigens zu thematisieren und zu begehen. Das hängt mit der Existenz als Dasein zusammen. Wir sind ja nichts anderes als das, was wir existieren, leben, qualitativ und quantitativ zeitigen. Wir sind ja nicht Substanzen, die dann auch noch leben, handeln, denken, weinen, lachen, gesund oder krank sind, reisen oder seßhaft sind, | 76 Deutsche oder Schweizer sind usw. Sondern unsere Substanz ist mit unserem Dasein identisch. D.h. die Qualität unseres Selbst, unseres Ich, liegt nicht hinter unserem Dasein, sondern unser Dasein ist diese Qualität selbst. Wenn wir ungerecht oder zornig sind, so können wir nicht sagen, substanziell, qualitativ sind wir an sich gerecht oder gut, sondern wenn wir ungerecht und zornig sind, dann sind wir es substanziell. Daraus folgt, daß sich im Existieren selbst unser Leben entscheidet. Und darum ist es notwendig, daß wir immer wieder ganz bewußt und eigens und ausdrücklich uns der Frage nach uns selbst stellen, dem Ernst zuwenden, unsere Existenz sozusagen verdichten, sie eigens thematisieren, also sozusagen dem durchschnittlichen, alltäglichen, gedankenlosen Existieren immer wieder klar die bewußte, eigens begangene Verdichtung des Lebens entgegensetzen. Ich gebrauchte das Wort Alltag, und es legt sich nahe, diese Verdichtung Fest zu nennen. Fest ist im wahren Sinne nicht Entlastung vom Alltag, sondern Verdichtung des Alltags zum Elementaren, und darin besteht die Festfreude. Allen echten Festen wohnt der festliche Ernst inne – der Klamauk und der Rummel ist kein Fest, und das Fest als Entlastung vom Alltag ist Mißverständnis beider. Als Beispiel nenne ich die großen Stadtfeste von Athen: Panathenäen mit der Rezitation der großen Epen; die Dionysien mit der Aufführung der Tragödie; die Lenäen mit Komödie und auch Tragödie. Zu solchen Verdichtungen gehört elementar der christliche Gottesdienst: Im christlichen Gottesdienst begehen wir eigens und bewußt und rituell den Gottesdienst, der unser ganzes Leben ausmacht. Wir konzentrieren uns dabei auf das Zentrum unseres Lebens, den Kristallisationspunkt, nämlich unser Gottesverhältnis. Dieses wird im Gottesdienst eigens und ausschließlich thematisiert und begangen. Unser Gottesverhältnis ist natürlich unser ganzes Leben. Wenn wir denken, wie dicht, wie thematisch, wie eigens unser Alltag auf Gott bezogen ist, so können wir sagen: Im eigens gefeierten Gottesdienst kehren wir ins im Alltag weithin verborgene Zentrum unseres Lebens ein. Im Gottesdienst treten wir als Sünder vor Gott, gerufen von der Liebe Gottes.

Also, um auf das oben Gesagte zurückzukommen: Im Gottesdienst wird unser Leben als Dasein vor Gott thematisiert, mit der Zuspitzung auf das Elementare, sozusagen die pars pro toto unseres Lebens: unser Dasein vor Gott als Begehung, als Feier des Für-uns-Sein Gottes.

Ein zweiter Aspekt, auf den Luther immer hingewiesen hat, kommt noch hinzu. Wir können ja nicht existieren, ohne unsere Existenz zu reflektieren, also zu denken, wenn auch noch so vorläufig. Wir verhalten |77 uns nie, ohne zu unseren Verhältnissen ein Verhältnis zu haben. D.h., wir existieren doppelbödig. Das unterscheidet uns vom Tier. Wir existieren, aber wir beurteilen existierend unsere Existenz. Wir können uns selbst loben und selbst kritisieren, letztlich allerdings nur, solange wir uns selbst den Boden nicht unter den Füßen zerstören. Daraus folgt, daß wir auf Orientierung angewiesen sind, also auf Sprache, auf Bildung, Erziehung. Um existieren zu können, sind wir unendlich viel mehr als ein Tier auf Hilfe angewiesen; das gilt auch physisch: Kein Lebewesen braucht so lange Betreuung durch Eltern und Lehrer und Freunde wie ein Mensch. So gehört auch der Gottesdienst in jene Einrichtungen, die uns zur Erziehung, zur Belehrung, zur Einsicht in die Erfahrung unseres Seins vor Gott dienen. Wir sind vor Gott, das ist mit unserem Leben mitgesetzt. Aber dieses Sein vor Gott müssen wir unablässig einüben, und zwar mehr als andere. Wir müssen ja im Leben alles einüben: angemessenen zwischenmenschlichen Kontakt, Ethik, wozu mehr und mehr auch das bewußte Wahrnehmen der mitmenschlichen Schöpfung gehört. Sogar für die Liebe müssen wir Formen lernen. Um wie viel mehr für das Gottesverhältnis, das schwierigste, problematischste Verhältnis, in dem wir leben. Hier ist das meiste zu arbeiten. Dem dient auch der Gottesdienst, der also auch in diesem Sinn den Zweck von Erziehung und Unterricht erfüllt. Das gilt heute in besonderem Maße. Unter der Herrschaft des Neo-Rousseaunismus der 68er Revolution hat man in der Kirche gemeint, ausgerechnet im Gottesdienst die reinste Willkür herrschen lassen zu können – im Zusammenhang mit jener Ideologie, die allein auf den Subjektivismus vertraut. Hier kann uns gerade Luther ein sehr hilfreicher Wegweiser sein: Nirgendwo anders finden wir eine so starke Ablehnung des Zentralismus und der Tyrannei der Riten und der Formen – das richtete sich gegen den römischen, liturgischen Zentralismus. Niemand hat aber auch wie er auf die notwendigen Formulierungen hingewiesen: Aller Gottesdienst muß dem Zweck entsprechen – in seiner äußeren Form, das Gottesverhältnis des Menschen als Empfangen des Für-Sein Gottes für den Sünder zu feiern, und zwar so, daß auch der erzieherische Zweck dabei realisiert wird.

2. Ein zweiter Punkt sei noch hervorgehoben. Wir haben jetzt immer so gesprochen, daß die Menschen, also wir, den Gottesdienst veranstalten und formen. Nun aber haben wir immer wieder hervorgehoben, daß ja eigentlich Gott selbst es ist, der die Menschen beruft und versammelt,

ἐκκλησία = Gemeinschaft der κλητοί (*Berufenen*). Dieses Phänomen kann man sich bei den Sakramenten an den sogenannten Einsetzungsworten klarmachen, die darum eine große Rolle gespielt haben, oft allerdings in einem ganz falschen und oberflächlichen Sinn, nämlich | 78 ob die Sakramente auf die Stiftung Jesu selbst zurückgehen. Heute sind wir nicht einmal mehr sicher, ob der Taufbefehl und ob die Einsetzungsworte des Abendmahls auf Jesus selbst zurückgehen. Aber es geht ja dabei auch gar nicht um ein historistisches, sondern um ein theologisches Argument: Mit den Einsetzungsworten, und dabei ist es völlig gleichgültig, ob sie ursprünglich Jesus gesprochen hat oder nicht, macht die Kirche sich theologisch klar, daß das, was sie tut, das Begängnis eines Handelns Gottes an ihr selbst ist. Der Taufbefehl und die Einsetzungs-Worte sind mehr als die Begründung eines kirchlichen Tuns in einem Gebot Gottes. Sie weisen darauf hin, daß das, was die Kirche tut, in einer von Gott selbst gesetzten Wirklichkeit gründet, nicht in einem bloßen Gebot, daß die gottesdienstliche Handlung der Kirche in einer göttlichen Handlung selbst gründet. Und zwar nicht so, daß die Kirche im Gottesdienst nun an Stelle Gottes zum Handlungssubjekt wird, sondern daß die Kirche – gottesdienstliche Handlung – zur existentiellen Entsprechung zu Gottes Handeln wird. Nicht dies also, daß die Kirche ihr gottesdienstliches Handeln als die Erfüllung eines durch Christus erlassenen göttlichen Gebotes interpretiert, ist das Wesentliche – wir sagten ja, daß dies historisch sogar sehr zweifelhaft ist. Vielmehr ist das von Gott als Jesus Christus verwirklichte Für-uns-Sein Gottes der Grund unseres gottesdienstlichen Handelns, und zwar so, daß wir uns in dem gottesdienstlichen Handeln dieses Für-uns-Sein aneignen. Man kann sich für alle vier von uns differenzierten gottesdienstlichen Handlungen solche theologischen »Einsetzungsworte« rekonstruieren: Die Taufe, der Taufbefehl (Mt 28,18–20) bezieht sich auf unseren Eintritt in das Für-uns-Sein Jesu Christi. Der Taufbefehl enthält ja zugleich den Predigtbefehl. Die theologische Struktur kann man sich klarmachen an der Argumentation des Paulus in 2 Kor 5,11–21, besonders 18–20: Die Versöhnung mit der Welt, die Gott verwirklicht hat, wird im Logos von der Versöhnung allen Zeiten und Orten gegenwärtig, und zwar im Amt der Versöhnung, d.h. im Amt der Versöhnungspredigt. Das kirchliche Amt, die διακονία τῆς καταλλαγῆς (*Dienst der Versöhnung*), besagt also: Die Versöhnung ist vollbracht, sie ist von Gott gesetzt, und nun entsprecht in eurem Leben dieser Versöhnung. Im Logos des Apostels und der Kirche vergegenwärtigt sich die Versöhnung selbst. Die geistlich theologische Grundstruktur ist z.B. auch zu erkennen in einem Satz wie Phil 3,12: »Nicht, daß ich's schon ergriffen habe oder schon vollkommen sei; ich jage ihm aber nach, ob ich's wohl ergreifen möchte, nachdem ich von Christus Jesus ergriffen bin.« D.h. doch: Die Versöhnung ist verwirklicht – und nun steht das Leben der Menschen, diese Versöhnung zu ergreifen, ihr zu entsprechen. Das ist der Glaube.

Das Gleiche ist am Abendmahl zu beobachten: Der Befehl bezieht sich nicht auf den Vollzug einer Handlung. Vielmehr verweist er auf | 79 Christus als Christus für uns und definiert so unsere Handlung als das Entsprechen zu diesem Für-uns-Sein. Sucht man nach einem Einsetzungswort für das Gebet, so kommt man am ehesten auf das Vaterunser, Mt 6,9–15. Das wird eingeleitet mit dem Satz: Darum sollt ihr so beten. Es wird also wieder nicht einfach gesagt: Ich gebiete euch zu beten. Sondern Jesus bietet die Wirklichkeit eines wahrhaft an Gott hingegebenen Gebetes, und wir werden sehen, daß dieses Gebet uns hineinführt in das Für-Sein Gottes für uns.

Wir sehen also ein Doppeltes: Negativ: Die kirchlichen Handlungen sind nicht eine Weiterführung und Fortsetzung des Handelns Gottes oder Christi, so als träte die Kirche in ihrem gottesdienstlichen Handeln nun an Gottes oder an Jesu Christi Stelle. Positiv: Die kirchlichen gottesdienstlichen Handlungen sind in der Art und darum einzigartig, eben die primären Institutionen der Kirche, weil an ihnen allein das Wesen der Kirche kenntlich wird, daß sie eigens dem Handeln Gottes in Jesus Christus entsprechen, es entgegennehmen und als gegenwärtig erfahren. Sofern das wirklich geschieht, d.h. sofern der Glaube hier wirklich wird, geschieht dieses kirchliche Handeln im Heiligen Geist.

3. Noch kurz ein Hinweis, der Gesagtes nochmals pointiert – freilich in großer Kürze. Wir werden immer wieder darauf stoßen, daß das wesentliche Moment allen kirchlichen Handelns die Vergegenwärtigung ist – nämlich alles kirchliche Handeln ist ja Versammeln der Menschen in der Gegenwart Gottes und Jesu Christi. Das ergibt sich aus der Logik des Glaubens und der Theologie selbst: Gottes Zeit – wenn man denn so reden will – ist die Gegenwart, denn Gott will immer jetzt, hic et nunc, Gott sein. Man kann die ganze Bibel, auch und vor allem das Alte Testament, lesen als Ringen Gottes um die Gegenwart bei den Menschen. Daß Gottes Zeit für uns geschichtlich existierende Menschen die Gegenwart ist, könnte man auslegen als eine theologisch-existentiale Interpretation von Gottes Ewigkeit: Gottes Ewigkeit zeigt sich geschichtlich als Gegenwart, sofern Gott für jeden Menschen, jeden einzelnen, jetzt und hier Gott, gegenwärtig Gott, sein will. Und das gleiche gilt für Christus. Wenn wir mit Tersteegen singen: »Gott ist gegenwärtig, lasset uns anbeten, und in Ehrfurcht vor ihn treten« (EG 165), so heißt das nicht:

Jetzt, im Augenblick, ist Gott gegenwärtig, z.B. im Gottesdienst. Sondern Gegenwart ist ein Prädikat des Seins Gottes selbst. D.h., wenn Gott nicht gegenwärtig ist, so ist das ein Reflex unseres eigenen nicht bei Gott-Seins, unserer eigenen Gegenwartslosigkeit.

Und damit sind wir beim zweiten Aspekt. Wenn wir fragen, warum der Mensch denn versöhnt werden muß, warum er denn zum Für-uns-Sein Gottes gerufen werden muß durch den λόγος τῆς καταλλαγῆς (*das Wort von der Versöhnung*), so heißt darauf die Antwort: Feindschaft zu Gott, Abkehr von Gott, also die Sünde ist der Grund. | 80

Nun könnte man sehr wohl sagen: Sünde ist eine Existenzform, in der der Mensch außerhalb der Gegenwart Gottes existiert, außerhalb seiner Nähe, nicht bei Gott, sondern bei sich selbst, und die Vertreibung aus dem Paradies ist die großartige mythische Symbolisierung dieses Phänomens. Und nun können wir eine Klimax aufstellen: Jesus ist in seiner Verkündigung, wenn man sie zusammenfaßt, ein einziger Ruf der Menschen in die Nähe, Gegenwart Gottes. Und er ist es nicht nur in seiner Verkündigung, in seinen Wundern, er ist es vor allem auch in seiner Existenz: Er lebt in der Gegenwart Gottes, noch seine Gottverlassenheit schreit er dem gegenwärtigen Gott zu. Und – das ist die Klimax – die Kirche nun vergegenwärtigt Jesus Christus als Mensch in der Gegenwart Gottes, nun ihrerseits als Ruf in die Gegenwart Gottes an alle Menschen, aber nicht bloß als Ruf; dieser Ruf ist als Person Jesu Christi selbst verwirklicht, und als diese Wirklichkeit und Gegenwart wird er gegenwärtig. Gott ist gegenwärtig, seine Zeit ist die Gegenwart. Die Erfahrung der Ferne, der Abwesenheit ist Reflex unserer eigenen Gottesferne. Das ist so etwas wie [eine] kopernikanische Wende des Denkens – die Kehre, die Metanoia. Gott ist nahe, wie könnte es auch anders sein, wenn er Gott ist. Wir sind ferne. Und darum ist Versöhnung mit Gott, daß wir Gott nahe gebracht, ihm zugewendet werden. Apg 17,27f: »Er ist nicht ferne von einem jeden unter uns. Denn in ihm leben, weben und sind wir«.

Ist Sünde also Existenz außerhalb der Gegenwart Gottes, so ist Versöhnung Existenz in der Gegenwart. Und daher ist das Geschehen Versöhnung, das Versöhntwerden, die Rechtfertigung, die Sündenvergebung, Einkehr in die Gegenwart Gottes.

Zum Schluß noch ein hermeneutischer Wink: Die Gegenwart ist also die theologische Zeit. Darum ist alle Zukunft von der Gegenwart Gottes her auszulegen, auch z.B. die Parusie Jesu Christi. Die wahre Parusie Jesu Christi ist die Auferstehung, also das Gegenwärtigsein des Menschen, des gekreuzigten Jesus, also jenes Menschen, der rein in der Gegenwart Gottes existierte und der selbst ganz gegenwärtig zu Gott war. Gegen-

132

wart also, mit dem alten sakramental-theologischen Begriff Realpräsenz, ist das Leitwort alles Folgenden.

[Jesus Christus als Sakrament der Kirche]
4. Zwei der vier genannten kirchlichen Handlungen bezeichnet man als Sakramente. Ich wollte auf den Sakraments-Begriff kurz eingehen, lasse das jetzt aber, da wir eine Woche verloren haben. Ich verstehe grundsätzlich Jesus Christus selbst als das eine Sakrament der Kirche. Und daraus ergibt sich auch das Wesen des Sakraments: Jesus Christus ist die Wirklichkeit der Versöhnung, die Wirklichkeit des wahren Menschen, er ist der Mensch, bei dem Gott gegenwärtig ist und der Gott gegenwärtig ist. Und diese Wirklichkeit vergegenwärtigt sich dem Menschen in der Predigt, dem Abendmahl, der Taufe, dem Gebet. Sie alle kann man als sakramentale Handlung bezeichnen, d.h. als solche, in denen das Sakrament Jesus Christus gegenwärtig wird. Die wahre sakramentale Handlung ist der Glaube als die Hinnahme des Für-uns-Seins Jesu Christi. Er verdichtet sich in den vier sakramentalen Handlungen.

Wichtig ist noch der Hinweis auf einen sehr abundanten Gebrauch des Sakraments-Begriffs, nämlich etwa eine sakramentale Welterfahrung, also eine |81 kosmologische Entschränkung des Sakraments-Begriffs. Vor einigen Jahren erschien ein katholisches Lexikon »Sacramentum mundi«.[1] Heute z.B. Matthew Fox,[2] vor allem der Liebesakt als Sakrament. Ich möchte hier sehr warnen, weil hier notwendige Differenzierungen übersehen werden. Es ist gewiß richtig, wenn wir heute uns darum bemühen, auch die Schöpfung, auch uns selbst als Geschöpfe der Liebe Gottes wahrzunehmen. Das geht aber nur, wenn wir sehen, daß theologisch das Denken nur ist, wenn alles Menschliche unter dem Aspekt der Sünde und der Versöhnung betrachtet wird. Und Jesus Christus steht als Versöhner des Sünders. Und hier wurzeln alle theologischen Aussagen: Das Sein Jesu ist das Versöhntsein. Darauf präzis beziehen wir auch den Sakraments-Begriff. Daß Versöhnung mit Gott ein neues Verhältnis zu uns selbst, zu den Menschen, zur Welt und Schöpfung eröffnet, das ist klar. Aber um der Sauberkeit der Sprache der Theologie willen differenzieren wir hier zwischen einem Sakrament [und] Jesus Christus als Versöhnung des Sünders mit Gott.

1 Karl Rahner (Hg.), Sacramentum Mundi. Theologisches Lexikon für die Praxis, Freiburg 1968/69.
2 Vgl. Matthew Fox, We! Wee All the Way Home: A Guide to a Sensual, Prophetic Spirituality, Inner Traditions International, Rochester (Vermont) 1981.

§ 11: DAS ABENDMAHL

a) Offensichtlich hat Jesus mit seinen Jüngern vor seiner Hinrichtung ein Mahl gehalten; und die urchristliche Mahlfeier steht sicher mit diesem letzten Mahl Jesu in Verbindung. Ob dieses Mahl Jesu wirklich ein Passamahl war, ist dagegen nicht so sicher – und für alle diese Fragen verweise ich Sie auf die Literatur, besonders die Jesus-Bücher. Wohl aber dürfte es sich bei diesem Mahl in irgendeiner Weise um ein eschatologisches Mahl handeln, sofern Jesus im Zusammenhang mit seinem Tod die Offenbarung des Reiches Gottes erwartet. Jesu Mahl mit den Jüngern wird also in einer hochgespannten Erwartung der Nähe, der Gegenwart Gottes gefeiert – das ist theologisch sehr wichtig.

Wie 1 Kor 11,23ff zeigt, das ist ein sehr alter Beleg, vgl. 1 Kor 10,16f, wird offenbar schon sehr früh in der Gemeinde ein Herrenmahl (κυρι-ακὸν δεῖπνον 1 Kor 11,20) gefeiert. Paulus zitiert das als etwas Selbstverständliches, und zwar so, daß er sich auf eine Paradosis bezieht, die er den Korinthern weitergegeben hat. Das ist nun sehr interessant: Offenbar gehört es zum missionarischen Wirken des Apostels, diese Paradosis weiterzugeben und also die Feier des Herrenmahls in den neuen Gemeinden einzurichten. D.h.: Versteht man mit Paulus das apostolische Amt als διακονία τῆς καταλλαγῆς (*Dienst der Versöhnung*; 2 Kor 5,18), so ist offenbar das παραδιδόναι (*überliefern*) der Mahlfeier ein Teil dieser διακονία. Das scheint mir von großer theologischer Bedeutung zu sein: Die διακονία τῆς καταλλαγῆς ist das eigentliche Handeln der Kirche, also der λόγος τῆς καταλλαγῆς (*Wort der Versöhnung*), und das Abendmahl ist ein Element dieses Handelns. Das zu betonen, scheint mir sehr wichtig zu sein angesichts einer Verabsolutierung des Abendmahls, | 82 zugleich auch einer Isolierung in der Kirchengeschichte, einer Sakramentalisierung und Mystifizierung, die ganz sicher der ursprünglichen Verkündigung nicht entspricht. Es ist gewiß auch kein Zufall, daß Paulus eher zufällig auf das Abendmahl zu sprechen kommt, nämlich aus Anlaß von Mißbräuchen, die sich in der Gemeinde eingestellt haben. Und, das ist nun hochinteressant, er kommt ausführlich aufs Abendmahl zu sprechen, um an diesem christologischen Kriterium die Mißbräuche in der Gemeinde zu beurteilen.

Paulus ist also Zeuge für eine Mahlfeier schon in der ältesten Gemeinde; das zeigt nicht nur 1 Kor 10 und 11 – die paulinischen Briefe gehören ja schon literarisch zu den ältesten Texten des Neuen Testaments; sondern das zeigt vor allem auch die παράδοσις, also die Berufung auf eine Tradition. Diese Tradition wird nun so begründet, daß Paulus sagt: Ich habe vom Herrn empfangen. Ich habe über den theologischen Sinn der Einsetzungsworte gesprochen. Wenn Paulus sagt: Ich habe vom Herrn empfangen, so ist damit wohl nicht an den historischen Jesus gedacht, sondern an den Auferstandenen. Das heißt theologisch: Im Herrenmahl, das die Gemeinde feiert, vergegenwärtigt der Gekreuzigte, also der Mensch Jesus, sich selbst. Auferstehung ist die Selbstvergegenwärtigung des Menschen Jesus in der feiernden Gemeinde. Es ist nun sicher, daß diese Abendmahlstheologie in die Ausformung vom letzten Mahl Jesu in den Synoptikern gestalterisch eingedrungen ist. Die Synoptiker erzählen von einem letzten Mahl Jesu, und an dessen Historizität brauchen wir nicht zu zweifeln. Aber die Erzählungen von diesem letzten Mahl sind christologisch, also nachösterlich stilisiert.

Wir können die Klimax, von der ich im vorigen Paragraphen sprach, jetzt so zusammenfassen: Jesu letztes Mahl war ein eschatologisches Mahl insofern, als er mit seinen Jüngern zusammenkam, in der Erwartung der endgültigen Offenbarung des Reiches Gottes, also der Nähe und Gegenwart Gottes. In seinem letzten Mahl sehen wir Jesus als Menschen in einem extrem verdichteten Gottesverhältnis, in der Gegenwart Gottes. Durch den Tod Jesu am Kreuz und im Zusammenhang damit ereignet sich bei den Glaubenden nun eine fundamentale Kehre, Wende, μετάνοια, es entsteht der Glaube, und der Glaube ist selbst eine Verwandlung des Verständnisses der Nähe Gottes. Die von Jesus erwartete Parusie des Reiches Gottes, also der Gegenwart Gottes, wird im Glauben überboten durch die Erfahrung der Nähe, der Gegenwart Jesu nach seinem Tod. Die Gegenwart Gottes ereignet sich so, daß Gott den Menschen Jesus, der in absoluter Gottesgegenwart gelebt hat und gestorben ist, auferweckt und ihn den Glaubenden als Sakrament der Gegenwart der Menschen bei Gott und Gottes bei den Menschen vergegenwärtigt. Und dies feiert die Gemeinde im Herrenmahl. Und diese Glaubenstheologie hat |83 nun dazu geführt, daß die Mahlerzählungen selbst schon durch den Glauben, also christologisch stilisiert sind.

Wir müssen uns nun hier noch einen wesentlichen Gesichtspunkt verdeutlichen, der vor allem für uns evangelische Christen wichtig ist. Wir klären, und das mit Recht, unsere theologischen und Glaubens-Fragen mit Hilfe der Schrift. Denn für nichts anderes haben wir sie – die Schrift haben wir ja, schlicht gesagt, als Buch zur Hilfe unseres eigenen Lebens und Glaubens. Aber wir müssen hier nun historisch klar sehen, und das ist theologisch und für den Glauben von höchster Bedeutung: Das Abendmahl feiern wir nicht, weil es die Schrift bezeugt; die Institution der Abendmahlsfeier geht vielmehr direkt als Tradition auf die urchristliche Mahlfeier zurück, also auf eine Zeit, da es zwar einzelne Schriften,

aber die Schrift als Kanon noch gar nicht gab. Ja, wie die Abendmahls-
texte des Neuen Testamentes zeigen, ist offensichtlich die Feier des Herrenmahls zu einem Kristallisationspunkt für die Glaubensreflexion und
die Theologie geworden, wie es 1 Kor 11 zeigt, wo ja nicht eigentlich das
Abendmahl thematisch ist, sondern das Wesen der Kirche, der Gemeinschaft der Glaubenden, das nun Paulus mit Rekurs auf die Feier des
Abendmahls christologisch klärt. Die heilige Schrift dient uns theologisch also zur Klärung des Wesens des Abendmahls. Aber sie ist nicht
der Grund unserer Abendmahlsfeiern – das gilt ebenso für den Gottesdienst und Taufe und Gebet. Die gottesdienstliche Feier steht vielmehr
in unmittelbarer Tradition des urchristlichen Gottesdienstes, also der
Feier des Für-uns-Sein Gottes in Jesus Christus. Und wir können sagen,
um den Gottesdienst, um die Feier des Christus, um diese rezeptive passive Aktivität des Glaubens herum ist die Theologie entstanden und auf
sie muß sie sich immer beziehen.

b) Es gibt eine Theologie des Abendmahls nur als Christologie. Wo immer man sich das klar macht, wird die Theologie des Abendmahls von
viel Überflüssigem und Irrigem gereinigt.
    Für das Folgende orientiere ich mich nun
    a) an 1 Kor 11, habe dabei aber immer die Synoptiker parat;
    b) an der liturgischen Abendmahlsfeier, etwa die griechische Liturgie,
der Messe und evangelischen Abendmahlsformularen;
    c) an der reformatorischen Sakraments-Theologie, besonders an Lu-
ther in seiner doppelten Front gegen das römisch-katholische Verständnis der Eucharistie und gegen die schwärmerische und ober-
deutsche, sprich vor allem Zwinglische Abendmahls-Theologie.

Ich sage Orientierung, d.h. ich weise Sie auf die Hintergründe hin, ohne
auch nur ansatzweise stofflich ausbreiten zu können. Blickt man auf alle
genannten Textbereiche, so ist eines extra controversiam: Das Abendmahl wird gefeiert, indem Brot gebrochen und gegessen und Wein ge-
trunken wird, und zwar nachdem über die sogenannten Elemente die
Einsetzungsworte gesprochen werden. Es herrscht nun, besonders heute, das Mißverständnis, als werde durch die Materie Brot und Wein das
bloße Wort überboten, konkretisiert, sinnlich gemacht. Ganz abgesehen
davon, daß man sich fragen kann, | 84 was, jedenfalls wenn man an die
heutige gebräuchliche Abendmahlsfeier [denkt], an dem Stückchen meist
recht faden Brotes und dem Schlückchen Wein besonders sinnlich und
konkret sein soll, so beruht diese Annahme überhaupt auf einer erbärm-
lichen Philosophie, einen nicht einmal besonders originellen Materialis-

mus, und vor allem auf einer grotesken Fehleinschätzung des ontologischen Ranges der Sprache. (Ich verweise Sie nur auf Mt 4,4 und den hochtheologischen Kontext der Versuchungsgeschichte.)

Da ich das nun nicht, wie ich gerne möchte, ausführlich sachlich und mit dem gehörigen Sarkasmus abhandeln kann, greife ich auf ein klassisches Modell der Interpretation zurück. In dem Traktat zum Johannesevangelium 80,3 sagt Augustin von der Taufe: »Nimm das Wort weg, was ist dann das Wasser anderes als Wasser? Es tritt das Wort zum Element, und es entsteht das Sakrament.« (Vgl. Thomas von Aquin, S.th. III; 60,6, der der Frage einen ganzen Artikel widmet.) Hinter dieser Formulierung steht ein Schema aus der aristotelischen Philosophie, speziell der Metaphysik. Nach diesem Schema werden Element und Wort aufeinander bezogen wie ὕλη (*Materie*) und μορφή (*Form*) oder εἶδος (*Bild*), materia und forma. In diesem Schema ist klar, daß die forma das ontologisch Höherrangige ist, indem die Form der Materie ihre Gestalt gibt und sie so erst aus der Potentialität in die Aktualität erhebt und ihr οὐσία (*Sein*) gibt, d.h. die Materie ins Sein erhebt. Diese formende Kraft wird nun, ohne jede Beziehung auf Aristoteles – seine philosophische Terminologie erweist sich hier als interpretatorisch hilfreich – vor allem in der Bibel dem Wort Gottes zugesprochen, das alles, was ist, ins Sein ruft und sogar Mensch wird. Für das Sakrament ergibt sich daraus eine klare Definition. Durch das Wort, das Einsetzungswort, den sogenannten Terminus, wird das Element in einer ganz bestimmten Hinsicht definiert, terminiert: Im Abendmahl werden die Elemente verbunden mit der Gegenwart Christi, und zwar durch das Wort. Die Einsetzungsworte haben also nicht den Sinn zu dokumentieren, daß Jesus einst das Abendmahl (entsprechend Taufe) eingesetzt hat. Sie haben vielmehr den theologischen Sinn, Brot und Wein zu Trägern der Präsenz Jesu Christi zu machen, also die Elemente selbst zum Sprechen zu bringen. So wie die Schöpfung, die durch das Wort geschaffen ist, selbst zur Verkündigung des Schöpfers wird – aber nur, wenn das Wort diese Verkündigung sozusagen freisetzt, so auch im Sakrament. (Eichendorffs Gedicht: »Schläft ein Lied in allen Dingen, die da träumen fort und fort, und die Welt hebt an zu singen, triffst du nur das Zauberwort.«[1]) Gegen die römisch-katholische Lehre von der Transsubstantiation (4. Lateranense 1215), nach welcher durch die Einsetzungsworte Brot und Wein in Leib und Blut Christi verwandelt werden, ist zu sagen: Die Gegenwart Jesu

---

[1] J. Fr. v. Eichendorf, Wünschelrute, z.B. in: Das große deutsche Gedichtbuch, hg. v. K. O. Conrady, Königstein, 2. Aufl. 1978, 382.

Christi vermittelt sich durch das Wort. Brot und Wein werden Träger der Gegenwart Christi (Konsekration). Die Frage also ist, welchen Sinn die Elemente haben, die ja nichts anderes als das Wort sagen. Da wir es im Glauben an Jesus Christus ja mit der Gegenwart seiner Person, seines wahren Menschseins als Existenz, nicht mit seiner bloßen abstrakten Physis zu tun haben, so kann diese Gegenwart, soll sie konkret und real sein, nur sprachlich im Wort stattfinden. Diese Sprache, das Wort, erweckt alle Dinge aus ihrer Stummheit zum Sprechen, so auch die Elemente.

Ich möchte nun den theologischen und ontologischen Rang der Einsetzungsworte durch einen Hinweis auf gegenwärtige Entwicklungen des Abendmahlsverständnisses klar machen, ich habe darauf schon kurz rekurriert. Eine Kosmologie und zugleich spiritualistische Auflösung des Sakraments argumentiert etwa so: Brot und Wein sind archaische Elemente und Symbole des elementar Lebensnotwendigen, Gottes sakramentale Gabe an den Menschen, die es neu zu entdecken, zu würdigen und zu feiern gilt, also als sacramentum mundi (*Sakrament der Welt*): Ehrfurcht und dankbarer Empfang der Schöpfung durch den Menschen. Nun ist es nicht meine Absicht, dagegen als Gedanke überhaupt zu polemisieren, im Gegenteil, wenn man sieht, wie viel Brot weggeworfen und wie viel Wein zu keinem anderen Zweck als der | 85 Alkoholisierung getrunken wird, so ist eine Besinnung auf die Würde von Brot und Wein durchaus wünschbar. Aber solche Auslegung tritt ja auf als Auslegung, also als Definition, Terminierung des Abendmahls, und als solche ist sie eben Unfug. Und dieser Unfug entsteht eben aus der Umkehr der Seinsordnung, nämlich der modernen ontologischen Überordnung der Materie über die Form, des Elements über das Wort. Um es nun zuzuspitzen: Wir haben die Materie, und geben ihr eine Deutung, eine Form, eben eine materialistische Spiritualisierung. Diese Interpretation ist nun eine Aufhebung derjenigen Interpretation, die in den Einsetzungs-Worten vorliegt. D.h. solche spiritualistische Interpretation zerteilt die Einheit von Einsetzungs-Worten und Elementen, von Form und Element, sie betrachtet das Abendmahl mit Einsetzungs-Worten und Elementen nicht als Einheit; vielmehr, in der materialistischen Überschätzung der Elemente gegenüber dem Wort, rezipiert sie die Elemente, gibt ihnen aber eine neue Interpretation.

Hierbei ist nun zweierlei sehr wichtig: Trotz der Überschätzung der Elemente, trotz der Betonung also des Sinnlichen, scheinbar Konkreten, Bildhaften, Ausdrucksstarken muß eben dies durch eine neue Interpretation sichergestellt werden. D.h., daß Element, Sinnlichkeit, Bild, Anschauung dem Wort, der Sprache überlegen sind, das muß immer wieder gesagt werden, mit Worten, und so zeigt sich gegen die Absicht der ontologische Rang der Sprache. Und das Zweite: Löst man die Einheit von Einsetzungs-Wort und Element auf, und die Einheit besteht ja in der klaren Aussage, daß Jesus Christus als Gottes Für-Sein für den Sünder präsent ist, so geht eine ganze Dimension der Wirklichkeit unseres eigenen Lebens verloren, nämlich die Erfahrung unseres Sünderseins vor Gott und die Versöhnung mit Gott. D.h., jene Interpretationen spiegeln den modernen Zeitgeist exakt wider, der das Sein des Menschen als Sünder ausblendet, diese Rede historisiert und gerade deshalb nichts mehr wirklich Gutes und Wahres und Hilfreiches über den heutigen Menschen und die heutige Welt zu sagen weiß. Also die Anpassung an den Zeitgeist entspricht der Blindheit des Zeitgeistes für die Wirklichkeit.

Demgegenüber, zugespitzt, im Sakrament: Da ist ein Wort, nämlich Jesus Christus als Wort Gottes, das den Sündern sein Für-uns-Sein zuspricht und dazu auf Brot und Wein hinweist. D.h.: Die Einsetzungsworte sind notwendig, weil das Abendmahl eben nicht alles und darum gar nichts bedeutet, sondern etwas sehr Genaues und sehr Präzises: nämlich die Gegenwart des Versöhners bei den Sündern. Das ist nun schlechterdings als Bedeutung aus Brot und Wein nicht abzuleiten, das muß zu Brot und Wein hinzutreten, accedere, und es tritt hinzu als er selbst, als Jesus Christus, als Person in seinem Wort.

Der Kontext, in dem die Feier des Herrenmahls bei Paulus erscheint, gibt einen ganz entsprechenden Hinweis: Offenbar ist das mit dem Herrenmahl verbundene Liebesmahl verkommen, und mit Hilfe des Herrenmahls ruft Paulus die Gemeinde zurück zum gemeinsamen Liebesmahl. Wenn nun also klar ist, daß das Abendmahl Feier der Gegenwart des auferstandenen Menschen Jesus Christus ist und die Feier des Für-uns-Seins dieses Menschen, und wenn es weiter klar ist, daß dies ohne das sogenannte Einsetzungswort nicht ist, dann stellt sich die Frage: Warum dann überhaupt die Elemente, wenn doch alles am Wort als der Gegenwart der Person liegt? Wenn doch theologisch, ontologisch und gnoseologisch die Elemente gegenüber dem Wort so unterlegen sind – was sollen sie dann überhaupt? Diese Unterlegenheit der Elemente, der Materie, kommt übrigens gerade im modernen Denken zum Vorschein, in dem gegenüber dem Wort die Materie, das Sinnliche, Konkrete, Bildhafte so hervorgehoben wird: Man muß es immer wieder sagen, aussprechen, ja betonen und beschwören, daß das Nonverbale dem Verbalen so überlegen ist, und bestätigt so die ontologische Überlegenheit des Wortes. D.h. die Frage nach dem Sinn der Elemente Brot und Wein kann überhaupt nicht aus dem Gegensatz zum Wort heraus geklärt werden, sondern nur im Zusammenhang mit dem Wort; die Elemente selbst als

Wort, die etwas zusprechen, sagen und in diesem Sinn symbolisieren. Im Rahmen dessen nun gewinnen die Elemente einen klaren und präzisen Sinn. Im Abendmahl, das zeigen die Einsetzungs-Worte, spricht sich der Mensch Jesus Christus den Menschen zu: für euch. |86 Das Menschsein Jesu Christi wird auf die Todessituation konzentriert, nicht im Sinn eines Sühnetodes, sondern daß sich in seinem Tod sein wahres Menschsein vollendet; Jesus ist bis in den Tod ganz und gar Gott hingegeben, ganz und gar Gottesgegenwart, und dieses Sein Jesu Christi ist sein Sein für uns. Im Abendmahl wird es eigens gefeiert. Soma (*Leib*), 1 Kor 11,24, meint nach neutestamentlichem Sprachgebrauch nicht σάρξ (*Fleisch*), sondern Soma ist die Person als konkrete Beziehung zu Gott, Mensch und Welt. Wenn Jesus sagt, das ist mein Soma, so sagt er: Das ist meine Person, für euch gegeben. Durch die Nennung des αἷμα (*Blut*) entsteht ja eine Inkonzinnität, eine Disharmonie, sofern ja Soma das Blut einschließt. Σῶμα (*Leib*) und αἷμα sind nicht gleichrangig, und doch ergibt sich eine klare theologische Aussage. Wie bei σῶμα nicht an σάρξ gedacht ist, an die Substanz Fleisch, sondern an die Person Jesu, so ist bei αἷμα nicht an die Substanz Blut gedacht, sondern an den Tod dieser Person am Kreuz. Was sollte das auch für einen Sinn haben, an bloße Substanzen zu denken. D.h., das, was für uns ist, ist der Mensch in seiner irdisch-leiblichen Existenz, das ist klar, als Person, die stirbt und bis in den Tod den Gehorsam bewahrt, Phil 2,8. Diese Person nun wird im Glauben gegenwärtig geglaubt als für uns, und das geschieht im Wort der Verkündigung, λόγος τοῦ σταυροῦ und καταλλαγῆς (*Wort vom Kreuz und von der Versöhnung*), im Glauben an den Auferstandenen, den Erhöhten, den der παράκλητος (*Paraklet*, i.e. der Heilige Geist) vergegenwärtigt, und eben auch im Abendmahl. Und es sind die Abendmahlsworte, in denen Jesus Christus uns gegenwärtig wird. Luther sagt in diesem Zusammenhang: »Das Wort – also die Einsetzungsworte – bringt mit sich alles, was es deutet, nämlich Christum mit seinem Fleisch und Blut und alles, was er ist und hat.« (WA 11;433,24, Vom Anbeten des Sakraments des heiligen Leichnams Christi, 1523) In den Worten wird er selbst als wahrer Mensch für uns – das sagt: »bringt mit sich« – gegenwärtig.

Die Elemente nun können nur verstanden werden als Aussage dieses Für-uns-Seins der Person Jesu Christi. Sie können nicht die Materie von Fleisch und Blut bedeuten, weil, wie wir sahen, σῶμα und αἷμα ja auch nicht das meinen. Sie meinen ja Jesu Christi Leben und Tod, also seine Person, seine Person als wirkliche, echte, geschichtliche, menschliche Existenz. Damit ist auch völlig ausgeschlossen, daß die Worte bloß die

Elemente oder die Handlungen des Brotbrechens, des Essens und Trin-
kens deuten, also gleichsam sekundär zum Eigentlichen des Handelns
und der Elemente hinzutreten. Das würde ja bedeuten, daß das Eigentliche des Sakraments eben doch im Materiellen, in den Elementen und
dem, was wir mit ihnen machen, liegt. Aber das Wesentliche des Sakra-
mentes erscheint im Wort, weil eine Person im Wort, nicht in ihrer phy-
sischen Substanz erscheint. Dem entspricht ja, daß als wahrer Empfang
des Sakraments, als Genuß des Sakraments, der Glaube, also ein perso-
naler Vorgang gilt. Was das Abendmahl bewirkt und ihm entspricht, ist
der Glaube. Und Glaube, das habe ich immer wiederholt, ist eine Le-
bensform, kein theoretischer Akt, sondern existentieller Vollzug, in den
somatischen Vorgängen des Lebens. Dieser Glaube bezieht sich nicht
auf die Gegenwart von so etwas Abstraktem wie Fleisch und Blut, | 87
sondern auf die Gegenwart der Person Jesu Christi als Gottes Für-uns-
Sein. Die in Christus, als Person Jesus Christus wirklich gewordene Versöhnung mit Gott, Rechtfertigung, Vergebung der Sünden – das ist es,
was im Abendmahl gegenwärtig wird. »Wer ein böses Gewissen hat von
Sünden«, so Luther, »der soll zum Sakrament gehen und Trost holen,
nicht am Brot und Wein, nicht am Leib und Blut Christi, sondern am
Wort, das im Sakrament mir den Leib und Blut Christi (also das wahre
wirkliche Menschsein Jesu Christi) als für mich geschehen und vergossen
darbietet, schenkt und gibt« (WA 18;204,2–8, Wider die himmlischen
Propheten, von den Bildern und Sakramenten, 1525). Damit ist also klar
gesagt, daß Brot und Wein innerhalb der Einsetzungsworte zum Sprechen kommen. Und sie sagen nichts über das Wort hinaus, aber sie können, was das Wort sagt, verdichten, und sie können zeigen, daß im Zu-
sammenklang, in der Konsonanz mit dem Wort alle Dinge mitsprechen
können.

Und so sagen die Elemente ein Doppeltes: Wie Brot und Wein dem
Leben dienen zur Ernährung, so dient Jesus Christus als Person unserem
Glauben, indem er ihn bewirkt und erhält. Indem wir essen und trinken,
wird das Wesen des Wortes Gottes klar: Das Wort Gottes belehrt uns
nicht, gebietet uns nicht, ist nicht Theorie und Anweisung – so wenig
Brot und Wein so etwas sind. So wie man Brot empfängt und genießt, so
empfängt und genießt der Sünder Gottes in Christus gewährte Versöhnung. Die Elemente also heben einen gerade im modernen Sprachver-
ständnis oft vergessenen Zug der Sprache hervor: nämlich, daß sie eine
Wirklichkeit darbietet, exhibitiv und performativ ist, nicht bloß postula-
tiv oder signifikativ. Wenn wir also beim Abendmahl Hören und Schmecken nicht trennen, beides ist ja sinnlich, sondern, wie es sich gehört, als
Einheit betreiben, so zeigt sich, daß wir hörend und schmeckend in der

realen Gegenwart Jesu Christi verweilen, und zwar ganz und gar emp-
fangend.

Wir essen und trinken im Abendmahl Brot und Wein, und in und mit
diesem Essen und Trinken empfangen wir die Wirklichkeit des
Menschseins Jesu Christi im Glauben. Wir empfangen im Abendmahl
nicht eine Theorie, eine Lehre, sondern Jesu Christi Versöhnung, Gerechtigkeit, Vergebung der Sünde für uns. Und sodann sind Essen und
Trinken Ur-Phänomene der Gemeinschaft. Im Mahl feiern wir die Gemeinschaft, die Jesus Christus selbst mit sich und unter uns einander
stiftet. Aber so wenig die Gäste der Abendmahlsfeier sich gegenseitig
anfassen, so wenig essen sie das Fleisch Christi und trinken sie sein Blut –
das ist ja gerade nicht Realpräsenz. Aber, wie Luther immer sagt: an und
bei dem unverwandelten Brot und Wein ist Jesus Christus im Wort real
präsent, ist der auferstandene Gekreuzigte gegenwärtig.

Ich versuche nun, diese dogmatische Aussage noch durch einige Punkte
zu komplettieren:

1) Die Diskussion um die Abendmahlsworte ist auf seltsame Weise
fixiert auf die Sätze: Das ist mein Leib – das ist mein Blut oder ähnliches.
Daran sind dann all die metaphysischen Spekulationen entstanden über
Brot und Wein. 1215, Transsubstantiationslehre. Aber die Einsetzungs-
Worte lauten: Das ist mein Leib, für dich gegeben; mein Blut, für dich
vergossen. Das heißt, es geht nicht um Substanzfragen, sondern um die
Beziehung des Lebens Jesu Christi für uns. Es ist eine ungeheure Entde-
ckung gewesen, die Luther machte, als er dies erkannte, nämlich [daß]
das Für-uns-Sein Jesu Christi als Person der Gegenstand des Abendmahls ist. Ohne Zweifel ist er damit wieder auf den ursprünglichen Sinn
zurück- | 88 gekommen.

Was wir im Abendmahl empfangen, sind nicht Elemente, sondern
unsere Rechtfertigung, Gerechtigkeit als Person Jesu Christi. Diese empfangen wir im Glauben, als Glauben, indem wir die Einsetzungs-Worte
hören und gemeinsam Brot und Wein essen. D.h. im Abendmahl wird
uns etwas zugesprochen (promissio, verba *testamenti*), nämlich die Versöhnung mit Gott. Das Wesentliche beim Abendmahl sind das Hören
und Schmecken, also das Hinnehmen des Für-uns-Seins Jesu Christi.
Sehr wichtig ist 1 Kor 11,26, ein Satz, der wohl nicht mehr zur Paradosis
gehört, sondern eine paulinische theologische Interpretation ist. Dort
wird gesagt, daß

a) das Wesentliche im Abendmahl das Essen und Trinken ist, also das
Hinnehmen und Empfangen. Und

b) wird diese Handlung gedeutet als Verkündigung des Todes Jesu Christi (καταγγέλλειν).

Nun ist der Tod als solcher natürlich Verkündigungsgegenstand. Was ὁ θάνατος τοῦ κυρίου heißt, das ergibt sich eindeutig aus der paulinischen Theologie: die von Gott durch Jesus Christus gestiftete Versöhnung zwischen sich und den Menschen. Man kann gar nicht besser sagen, was das Abendmahl ist: Indem wir essen und trinken, verkündigen wir uns selbst und der Welt das göttliche Sakrament des ὑπὲρ ἡμῶν. (Noch zu erwähnen: Bis daß er kommt μαρὰν ἀθά, Did 10,6 vgl. 1 Kor 16,22.)

2) Daraus ergibt sich, daß das Abendmahl auf keinen Fall ein Opfer ist, das wir oder die Kirche Gott darbringen; diese Interpretation ist selbst dann ausgeschlossen, wenn wir dieses Opfer in der Christologie begründen, also etwa sagen, daß die Kirche im Abendmahl Christi Selbstopfer gegen Gott unblutig wiederholt. Im Abendmahl sind wir vielmehr Empfangende der Gegenwart Jesu Christi, dieses Empfangen ist der Glaube, und der Glaube ist die denkbar größte Intensivierung und Konkretisierung unserer Existenz. Da wir immer ja zur Trägheit neigen – sie ist ja auch eine Manifestation der Sünde –, so sind wir immer wieder geneigt, große Intensivierungen unseres Lebens zu vermeiden, und das tun wir, indem wir uns in Aktivitäten stürzen und ins Engagement flüchten und alles irgendwie wieder in Aktionen uminterpretieren. Aber das Abendmahl wird nur wahr, wenn wir unser Leben so intensivieren, daß wir im Glauben Jesus Christus als unsere Gerechtigkeit empfangen. Zur These, daß der Glaube, das Empfangen, die Rezeption, unendlich viel intensiver ist als Aktionen: Das kann man sehen an der Anstrengung, die das Zuhören kostet, das Sehen, das geduldige und genaue Rezipieren eines Gedankens usw. Der sinnlose moderne Aktivismus, Mobilität, workaholic ist ein schreckliches Zeichen von Trägheit, von Unfähigkeit zu echter Anspannung, Intensität. Man kann sich das z.B. auch klarmachen an der Erfahrung, wie viel Mühe, Energie es fordert, sich beim Beten zu konzentrieren und zu sammeln. –

3) Daraus wiederum folgt etwas Wesentliches für das Verständnis des würdigen Essens von Brot und Wein (1 Kor 11,27). In Korinth zeigt sich die Unwürdigkeit eben daran, daß beim vorangehenden Mahl Unordnung herrscht, d.h.: die Esser denken nur an sich (Frömmigkeitsge-

schichte). Unwürdig ist, wer im Abendmahl nicht rein Empfangender ist. Ich zitierte Luthers Satz[1] ... Ein würdiger Abendmahlsgast ist also der Sünder, der nach Vergebung der Sünde, nach Gerechtigkeit und Versöhnung schreit und sucht und sie [im] Abendmahl empfangen will. Würdig ist also der Sünder, der weiß, daß sein Leben Jesus Christus ist. Im Abendmahl begegnet uns nichts Magisches, demgegenüber man sich erst selbst reinigen muß. Sondern im Abendmahl begegnet uns Gott selbst als wahrer Mensch, der für uns dieser wahre Mensch Jesus Christus ist. Und wenn wir das zulassen, erkennen, dazu Ja sagen, also glauben, dann sind wir würdig. Wir sind also würdig, wenn wir uns ganz und gar als unwürdige Sünder bekennen.

4) Realpräsenz – Gegenwart Jesu Christi – ist demnach das Wesen des Abendmahls. Unter 2) habe ich das Verständnis des Abendmahls als Opfer als eine unhaltbare Interpretation bezeichnet – selbst mit allen Kautelen. Damit ist natürlich die römische Messe und eucharistische Theologie gemeint. Nun ist zu sagen, daß natürlich auch sie die Realpräsenz nicht leugnet; aber Realpräsenz sensu stricto schließt den Opfergedanken aus, weil sich in der Gegenwart Jesu Christi alles im Leben in diesem Hinnehmen seiner Gegenwart intensiviert und verdichtet. Im Abendmahl empfangen wir; aber der Empfang, der Glaube, macht unser ganzes Leben zur Hingabe (Opfer) an Gott und den Nächsten.

Aber das Wort Realpräsenz gewinnt in einer anderen Front noch einen zusätzlichen Akzent. Ich exemplifiziere | 89 das kurz an der innerreformatorischen Konstellation. Zunächst nochmals: In der scholastisch-katholischen Theorie war es klar, daß in der Eucharistie der Gottmensch Jesus Christus – dogmatisch gesprochen – präsent war, also nicht bloß der göttliche Logos, sondern der Mensch Jesus, der gelebt hatte und gestorben war. In der oberdeutschen Theologie, besonders Zwingli, entwickelte sich eine Interpretation, nach welcher im Abendmahl nur der Logos gegenwärtig war, während die mit dem Logos vereinte menschliche Natur nicht gegenwärtig ist, weil sie als menschliche Natur begrenzt ist und deshalb nicht überall sein kann, sondern nach der Auferstehung zur Rechten Gottes sitzt und sitzen bleibt. Ich kann dies nun alles nur

---

1 Siehe o. S. 140: »Darum hat der Luther recht gelehrt, daß, wer ein böses Gewissen hat von Sünden, der solle zum Sakrament gehen und Trost holen, nicht am Brot und Wein, nicht am Leibe und Blut Christi, sondern am Wort, das im Sakrament mir den Leib und Blut Christi als für mich geschehen und vergossen darbeut, schenkt und gibt. Ist das nicht klar genug?« (WA 18; 204,2–8; nach MA³ IV, S. 265)

sehr grobschlächtig sagen und nicht ausführen; es handelt sich um heute weithin vergangene, nichtsdestoweniger zentrale Fragen, aber ich muß die philosophischen und sprachlichen Probleme hier umgehen. Es ist nun theologisch in der Tat so, daß mit Zwinglis Theologie die Abendmahlsworte des Neuen Testaments nicht mehr verständlich gemacht werden können; denn wenn Brot und Wein im Zusammenhang mit den Einsetzungs-Worten überhaupt etwas bedeuten sollen, so bedeuten sie, wie ich zu zeigen versuchte, gerade die Vergegenwärtigung des menschgewordenen Gottes, also des Menschen Jesus. Und das ist ja der Sinn der ganzen Christologie: Indem Gott Mensch wird, gibt er uns nicht eine Anweisung, nun auch Menschen zu werden. Vielmehr spricht er dieses sein eigenes Menschsein, das wahre Menschsein, das er als Jesus Christus angenommen hat, allen Menschen zu. Jesus ist insofern nicht Lehrer, Vorbild, exemplum, der uns vormacht und anweist, wie man Mensch wird; er ist vielmehr sacramentum, der von Gott selbst verwirklichte wahre Mensch. Und dieses sacramentum wird uns mitgeteilt in den sakramentalen Aktionen, in Predigt und Gebet empfangen. Die Pointe der Realpräsenz ist also die Gegenwart, gerade die Gegenwart des Menschen Jesus Christus, in dem Gott Mensch war. Es scheint so, daß Zwingli selbst das Problem in den letzten Jahren erkannt hat – seine Abendmahlslehre ist besonders aufgrund der späten Schriften nochmals sorgfältig zu untersuchen.

5) Der Wiederholungsbefehl 1 Kor 11,24.25; vgl. Lk 23,19 spricht vom Gedächtnis: τοῦτο ποιεῖτε εἰς τὴν ἐμὴν ἀνάμνεσιν (*Das tut zu meinem Gedächtnis*). Das ἀναμνῆσαι (*Erinnern*) vollzieht sich also als Essen und Trinken, was vor allem aus 1 Kor 11,25 hervorgeht: ὁσάκις ἐὰν πίνητε (*sooft ihr nun trinkt*). Aber vielleicht auch als Brotbrechen und Danken. Das ἀναμνῆσαι ist also eine Handlung. Das schließt von vornherein aus, daß es sich um ein bloßes Erinnern und Gedenken handelt an das, was einmal geschehen ist – wobei es ja für das Erinnern und Gedenken als solches ja charakteristisch ist, daß das Erinnerte gegenwärtig wird. Aber wenn man die Erinnerung handelnd agiert, so ist das noch mehr. Handelnd setzt sich die feiernde Gemeinde in die Gegenwart Jesu Christi – Gedächtnis ist also Andenken an den anwesenden Jesus Christus, Gedächtnis ist selbst Gegenwart bei dem gegenwärtigen κύριος (*Herrn*). Von daher ist der Begriff Wiederholung zu verstehen: Die feiernde Gemeinde wiederholt nicht einfach genau das, | 90 was die παράδοσις (*Paradosis*, Überlieferung) sagt, denn dann müßte der jetzt Agierende von sich sagen: Das ist sein Leib, sein Blut. Das sagt er aber nicht, sondern er zitiert die ganze Paradosis: »Unser Herr Jesus Christus, in der

Nacht, da er verraten ward, nahm er das Brot ...« Das Abendmahl ist also in diesem Sinn nicht Wiederholung; sondern die Abendmahlshandlung vergegenwärtigt das Einmalige, sie vergegenwärtigt jenen Moment, bzw. sie vergegenwärtigt das Sein des historischen Menschen Jesus Christus für uns. Aber sie vergegenwärtigt das nicht durch Erhebung der historischen Einmaligkeit in eine allgemeine Wahrheit – dafür brauchte man kein Abendmahl. Sondern im Abendmahl wird das historisch Einmalige, nämlich diese Person, präsent. Das ganze Handeln des Abendmahls ist ein das Empfangen Agieren, eine passive Aktion – und genau das meint ἀνάμνησις. Ανάμνησις ist also Andenken in dem Sinn, daß das Denken, der νοῦς, also der Mensch in der Gegenwart des Gegenwärtigen steht. Bedenkt man, daß zwischen Denken und Danken sprachlich enge Verwandtschaft herrscht – echtes Denken ist Danken – so kann man eine Brücke schlagen von ἀνάμνησις zu εὐχαριστία (*Danksagung*).

6) Wir haben es hier in dieser Vorlesung mit der Dogmatik zu tun, also mit der Hermeneutik des Abendmahls; also nicht direkt mit der Liturgie. Anderseits hat die Liturgie dogmatische Bedeutung, und darum abschließend ein dogmatischer Hinweis auf liturgische Elemente der Abendmahlsfeier. Das Kriterium aller Abendmahlsfeier ist die Präsenz Jesu Christi, d.h. die Gegenwart des Heiles selbst, der Versöhnung des Sünders mit Gott. Ich habe immer wieder darauf hingewiesen, daß das Wort, das Kerygma, der Logos τοῦ σταυροῦ, τῆς καταλλαγῆς (*Wort vom Kreuz, der Versöhnung*) die Selbstvergegenwärtigung der Versöhnung ist. D.h. nicht wir vergegenwärtigen erinnernd, nachvollziehend, wiederholend die Versöhnung, sondern in dem Abendmahl und allem gottesdienstlichen Handeln stellen wir uns selbst hinein in die Gegenwart des Heiles. Das Abendmahl und die Taufe sind Elemente der Selbstvergegenwärtigung der Versöhnung im Wort (vgl. H. Bullinger, Confessio Helvetica Posterior von 1562, Kap. 1, dt. Übers. 18[1]). Versöhnung aber, so sahen wir, ist die Kehre vom Unglauben zum Glauben. In unserem Glauben also wird die Versöhnung gegenwärtig und wirklich.

---

[1] H. Bullinger, Das Zweite Helvetische Bekenntnis, ins Dt. übtr. v. W. Hildebrandt (u.a.), Zwingli-Verlag, 4. Aufl., Zürich 1967, S. 18:»Wenn also heute dieses Wort Gottes durch rechtmässig berufene Prediger in der Kirche verkündigt wird, glauben wir, dass Gottes Wort selbst verkündigt und von den Gläubigen vernommen werde ...«

In den Abendmahlsliturgien ist in der überwältigenden Mehrheit aller Beispiele, trotz aller tiefgreifenden theologischen Unterschiede, die Gegenwart Christi und des Heiles *das* Konstitutive aller Feier. Das kann jetzt nicht an der Interpretation der Liturgie selbst dargestellt werden, wohl aber an einem stilistischen, formalen Element, das doch nun sachlich konstitutiv ist: Die Abendmahlsliturgie im engen, also auf die sakramentale Handlung bezogenen, Sinn ist Gebet, also Sprechen zu Gott. Das ergibt zwei entscheidende Winke zum Verständnis des Abendmahls: Erstens ist die Zeit des Gebetes als solche Gegenwart. Beten geschieht |91 in wechselseitiger Gegenwart Gottes und des Beters. Also schon in der Form des liturgischen Sprechens zeigt sich die Realpräsenz als Wesensmerkmal des Abendmahls. Sodann ist Gebet als Sprechen mit Gott wie jedes Sprechen auch unter Menschen Einkehr in die Gegenwart; vielmehr ist Gebet zu Gott eigens Bitte um Vergegenwärtigung Gottes zu den Menschen, der Menschen zu Gott; und im Abendmahl ist diese Bitte gezielt auf die Gegenwart der Versöhnung gerichtet. In der Abendmahlsliturgie wird die ganze Reminiszenz an die Heilsgeschichte, einschließlich der Zitierung der παράδοσις, also der Einsetzungs-Worte, in der Handlung selbst in das Gebet um Gottes und Christi Gegenwart eingebettet. Die Hermeneutik für das Gebet, das man in der katholischen Liturgie als eucharistisches Hochgebet bezeichnet, liegt schlicht in der Präfatio, mit der das Hochgebet beginnt: sursum corda – *gratias* agamus domino deo nostro. Das Abendmahlsgebet ist also Dankgebet, und ich bitte Sie zu bedenken, was ich vorhin über den Dank gesagt habe: Im Dank, wenn er denn als Existential des wahren Menschen verstanden wird, oder als Dank gewinnt der Glaube Form, Gestalt, Leben – Glaube ist Dank. Der Dank existiert als Empfangen, als Hinnehmen der Versöhnung. Der Dank, also der Glaube, tritt nicht etwa zum Empfangen hinzu – das Empfangen ist selbst der Dank – daraus sehen Sie, was ich mit Dank als Existential meine: Dank ist nicht bloß eine höfliche Geste, sondern eine bestimmte, ich könnte sagen alternative Form in der Welt zu sein, zu leben. Im Abendmahl zeigt sich der Dank im Genießen, im Schmecken selbst – der danach dann ausgesprochene Dank interpretiert den existentiellen Akt des Dankens selbst. Versöhnung ist die Verwandlung des Lebens aus einer selbstmächtigen in eine dankende Existenz. Das kann man nun an einem uralten Element der Abendmahlsliturgie sehr schön zeigen, die hier als pars pro toto für die ganze Liturgie erscheint, die sog. invocatio oder Epiklese.

Ich zitiere die Epiklese nach Agende I; Teilabdruck 1969 für die Evangelisch-Lutherische Kirche, S. 70/71:

[»Gelobet seist du, Herr des Himmels und der Erde,
daß du dich über deine Geschöpfe erbarmt
und deinen eingeborenen Sohn in unser Fleisch gesandt hast.
Wir danken dir für die Erlösung, die du bereitet hast
durch das heilige, allgenugsame Opfer seines Leibes und Blutes am
Stamme des Kreuzes.
In seinem Namen und zu seinem Gedächtnis versammelt,
bitten wir dich:
Herr: sende herab auf uns den Heiligen Geist,
heilige und erneuere uns nach Leib und Seele
und gib, daß wir unter diesem Brot und Wein
deines Sohnes wahren Leib und Blut im rechten Glauben zu unserem
Heil empfangen,
da wir jetzt nach seinem Befehl sein eigen Testament also handeln und
brauchen.«]

Hier ist die Epiklese den Einsetzungsworten vorangestellt und Teil eines
Hymnus auf Gott, der sich unser erbarmt. Die Epiklese bittet also darum, daß wir dem entsprechen, was nun gefeiert wird. (Liturgiegeschicht-
lich ist das, wie alles Liturgiegeschichtliche, ein sehr kompliziertes Problem, ich verweise Sie auf das Liturgiebuch; die Kompliziertheit der Liturgie erwächst aus ihrer ständigen Entwicklung. Notwendig zur Feier
des Abendmahls ist nur weniges: Brot und Wein, auch natürlich die nöti-
gen Geschirre, das Aussprechen der Einsetzungs-Worte und das Kom-
munizieren, d.h. das Schmecken. Insofern ist die Epiklese nicht notwendig. Aber wie für jedes Mahl ist es auch für das Abendmahl angemessen,
eine bestimmte Form zu haben.) Die Epiklese ist zugleich ein Beispiel
für die dogmatischen Kontroversen bzgl. des Abendmahls. Sie ist
höchstwahrscheinlich sehr früh entstanden, schon Irenäus bezeugt sie,[1]
und sie ist ursprünglich eine Bitte um [die] Herabkunft des Heiligen
Geistes auf die Kommunikanten. Sie wird ursprünglich auch nach dem
Aussprechen der |92 Einsetzungs-Worte gesprochen worden sein. Das
besagt: Zuerst wurde bei der Feier die Paradosis zitiert und dadurch war
klar, daß über Brot und Wein nun die Gegenwart Jesu Christi bezeichnet
war. Und nun, darauf habe ich unablässig hingewiesen, kommt alles darauf an, daß die Gemeinde, also die Kommunikanten, dieser Gegenwart
existentiell entsprechen. (Stellt man die Epiklese nach den Einsetzungs-

---

1 Vgl. z.B. indirekt Irenäus, adv. haer. I; 13,2 (gg mark. mag.).

Worten, so ist damit keine andere Interpretation der Epiklese verbunden.) Diese Entsprechung ist der Glaube. Die Christen wissen, daß der Glaube die Wirkung der Versöhnung ist, ihr Empfang. Der Glaube wird bewirkt, aber nicht durch einen subjektiven Akt des Menschen, sondern durch Gott, durch die Versöhnung. Das spricht sich nun in der Epiklese aus: 1. in der Form des Gebets. Das Gebet als solches ist das Geständnis und die Zustimmung dazu, daß das, was mit mir und an mir geschehen soll, nicht durch mich, sondern durch Gott geschehen soll. 2. wird gebeten, daß der Heilige Geist, und das ist ja Gott selbst, mich und die Kommunikanten wandeln, kehren, erneuern, (μετανοεῖν, μεταμορφοῦσθαι, ἀνακαινοῦν), also versöhnen soll (καταλλάσσειν), und zwar so, daß er mich in die Gegenwart Jesu Christi versetzt: »Sende herab auf uns den Heiligen Geist, heilige und erneuere uns nach Leib und Seele, und gib, daß wir unter diesem Brot und Wein deines Sohnes wahren Leib und Blut in rechtem Glauben zu unserem Heil empfangen.« Die Gegenwart Gottes, die Gegenwart Jesu Christi in Wort und Sakrament, ist also keine uns verfügbare Gegenwart, vielmehr bitten wir Gott, den Heiligen Geist, uns in die Gegenwart Jesu Christi zu verfügen. Und sodann erscheint hier eine Aussage über den Heiligen Geist, die eine suffiziente Theologie des Heiligen Geistes bietet: Der Heilige Geist treibt uns zur Gegenwart Jesu Christi, hält uns mit Jesus Christus zusammen, im Abendmahl speziell: Er verwandelt uns so, daß wir im Essen und Trinken von Brot und Wein in der Gegenwart Jesu Christi stehen. Der Heilige Geist holt also uns, die Flüchtlinge vor Gott, die Gottesfernen, die Abwesenden, die Gott (und damit auch der Welt) den Rücken zukehren, die In-sich-selbst-Gekehrten, um sich selbst Rotierenden, an sich selbst Haftenden, für sich selbst Lebenden, durch sich selbst Verwirklichten und in all dem gegen sich selbst, gegen Gott und gegen die Welt Existierenden zurück in die Gegenwart Gottes in der Versöhnung durch Christus. Der Heilige Geist präsentiert uns, d.h. er stellt uns vor, nämlich vor den θεὸς καταλλάσσων τὸν κόσμον ἑαυτῷ ἐν Χριστῷ [vgl. 2 Kor 5,19] und vergegenwärtigt uns so. Insofern ist also durchaus die Epiklese ein dem Abendmahl zentrales, notwendiges, zugehöriges Gebet. In der Tradition, vor allem in der Ostkirche, wird ja der Heilige Geist auf die Elemente herabgerufen und gilt dort seit dem frühen Mittelalter sogar als Wandlungsepiklese. Im evangelischen Verständnis ergibt sich aber als möglich nur die Herabrufung auf die Kommunikanten, denn im Abendmahl werden nicht die Elemente gewandelt, sondern die Menschen, die Glaubenden, die Kommunikanten. Und damit nun fügt sich das Abendmahl ganz und gar in den Kern des Heilsgeschehens ein, indem es hier um die Verwandlung der Menschen geht.

Zum Schluß dieses Abschnittes: Abendmahlsliturgie im engen Sinn, so sagte ich, ist Gebet. Nach den Einsetzungs-Worten wird der Hymnus fortgesetzt und das Hochgebet endet vor der Kommunion im Gebet des Vaterunsers. | 93

§ 12: DIE PREDIGT

Der christliche Gottesdienst ist eigens thematisierte Begehung, Feier der Gegenwart Jesu Christi als Versöhnung Gottes mit den Sündern. Dieser Gegenwart wird im Glauben entsprochen: Im Glauben wird der Sünder dem gegenwärtigen Gott gegenwärtig. Es ist nun klar, daß dieser Umstand nicht auf den Gottesdienst beschränkt ist. Glaube ist eine Bestimmung des ganzen Lebens. Glaube kann nur sein als Form des ganzen Lebens. Im Gottesdienst wird dies nun alles eigens thematisiert. Ich habe darüber bereits in § 10 gesprochen. Die Präsenz Jesu Christi als der Versöhnung des Sünders mit Gott geschieht im Wort der Versöhnung: Wenn Paulus sich programmatisch den Römern vorstellt und ihnen das Wesen seines Amtes kund gibt, sagt er: »κλητὸς ἀπόστολος, ἀφωρισμένος εἰς εὐαγγέλιον θεοῦ.« (*berufen zum Apostel, ausgesondert, zu verkündigen das Evangelium Gottes.* Röm 1,1) Und eben dies Evangelium bezeichnet er Röm 1,16 als δύναμις γὰρ θεοῦ εἰς σωτηρίαν παντὶ τῷ πιστεύοντι (*eine Kraft Gottes, die selig macht alle, die daran glauben*). In diesem Satz ist die gesamte Wirklichkeit des christlichen Glaubens beschrieben: Das Evangelium ist Evangelium Gottes, sein Inhalt ist Jesus Christus als Soteria, dem Heil wird entsprochen im Glauben, und dieses Evangelium ist Wort. Paulus sagt andernorts: λόγος, κήρυγμα (*Wort, Verkündigung*) usw., und dieses Wort ist δύναμις θεοῦ, also bewirkendes, schöpferisches Wort, sofern es das Heil bewirkt und den Glauben, der dieses Heil empfängt.

Das Abendmahl nun ist ein Moment dieses Evangeliums, der Präsenz Jesu Christi in der Verkündigung. Im Abendmahl wird das Leben auf den Zentralaspekt des Lebens fokussiert, nämlich auf das Stehen des Sünders vor Gott und das Empfangen der Versöhnung. Das Abendmahl muß aber, wie es ja auch die Kontexte der neutestamentlichen Abendmahlsberichte zeigen, im Kontext der Verkündigung des Evangeliums stehen. Die Bedeutung der reformatorischen Theologie besteht darin, das Abendmahl aus der Isolation befreit zu haben, in die es im Mittelalter in der Messe geraten war, aus einer Isolation, die fast zwangsläufig mit einer magischen Auffassung des Abendmahls verbunden war. Die Reformation hat das Abendmahl dem Kontext der Verkündigung und damit dem Kontext der Sprache zurückgegeben. Unter diesem Aspekt kann man die starke Reduzierung des Abendmahls in der Zürcher Reformation durchaus positiv sehen: Das Evangelium, die Verkündigung, die sich auf die ganze Existenz des Menschen richtet, ist das Primäre.

Man darf zum Beispiel in den Evangelien die Berichte von Jesu Mahl mit den Jüngern nicht aus dem Gesamtzusammenhang der Evangelien herauslösen. Und ich habe ja mehrfach darauf hingewiesen, daß in 1 Kor 11 die Abendmahlsπαράδοσις – ja, das kann man exegetisch zeigen –, im Zusammenhang mit dem paulinischen Gesamtkerygma steht. Dies ist nun theologisch und für den Glauben sehr wichtig. Das Abendmahl ist kein Mysterienkult, keine religiöse Nische, sondern Feier derselben Gegenwart Jesu Christi, die im Glauben stattfindet. Ich sagte bereits, daß ich dafür plädiere, jeden Gottesdienst am Sonntag als Abendmahlsgottesdienst zu begehen; umgekehrt muß man aber sagen: Ein Abendmahlsgottesdienst ist ohne Predigt, ohne Verkündigung undenkbar, und wenn es nur Abendmahlsparänese ist.

Das ist eine Folge des Umstandes, daß die Predigt des Evangeliums als Kerygma des Sakraments, das Jesus Christus selbst ist, genau so eine sakramentale Aktion ist wie das Abendmahl. Das Evangelium ist δύναμις θεοῦ, also wirksames Wort. Es widerspricht dem traditionellen Sprachgebrauch, die Predigt als Sakrament zu bezeichnen. Sachlich wäre es aber durchaus berechtigt – nur muß es eine Predigt sein. Darum bildet die Predigt unter den Sprachphänomenen, wie etwa die Rhetorik, | 94 eine eigene Kategorie, insofern sie Gottes wirkendes Wort ist. Das ist sie natürlich nur, wenn sie das sagt, was ihr Wesen ist, nämlich Gottes Sein für den Sünder in Jesus Christus zu verkündigen. Das sind jetzt natürlich dogmatische Beschreibungen der Sache der Predigt, sozusagen als Idealfall, und auf die Wirklichkeit der Predigt in den Kirchen heute möchte ich nicht eingehen.

Gegenüber dem Abendmahl könnte man nun das Wesen der Predigt so pointieren: Im Abendmahl wird das Ganze des Lebens in der Welt und vor Gott gesammelt, verdichtet in dem Empfang der Versöhnung durch den Sünder. In der Predigt nun wird dieser Kern des Evangeliums, der Empfang der Versöhnung durch den Sünder, ausdrücklich in den Gesamtzusammenhang des Lebens gestellt. Ist das Abendmahl Versammlung des ganzen Lebens in den Kern des Lebens, so ist die Predigt Explikation, Auslegung dieses Kerns auf das ganze Leben. Man kann sich den Unterschied – Unterschied zweier wesensgleicher Phänomene – an einem äußeren Umstand klar machen: Im Abendmahl wird, auf die Essenz konzentriert, immer und überall dasselbe gesagt: Das bin ich für euch. In der Predigt wird über die ganze Bibel gepredigt, über die Schöpfung durch das Wort, über den Mord an Abel, über den syrisch-ephraemitischen Krieg, über den Satz, daß es nichts Neues unter der Sonne gibt und alles eitel ist, auch daß alle eitel sind, über den barmherzigen Samariter, über die Gemeinde in Sardes – oder in Seldwyla – die den Namen hat, daß sie lebt, und ist doch tot. Und der rechte Prediger wird die Erfahrung, unsere eigene Welterfahrung und deren Auslegung, in die Predigt hineinziehen. Nun liegt in der Konkomitanz von Predigt und Abendmahl, also darin, daß jedes des anderen Begleiter und Gefährte ist, ein wesentlicher hermeneutischer und theologischer Wink: Das Abendmahl, gegenüber der Verkündigung isoliert und verabsolutiert, ist in der Gefahr, zu einem weltfernen Mysterienkult zu werden, indem der Wesenskern des Glaubens, die Versöhnung des Sünders, aus dem Zusammenhang des In-der-Welt-Seins herausgenommen wird. Die Predigt, gegenüber dem Abendmahl isoliert und verabsolutiert, ist in der Gefahr, sich vom Wesenskern des Evangeliums abzulösen, indem das In-der-Welt-Sein des Menschen abgelöst wird vom Kern des Evangeliums, nämlich daß der Mensch in der Welt der ist, der vor Gott als die Versöhnung empfangender Sünder steht.

Da es hier ja nicht um Homiletik, sondern um Dogmatik geht, will ich nun versuchen, die Predigt an einem elementaren dogmatischen Sachverhalt zu charakterisieren und diesen Charakter unter den hermeneutischen Gesichtspunkt der Unterscheidung von Gesetz und Evangelium zu stellen. Ich habe immer wieder herauszuarbeiten versucht, daß der Kern des Glaubens, die Versöhnung des Menschen mit Gott durch Gott, als Wandlung des Lebens beschrieben werden muß. Schon das Wort καταλλάσσω (*versöhnen*) |95 bedeutet ja: ein anderer werden, anders werden. Im Zusammenhang des Versöhnungstextes (2 Kor 5,11ff) erscheint der Begriff καινὴ κτίσις (*neue Schöpfung*). Röm 12,2: μεταμορφοῦσθαι τῇ ἀνακαινώσει τοῦ νοός (*sich wandeln durch Erneuerung des Sinnes*). Das Wort μετανοεῖν (*den Sinn ändern*) oder μεταβαίνειν (*sich verändern*) Joh 5,24, ἐκ τὸν θάνατόν τις τὴν ζωὴν ἀναγεννᾶν (*aus dem Tode zum Leben wiedergeboren werden*) 1 Petr 1,3.23, ἄνωθεν γεννηθῆναι (*von oben geboren werden*) Joh 3,3.7, ἀνακαινοῦσθαι (*erneuern*) 2 Kor 4,16; Kol 3,10. Dies nur Beispiele für das durchgängige Phänomen, daß das Heil im christlichen Verständnis eine Kehre des Lebens, eine Wandlung [hervorruft] – alle diese Wandlungsbegriffe beziehen sich auf den Menschen. Der programmatische Satz Joh 3,16 zeigt diesen Wandel als Austausch des Zieles: Die Sendung des Sohnes befreit die Menschen aus dem Gang in die Verlorenheit, d.h.

Gottesferne, in den Gang ins Leben, d.h. Gottesnähe. Legt man die Verbindung Vergebung der Sünden aus, so ist damit ein elementarer Existenzwandel gemeint: Vergebung der Sünden ist Befreiung des Menschen aus dem Gesetz der Herrschaft der Vergangenheit; und ἐλευθερία, ἐλευθεροῦν (*Freiheit, befreien,* Gal 5,1) ist ja nun selbst ein emphatisches Wandlungswort. Entscheidend nun ist, daß der Autor, das Subjekt dieser Umkehrung des Menschen Gott ist. Wir haben nun sozusagen das Sprachfeld des Evangeliums abgesteckt, also dessen, was die Predigt zu gewärtigen hat.

Diese Vergegenwärtigung ist die Predigt des Evangeliums. Es ist klar, daß aus dem Gegebenen hervorgeht, welche große Aufgabe es ist, dieses Evangelium zu entfalten, nach allen Seiten zu durchdenken, sich in das Wort der Schrift zu versenken, um das Hören zu lernen. Zwischen der Predigt des Evangeliums und dem Abendmahl besteht eine formale Analogie: Wie im Abendmahl eine passive, rezeptive Aktivität stattfindet, im Abendmahl wird ausschließlich zu dem einen Zweck gehandelt, um das Empfangen einzuüben, so muß auch die Predigt ein Akt solcher Rezeptivität sein: Sie muß, indem sie spricht, also agiert, der Gegenwart von Gottes Handeln entsprechen. Nur dann ist sie Predigt des Evangeliums. Sie muß so gedacht und gesagt sein, daß sie den Hörer zum Einverständnis mit Gott bringt: mit Gott, der ihn als Sünder versöhnt. Um diese Sprache zu gewinnen, muß der Prediger tief in der biblischen Sprache wurzeln und in derjenigen theologischen Tradition, die den zentralen biblischen Themen am nächsten steht, also um es nochmals zu sagen, in der Sprache, in der es um die Wandlung des Menschen durch Gott geht. Theologie also muß man betreiben, das habe ich schon am Anfang gesagt, gerade wissenschaftlich, um der Sprache der Predigt willen – tut man das, so schließt sich auch der garstige breite Graben zwischen sog. wissenschaftlicher Theologie und sog. Praxis. (Mein Aufsatz: Über die Wahrheit der Schriftauslegung, in: Wahrheit der Schrift – Wahrheit der Auslegung, Zürich 1993, 247ff)[1]

Nun trifft das Evangelium schon beim Prediger selbst und dann beim Hörer auf einen Menschen, auf Menschen, die jeweils in ganz bestimmten, individuellen, aber vor allem sozialisierten, konventionalisierten, gewohnheitsmäßigen Formen des In-der-Welt-Seins existieren. Als Hörer des Evangeliums sind wir nicht tabula rasa, sondern voll von Meinungen,

---

1 Jetzt in: Walter Mostert, Glaube und Hermeneutik. Ges. Aufs., hrg. v. P. Bühler u. G. Ebeling, Mohr (Siebeck) Verlag, Tübingen 1998, S. 56ff.

Ideen, Ideologien, Auslegungen, Träumen. Und das Evangelium selbst, also die Botschaft von der Wandlung des Menschen durch Gott, steht in einem Kontext, der Bibel, auch der Tradition, in dem die ganze Breite der condition humaine vorhanden ist. Das Evangelium steht also historisch und gegenwärtig, existentiell in einem Kontext, in dem der alte, ungewandelte Mensch erscheint, also der Mensch, dem das Evangelium gilt. Das Thema der Wandlung, Versöhnung des Menschen durch Gott, bezieht sich also immer, schon im Kontext der Bibel, auf den unversöhnten Menschen, den Abtrünnigen, den Übertreter, den Hyliker(?). Das Thema der Wandlung, Versöhnung des Menschen, also das Evangelium, erscheint nie und kann nie erscheinen rein, isoliert, abstrakt, sondern immer nur im Kontext mit dem alten Menschen, vgl. Röm 7. Wir nennen, in Anlehnung an Röm 7, diesen Kontext, diesen Ort, an dem das Evangelium erscheint, also die Welt des konventionellen Menschen, Gesetz. Das Evangelium erscheint in der Welt, d.h. im Gesetz (örtlich gemeint). Das sagt Paulus auf unüberbietbare Weise in Gal 4,4: Das Evangelium, Jesus Christus, erscheint unter dem Gesetz. (Paulus – Gesetz; Johannes – Kosmos) |96

Diese Grundthematik: Wandlung des Menschen, Kehre des Menschen ist das Thema des Alten Testaments, ebenso wie des Neuen Testaments, und insofern kann man Altes Testament und Neues Testament nicht einfach wie Gesetz und Evangelium unterscheiden, obwohl die klare Unterscheidung von Gesetz und Evangelium sich erst mit Jesus Christus einstellt. Mit dem Thema der Wandlung des Menschen nun haben wir das Thema des Evangeliums scharf fixiert, nämlich die Versöhnung des Gottesfeindes durch Gott in Jesus Christus mit Gott. Nun sehen wir, daß dieses Thema, wie das Alte Testament zeigt, schon überall in der Sprache des Alten Testaments anwesend ist, und daß also das Thema der Wandlung zwar im Evangelium spezifisch ausgeprägt wird, aber zugleich das Leben, die Geschichte selbst betrifft. D.h. also: Das Thema der Wandlung des Menschen ist auch im Gesetz virulent.

Hier ist nun eine hermeneutische Zwischenüberlegung einzuschalten. Das Gesetz, und das ist sozusagen das verborgene Evangelium in ihm, geht davon aus, daß der Mensch gewandelt werden muß; aber es trifft, schon im Alten Testament, auf halsstarrige, störrische, verstockte Menschen, die sich solcher Zumutung der Wandlung verweigern. Das ist von großer hermeneutischer, dogmatischer und homiletischer Bedeutung: Die Botschaft von der Versöhnung trifft, und das gilt schon für die Verkündigung des Gesetzes, nicht etwa auf einen bereiten Menschen. Nun, das wissen wir alle, und daraus ergibt sich die Erkenntnis: Zwar gehört das Thema der Wandlung mit in den Erfahrungszusammenhang der Geschichte und der Existenz. Trotzdem muß der Hörer für die Verkündigung jener spezifischen Verwandlung, welche die Versöhnung ist, bereitet werden. Und diese Bereitung nun kann nur durch die Verkündigung des Evangeliums, der Versöhnung selbst, geschehen. Nicht der Mensch kann sich selbst bereiten – das würde ja bedeuten, daß er sich selbst versöhnen kann, sondern das Wort des Evangeliums verwandelt ihn. Dies aber geschieht nicht so, daß der Mensch verzaubert wird, sondern daß er in dieser Wandlung die Wahrheit seiner selbst erfährt und erkennt. Das Evangelium verwandelt den Menschen in eine Wahrheit, gegen welche der Mensch existiert hat – das macht sein Sünder-Sein aus. Darum kann man nicht, wie es die Karikatur will, durch die Predigt des Gesetzes den Menschen erschrecken und ihn dem Evangelium in die Arme treiben. Dann wäre ja das Gesetz das Heilsmittel, nicht das Evangelium. Sondern das Evangelium, die Versöhnung, muß so auf den Menschen ausgelegt werden, daß ihm das Gesetz die Größe der Versöhnung angesichts der Sünde offenbart, und das Gesetz in seiner Defizienz erkannt wird. Ich habe Ihnen hier kurz und knapp skizziert, was in der Tradition der evangelischen Theologie das Zusammenspiel von verbum externum und testimonium spiritus sancti internum meint: Gewandelt wird der Mensch durch die Verkündigung des Evangeliums als äußeren Wortes in der Predigt und den Lebensakt der Wandlung, der existentielle Akt des Glaubens wird durch den Heiligen Geist bewirkt. Er ist es, der in unserem Innen, d.h. da, wo sich unser Leben entscheidet, unsere Zustimmung zum Evangelium bewirkt.

Wie können wir nun theologisch die Welt bestimmen, wenn wir sie als Gesetz bestimmen? Zunächst eine knappe Bemerkung zum Begriff des Gesetzes: Will man sich den Umfang und die Bedeutung des Gesetzes klar machen, so darf man nicht einfach an die biblischen Gesetze, Thora, Paränese denken, bzw. man muß sich den Stellenwert klarmachen: Das Gesetz ist eine Welterfahrung, Weltauslegung, Konstituente im Welt- und Selbstverständnis, hat also die Dimension einer Ideologie, Philosophie. Gott, Welt, Mensch werden unter der Kategorie des Gesetzes gesehen. Also: Gesetz ist keineswegs bloß Gebot, Gottes Wohltat – es ist politische, soziale, ökonomische Ordnung und Unordnung, ist Staatsrecht, Verfassungsrecht, Strafrecht, Zivilrecht, ist Polizei und Steuerkommission und Kondukteur, es ist Wissenschaft, Ideologie. Es ist von großer Bedeutung, daß im Neuen Testament Paulus und Johannes diesen Weltcharakter des Gesetzes entdeckt haben. Betrachten wir die Welt als Gesetz nun theologisch, so machen wir folgende Beobachtungen: Das Gesetz leitet den Menschen an, Regeln und Ordnungen zu bewahren; dabei wird offenbar, daß der Mensch Regeln und Ordnungen dauernd verletzt. Denn an dem Tatbestand, daß ein Gesetz ohne Sanktionsinstanz und also Macht, die es schützt, machtlos ist, kommt heraus, daß das Gesetz die Sünde offenbart, auch dies eine Erkenntnis des Paulus (Röm 3,20). Allein die Tatsache, daß es Gesetz, Moral, Ethik geben muß, offenbart die Tatsache, daß der Mensch ein Sünder ist. (Sünder aber ist, auch das wird am Gesetz klar, einer, der seine Grenzen überschreitet; daher der Dekalog.) Wäre der Mensch kein Sünder, trüge er das Gesetz in sich (Jer 31), so bedürfte es des Gesetzes, der Ethik usw. nicht. Am Gesetz also, das zeigt auf klassische Weise Röm 7, wird offenbar, daß der Mensch ein Sünder ist (usus theologicus, elenchticus legis). Aber nun ist keineswegs dies allein die Funktion des Gesetzes. Vielmehr ist das Gesetz, ob man es nun als Gottes Offenbarung versteht oder als das allen Menschen durch Natur und Vernunft den Menschen ins Herz geschriebene Gesetz, auch der Versuch, die Sünde und das Böse einzudämmen, gewissermaßen eine Ordnung zu bewahren, ohne welche ein Zusammenleben der Menschen nicht möglich ist. Man könnte sogar sagen: Im Gesetz, sofern es auf ein Ziel hin entworfen ist, liegt eine Tendenz, die Welt zu wandeln, zu verändern und zu verbessern, auf Grund der Erfahrung, daß in der Welt vieles sehr im argen liegt. Die Ethik, die ja ein Phänomen des Gesetzes ist, hat | 97 sich besonders in der Neuzeit, in der Verbindung mit einer utopischen Geschichtsphilosophie zur Handlungsanleitung, zur Veränderung und Verbesserung der Welt entwickelt. Auf diesen Wandlungs-Aspekt des Gesetzes habe ich vorhin schon hingewiesen, er läßt sich schon in der Bibel, am Gesetz im AT und NT beobachten. Man kann diesen Wandlungsaspekt noch so differenzieren: Das Gesetz spricht den Menschen darauf an, sich so oder so zu verändern. Ich nenne Ihnen einen Satz aus Ez 18,23: »Meinst du, daß ich Gefallen habe am Tode des Gottlosen und nicht vielmehr, daß er sich bekehre von seinen Wegen und am Leben bleibt.« (Konkordanz: bekehren, besonders bei den Propheten) Oder aber das Gesetz spricht den Menschen darauf an, sich nicht in einen Sünder zu verwandeln – also erscheint hier der negative Aspekt der Verwandlung, sich nicht in die falsche Richtung zu verwandeln: Dekalog, Verbote. Diesen ganzen Aspekt nennt man den *usus politicus legis* (zwei usus, *nicht* zwei leges).

Wir können nun eine wichtige Beobachtung machen, nämlich daß das Gesetz mit dem Evangelium ein Thema gemeinsam hat. Ich sagte, das Thema des Evangeliums sei die Wandlung, Kehre, Versöhnung des Menschen mit Gott und Welt und sich selbst durch Gottes Handeln. Auf so etwas wie Versöhnung, Kehre ist auch das Gesetz aus: Das Gesetz will nicht, daß der Mensch ein Sünder sei, es weist ihn an, es nicht zu sein, und das Gesetz weist den Menschen an, die Welt, also die gesell-schaftlichen, ökonomischen, ökologischen Zustände in einer erträglichen Ordnung zu halten und womöglich zu verändern und zu verbessern. Gerade nun, wenn man sieht, in wie engem thematischen Zusammen-hang Gesetz und Evangelium stehen, so wird auch die fundamentale Differenz zwischen beiden klar, freilich wird sie klar durch das Erschei-nen des Evangeliums in der Welt, durch Jesus Christus. Den engen the-matischen Zusammenhang zwischen Gesetz und Evangelium kann man mit Paulus so formulieren: Röm 7,12; die Differenz mit demselben Pau-lus: Röm 10,4.

Man kann sich das Problem des Gesetzes am besten mit Röm 7 klarmachen. Und zwar darum, weil Paulus hier etwas tut, was in der Exegese des Gesetzes oft unbeachtet bleibt. Denn Paulus, und das ist für sein gesamtes Gesetzesverständnis von entscheidender hermeneutischer Bedeutung, Paulus spricht nicht einfach über das Gesetz, sondern sein Reden vom Gesetz wurzelt in seiner *Erfahrung mit dem Gesetz*, Röm 7; damit gibt Paulus für alle Gesetzes- und Weltauslegung die Anweisung, aus der Erfahrung mit Welt und Gesetz, und z.B. nicht aus einem utopi-schen Weltmodell und einem idealen Gesetzesverständnis, also aus der Erfahrung über [das] Gesetz zu sprechen. Das kann man auch so aus-drücken: Man kann konkret über das Gesetz nur sprechen, wenn man den Täter des Gesetzes, den konkreten Menschen, das schwankende Rohr, das krumme Holz mitbedenkt. Oder: Man muß geschichtlich, aus der Faktizität der Geschichte, sprechen, wenn man über das Gesetz spricht. Das wollen wir jetzt theologisch noch zuspitzen. Was Paulus an sich und mit sich entdeckt, – und das ist für alle Auslegung des Gesetzes fundamental –, ist das Faktum, daß der Mensch das Gesetz als Anwei-sung zum Wandel seiner selbst und zur Veränderung der Welt so auslegt, daß er sich selbst, sein Ich, ἐγώ, Röm 7, als Subjekt, Autor dieser Ver-wandlung versteht. D.h.: Man versteht das Gesetz vielleicht als Gottes Gesetz, Gott als Gesetzgeber, aber als Täter des Gesetzes, als Subjekt der Verwandlungen, erscheint der Mensch. Wenn nun aber diese Bezie-hung Gesetz – Täter des Gesetzes kurzgeschlossen wird, wenn also nur noch der Mensch als Subjekt der Verwandlungen und Veränderungen möglich ist, während Gott allenfalls der Gesetzgeber ist, Gott also eher eine theoretische Größe, dann bleibt etwas verborgen, das Paulus am Evangelium erfahren hat, nämlich daß vor und neben und über und unter all dem Gesagten mit dem Menschen selbst eine Verwandlung vollzogen werde, deren Subjekt, deren Herr er nicht sein kann, sondern deren Täter Gott ist.

Also, um es an einer anderen Diskussionslage zu sagen: Von Protagoras (Diels, Fragm. B1) ist der Satz überliefert πάντων χρημάτων μέτρον ἐστὶν ἄνθρωπος (»Aller Dinge Maß ist der Mensch...«). In den Gesetzen IV,716C entgegnet Platon: ὁ δὴ θεὸς ἡμῖν πάτων χρημάτων μέτρον ἂν εἴη μάλιστα, καὶ πολὺ μᾶλλον ἤ πού τις, ὡς φασιν, ἄνθρωπος: [»Der Gott aber möchte uns wohl am meisten als das Maß aller Dinge sein, und das weit mehr, als wie sie sagen, irgendein Mensch.« übers. nach H. Müller, in: Platon, Sämtliche Werke 6, Hamburg 1959, 97.]

Also: Im Kontext des Gesetzes wird nicht hinreichend deutlich, daß mit dem Menschen selbst eine fundamentale, existentielle Wandlung, Kehre, Erneuerung vollzogen werden muß, ohne welche eine Wandlung des Menschen durch sich selbst und der Welt durch den Menschen gar nicht möglich ist. D.h.: Das Gesetz hat mit dem Evangelium das Thema der Verwandlung, Erneuerung gemeinsam; aber im Gesetz wird nicht klar gesehen, daß der Mensch selbst Gegenstand der Verwandlung, der Versöhnung durch Gott sein muß. Das beschreibt Paulus Röm 7: Wird übersehen, daß der Mensch allererst versöhnt werden muß durch Gott, so führen alle Versuche des Menschen, sich und die Welt durch sich selbst zu verändern, in den Zusammenbruch: in den Ruf nach Erlösung – Verwandlung – aus diesem Todesleben.

Ich habe darauf hingewiesen, daß schon im Alten Testament sich Erfahrungen zeigen, die dieses Grundproblem widerspiegeln, nämlich die Erfahrung der Insuffizienz des Gesetzes. Diese Erfahrung besteht nicht darin, daß etwa das Gesetz als solches für minderwertig gehalten würde; vielmehr, daß im Verhältnis zwischen Gesetz und Subjekt Unordnung herrscht. Was z.B. Jer 31,31ff gesagt wird – ein theologisch ungeheuer wichtiger Text – das [weist] |98 unmittelbar auf die Problematik: Der Mensch mißversteht das Gesetz so, als müsse er bewirken, erschaffen, was es gebietet – das nennt Paulus das καύχημα (Selbstruhm). In Jer [31] kommt nun die Erkenntnis, Erfahrung zum Vorschein, daß Gott allererst den Menschen selbst, das Subjekt wandeln muß; das meint der Satz: Ich will das Gesetz in ihr Herz geben. Noch radikaler ist Deuterojesaja, nach welchem die ganze Bundestradition und Gesetzestradition abgebrochen wird und Gott selbst das Neue schafft. Solche Erfahrungen werden dann in der Erfahrung des Glaubens mit Jesus Christus in die Klarheit der Erkenntnis erhoben: Das Gesetz kann nur dann heilig, gerecht, gut, also nützlich sein, wenn es in die weitere tiefere Dimension des Evangeliums eingebettet ist. Denn erst wenn eine Sprache – eben durch das Evangelium – wirkt, die nicht von den Wandlungen spricht, die sich durch den Menschen vollziehen, sondern von der Wandlung, die sich durch Gott, Jesus Christus, den Heiligen Geist am Menschen vollzieht – Wandlung des Menschen durch Gott – Wandlung der Welt durch den Menschen – erst dann gewinnt das Gesetz seine Dienlichkeit zum Leben zurück. Wenn der Mensch aus Gottes Versöhnung, durch die Wirklichkeit Jesu Christi, also durch das Evangelium, ein gewandeltes, erneuertes, versöhntes Verhältnis zu Gott, Welt und sich selbst bekommen hat – εἴ τις ἐν Χριστῷ, καινὴ κτίσις 2 Kor 5,17 (*Ist jemand in Christus, so ist er ein neues Geschöpf.*), erst dann dient das Gesetz wieder der Liebe, durch welche allein wir die Welt verwandeln, verbessern können.

Nun ist dies die Aufgabe der Predigt, ihr Wesen, jenem Menschen, besonders jenem modernen Menschen, der vollkommen in einer gesetzlich ausgelegten Welt existiert, sich selbst ganz und gar als Subjekt aller Lebensäußerungen und Weltvorgänge fühlt, zuzusprechen, daß er mehr ist als Subjekt seiner Handlungen, mehr als dominus actuum suorum, nämlich Geschöpf des Schöpfers, neues Geschöpf der neuen Schöpfung. Aber das ist nun nicht nur zu sagen dem gleichsam sich legalistisch, politisch, ethisch auslegenden Subjekt, das alle Wandlung und Erlösung in der Welt vom eigenen Handeln erwartet. Sondern auch dem alternativen Subjekt, das sich gegen den Aktivismus flüchtet in eine religiöse, mystische Sub- oder Antikultur, eine moderne Gnosis, die zwar, wie die alte Gnosis, sieht, welche Bedrohung des Menschen ein sinnloser Aktivismus ist, die aber doch nichts anderes ist als eine eben gnostische Variante des Subjekts, des Ich, dessen Problematik in Röm 7 so klar in Erscheinung tritt. In der Predigt wird dieses Ich dem Evangelium präsentiert, wird ihm eine Übersetzung über sich selbst eröffnet, nicht durch die Darbietung einer abstrakten Transzendenz als Übersetzung, sondern durch die Verkündigung eines schöpferischen Handelns Gottes am Menschen, die allem Handeln des Subjekts vorausgeht: Die Unterscheidung von Gesetz und Evangelium ist also Unterscheidung von Gott und Mensch, | 99 es ist die Auflösung jener Vermischung von Gott und Mensch, die der Sünder vollbracht hat und noch immer vollbringt. Diese Unterscheidung von Gesetz und Evangelium, Gott und Mensch ist das Einfachste und Schwierigste auf der Welt überhaupt, denn es handelt sich um keine theoretische, sondern um eine existentielle, konkrete Entscheidung. Theoretisch ist sie leicht, praktisch existentiell ist sie das Schwerste des Lebens, des In-der-Welt-Seins überhaupt. Denn der alte Adam und die alte Eva sind ja immer die Regenten in unserer Seele. In der Kirche und in der Theologie zeigt sich diese Herrschaft Adams und Evas z.B. daran, daß sie der Sprache des Evangeliums nicht mehr traut, die Sprache der Verwandlung, der Versöhnung, deren Subjekt Gott ist, umwandelt in eine Sprache der Verwandlung, deren Subjekt der Mensch ist – scheinbar, um der Welt entgegenzukommen, und ihr doch faktisch damit das

Heil vorenthaltend. Die Hybris, die Selbstverwandlung ins Göttliche geht so weiter und damit schwindet die Hoffnung. Das Evangelium setzt dem die gegenläufige Verwandlung entgegen, die Entgöttlichung, die Verendlichung, das Geschöpfwerden entgegen, das sich in der Erscheinung Jesu Christi vollzieht: Martin Luther, [operationes in psalmos 1519–1521:] WA 5;128,36ff = AWA 2;226,5ff:»Denn ich will vor dir beten«. Damit gesteht er seine Armut ein: Er hat nichts, als was er im Gebet zu empfangen hofft, auf dass er ein Beter und kein Täter sei. Der Inhalt unseres ganzen Lebens lässt sich wieder in diese beiden Ausdrücke zusammenfassen: ›Einen König und einen Gott haben.‹ Unser ›König‹ ist der Herr, indem er uns von uns selbst wegholt und zu sich führt; unser ›Gott‹ ist er, indem er uns aufnimmt, wenn wir zu ihm kommen, und uns mit sich selbst das heißt mit göttlichen Gütern, erfüllt. Die erste Bestimmung ist das Kreuz, das Passah, das ›Hinwegeilen‹, das Weggeführtwerden von der Welt und ihren Lastern, und überhaupt die Tötung unseres eigenen Wesens. Die zweite Bestimmung ist unser Aufgenommenwerden und unsere Verherrlichung.

S. Augustin macht darum bei der Besprechung dieser Stelle auch darauf aufmerksam, dass die Schrift mehr den Sohn als den Vater König zu nennen pflege. Denn Christus ist es, der nach seiner doppelten Natur dies beides bewirkt. Im Reich seiner menschlichen Natur oder (wie der Apostel Hebr 5,7 sagt) ›seines Fleisches‹, da man noch im Glauben lebt, macht er uns sich selbst gleich und lässt uns kreuzigen. Dadurch macht er aus uns unseligen und hoffärtigen Göttern wahre Menschen, das heißt elende Sünder. Denn weil wir Menschen in Adam hinaufgestiegen sind zum Ebenbilde Gottes, deshalb ist Christus in unser Ebenbild hinabgestiegen, um uns wieder zurückzuführen zur Erkenntnis dessen, was wir eigentlich sind. Dies geschieht in dem heiligen Geheimnis der Menschwerdung. So ist also das Reich des Glaubens das, in dem das Kreuz Christi regiert. Es macht das verkehrte Streben nach Göttlichkeit zunichte und ruft zurück in unsere menschliche Natur und in die verachtete Schwachheit des Fleisches, von der wir uns in unserer Verkehrtheit lossagten. Im Reich seiner göttlichen Natur und Herrlichkeit aber, wird er uns seinem verklärten Leib ähnlich machen, so dass wir ihm gleich sein werden. Dann werden wir nicht mehr sündig noch schwach sein, und nicht mehr der Führung und Regierung bedürfen; dann werden wir vielmehr selber Könige sein und Kinder Gottes wie die Engel. Dann wird das Wort ›mein Gott‹ in Erfüllung gehen, während es jetzt erst in Hoffnung gesagt wird. Deshalb sagt der Psalmist mit vollem Bedacht hier zuerst ›mein König‹, und dann erst ›mein Gott‹, wie auch der Apostel Thomas, Joh 20,28: ›Mein Herr und mein Gott!‹ Denn Christus muss man zuerst als Menschen und dann erst als Gott ergreifen, und ebenso soll man zuerst nach dem Kreuz als seiner menschlichen und dann erst nach der Herrlichkeit seiner göttlichen Natur trachten. Wo man Christus nach seiner menschlichen Gestalt hat, da wird er ganz von selbst auch seine göttliche Gestalt mit sich bringen.«[1]

[Zum Schluß der Vorlesung]
In dieser Sprache wollte ich Zuversicht und Vertrauen erwecken. Ihre Fremdheit in der heutigen Welt ist mir auch klar. Darum schließe ich mit einem ekklesiologischen Satz speziell für Theologen und Theologinnen: Wenn Jesus in seiner Zeit hätte modern sein wollen, so wäre er ein Pharisäer, Sadduzäer, Essener, Gnostiker oder so etwas gewesen; und wir wüßten nichts von ihm, denn er wäre ja einer von vielen Modernen gewesen. Nun wollte er nicht modern, sondern wahr sein. Wie, wenn dieses Wahr-sein-Wollen, also auch die Moderne unerbittlich auf ihre Wahr-

---

[1] Operationes in Psalmos. 1519–1521: in D. Martin Luthers Werke, krit. Ges.ausgabe 5. Band, Hermann Böhlau, Weimar 1892, Nachdruck Graz 1966, S. 128,28–129,11 (WA 5; 128,28ff.), zu Ps 5,2: »»Quoniam ad te orabo‹. Paupertatem suam confitetur: nihil habet, nisi quod oraturus sperat accipere, ut sit orator, non operator. Atque in his duobus iterum summa totius vitae nostrae exprimitur: habere Regem et deum. Regit, dum nos a nobis auffert et ad se ducit; Deus est, dum nos venientes suscipit et seipso, idest divinis bonis replete. Prior conditio est Crux, phase, transitus, ductus a mundo, a vitiis et omnino mortificatio nostri. Unde et B. Augustinus hoc loco dicit, Scripturas solere Regem appellare filium magis quam patrem. Christus enim gemina natura untrunque horum efficit. Humanitas seu (ut Apostolus loqiutur) carnis regno, quod in fide agitur, nos sibi conformes facit et crucifigit, faciens ex infoelicibus et superbis diis homines veros, id est miseros et peccatores. Qia enim ascendimus in Adam ad similitudinem dei, ideo descendit ille in similitudinem nastram, ut reduceret nos ad nostri /129 cognitionem. Atque hoc agitur sacramento incarnationis. Hoc est regnum fidei, in quo Crux Christi dominatur, divinitatem perverse petitam deiiciens et humanitatem carnisque contemptam infirmitatem perverse desertam revocans. At regno divinitatis et gloriae configurabit nos corpori claritatis suae, ubi similes ei erimus, iam nec peccatores nec infirmi, nec ductiles aut rectiles, sed ipsi reges et filii dei sicut Angeli. Tunc dicetur ›deus meus‹ in re, quod nunc in spe dicitur. Quare non inepte prius dicit ›rex meus‹ et postea ›deus meus‹, sicut et Thomas Apostolus Iohan. Ultimo ›dominus meus et deus meus‹ quod prior sit Christus homo, quam deus apprehendendus, prior humanitatis eius Crux, quam divinitatis eius gloria petenda. Christus homo habitus Christum deum sponte sua adducet.«

heit zu befragen, ohne Pardon, mit der Gewissenhaftigkeit eines Arztes, der weiß, daß er nur helfen kann, wenn er den Ernst der Lage voll und ganz erfaßt, wenn also alle Theologen … das wollten, also Kirche bilden wollten auf der Basis der Sprache des Evangeliums, wenn sie also nicht die Akzeptanz des modernen Menschen, sondern die Wahrheit des Glaubens und die Sprache des Evangeliums zu ihrer gemeinsamen Sache machen wollten: Also eine intensive Kirche, eine sachintensive Kirche – ich schätze, daß es im deutschen Sprachbereich etwa 30.000 Theologen gibt – wenn alle diese wahrhaft evangelisch wären und sprechen würden – ich kann mir nicht vorstellen, daß das nicht auch heute vernommen und auch ernst genommen würde.

Zwei Taufpredigten von 1964 und 1988

Taufansprache
  Gottesdienst am 15.11.1964 in der Kirche am Hottenstein
  Predigt über 2 Kor 5,1–10

Liebe Gemeinde, liebe Eltern, Paten und Angehörige unserer Täuflinge,

Ihr seid hierher gekommen, um Euren Kindern das Sakrament der Taufe auf den Namen des dreieinigen Gottes spenden zu lassen. Ihr habt Euch freiwillig entschlossen, dem Geheiß Jesu Christi zu folgen, und darum werdet Ihr für alles, was Euren Kindern geschieht und was ihr gelobt, eine freiwillig übernommene Verantwortung tragen. Darum sollt Ihr noch einmal hören, was die evangelische Kirche gemäß der hl. Schrift und den Erklärungen ihrer Väter von der Taufe lehrt.
  1. Die Taufe ist ein Sakrament, d.h. sie ist eine sichtbare eidliche Zusage, mit welcher sich Gott an den Menschen in der Zeit seiner völligen Angewiesenheit auf andere wendet, und ehe er selbst etwas vorweisen kann an Erfolg und Leistung. Sie ist der sichtbare Rechtsakt, mit welchem Gott sich zu dem Kinde als sein himmlischer Vater bekennt. Immer darf der Getaufte pochen auf das Zeichen der Taufe, [das] er an seiner Stirn trägt. [Er] darf sich auf Gott als seinen Vater berufen und sich seiner Kindschaft rühmen als seines höchsten Glückes. Und weil Gott wahrhaftig und ein vollkommener Vater ist, ist der Eid der Taufe unverbrüchlich und unauflöslich.
  2. Die Taufe ist ein hörbares Zeichen. Sie wird vollzogen, indem über die Kinder das Wort der Verheißung Gottes ausgerufen und der dreieinige Name Gottes genannt wird. Bevor die Kinder zu sprechen und zu denken gelernt haben, bevor sie Personen geworden sind, die mündig für sich selbst stehen und einstehen, spricht Gott sie an, nimmt sie ernst als ein volles ganzes Geschöpf und wie eine Person. Bevor die Kinder ihren Namen sprechen können, ruft er ihren Namen. Das geschieht seit Anfang der Kirche öffentlich, damit alle Welt weiß, dass die ersten Rechte an dem Getauften Gott zukommen. Und für die Kinder gilt, was Martin Luther von der Taufe sagt: dass im ganzen Leben bis zum Tod das geschieht, was die Taufe bedeutet. Sie stellt das Verhältnis zu Gott vollkommen dar: Mit allen Leistungen und Wirkungen, die wir im Leben vollbringen, können wir uns keinen größeren Namen schaffen als der Name ist, den Gott uns in der Taufe verleiht: seinen eigenen.
  3. Die Taufe ist ein sichtbares Zeichen. Sie wird vollzogen, indem die Stirn unter dem Kreuzeszeichen dreimal mit Wasser benetzt wird. Wie

die Taufe als hörbares Zeichen gemäß der Ewigkeit des Wortes Gottes ein Zeichen des ewigen Lebens ist, so ist sie als sichtbares Zeichen gemäß der Vergänglichkeit alles Sichtbaren ein Zeichen des Todes. Weil alle Menschen, auch die wonnigsten kleinen Kinder, ohne Erziehung in Recht und Sitte und ohne Geleit des Wortes Gottes Rebellen und Zerstörer würden und von ihrer Natur her im Abgrund versänken, wird in der Taufe das Gericht mit Wasser sinnbildlich nachvollzogen, das nach der Schrift in der Sintflut die verdorbene Menschheit zerstört hat. Aber dieses Zeichen des Todes ist ein Zeichen der Gnade: Da es geschieht in Verbindung mit jener vorher genannten Selbstzusage Gottes, verkündet es, dass Gott den Menschen nicht auf die Bosheit seines Wesens anschaut, sondern sie vielmehr vernichtet, im Taufwasser gleichsam ertränkt, und stattdessen seinen eigenen Zuspruch so nimmt, als hätte ihn der Getaufte gesprochen. Und weil das Gericht vollzogen *ist*, leben die Getauften *nach* dem Gericht, nicht mehr auf das Gericht, sondern allein auf die Verheißung des Lebens hin. Des Getauften Leben ist dann nichts anderes als eine Rückkehr in die Taufe immerfort. Darum ist die Taufe ein Freudentag, den man einst gefeiert hat, indem man die Täuflinge in weiße Kleider hüllte und sie wie Neugeborene mit Jubel begrüßte.

Ihr Eltern und Paten seid Zeugen der Taufe unserer Kinder. Zeugen sind Verkündiger, ja Prediger, und es ist Euer Beruf, treu im Gedächtnis zu bewahren, worin Ihr unterrichtet seid. Als selbst Getaufte werdet Ihr dieses Zeugenamt nicht anders ausüben können als mit Eurem ganzen Leben in all seinen Verwirklichungen. Lasst euer Gelöbnis nicht unerfüllt bleiben. Gott wacht über seinen Eid, dass er gehalten wird. Und er wacht über ihn zum Heil eurer Kinder mit einer vollkommeneren Liebe als der menschlichen. Amen.

Taufbelehrung zur Taufe von Marianne Wydler
im Gottesdienst am 19.6.1988 in Niederneunforn (TG)

Taufspruch Joh 8,12: »Ich bin das Licht der Welt. Wer mir nachfolgt, der
wird nicht wandeln in der Finsternis, sondern wird das Licht des Lebens
haben.«

Liebe Gemeinde, liebe Eltern und Paten,

wir haben heute die Freude, Marianne Wydler zu taufen.

Ein Theologe unserer Zeit (Ernst Fuchs) hat einmal in einem Brief über
die Taufe den Satz geschrieben: »In der Taufe feiert die christliche Gemeinde die Befreiung des Säuglings von der Philosophie.« Das ist keine
Formulierung aus einem theologischen Lehrbuch, einem Katechismus
oder einem Handbuch für Pfarrer. Sie ruft vielleicht sogar Verwunde-
rung oder Schmunzeln hervor. Das soll sie sogar; nicht etwa, weil sie
nicht ernst wäre – sie ist es in hohem Maße; oder theologisch nicht kor-
rekt – sie ist ohne Tadel. Sie kann und soll uns lächeln machen, weil in
ihr herauskommt, dass die Taufe etwas Schönes und ein Grund der
Freude ist. Gewiss, wenn Eltern und Paten an die Bedürfnisse des Säuglings denken, so gehört die Befreiung von der Philosophie wahrscheinlich nicht zu den Prioritäten. Aber, für was steht hier Philosophie?

Gemeint ist hier mit Philosophie die Ausrichtung des ganzen Lebens,
Denkens, Fühlens an mir selbst, am Ich, das ich selbst bin; aber auch an
Ichs, zu denen sich die einzelnen zusammenschließen, der Gemeinde,
der Kirche, dem Staat; Philosophie als Inbegriff aller Wissenschaften,
Künste, der Politik, der Ökonomie: Überall erkennen wir, dass geheim
oder offen der Mensch, das Ich, die Mitte des Forschens, Wahrnehmens,
Denkens und Fühlens ist. Jener Satz aus der Geschichte vom Sündenfall:
»Ihr werdet sein wie Gott« hat sich so verwirklicht, dass überall alles
Denken, Tun und Fühlen um uns selbst kreist. Und hierin liegt die Wurzel für alles Böse in der Welt, für Streit und Unfriede, Hunger und Not.
   Und nun, wenn die Taufe Befreiung vom Kreisen um das Ich ist,
dann ist Grund zur Freude und zum Hoffen. Was diese Befreiung ist,
das können wir ganz schlicht am Vollzug, eben an der Feier der Taufe
ablesen. Da wird Marianne Wydler bei ihrem Namen gerufen. Die Taufe
ist ja nicht, wie viele meinen, die Namengebung. Seinen Namen hat jeder
Mensch von seinen Eltern schon vor der Taufe empfangen. Allerdings,
in unserem Namen liegt selbst schon ein Hinweis auf das Geheimnis des

Lebens: Denn so wie keiner einen Namen hat, den er sich selbst gab, so kann auch kein Leben sich selbst erschaffen. Also, in der Taufe werden wir bei unserem Namen gerufen, bei dem, was uns selbst bezeichnet (identifiziert), wir werden bei unserem Namen genommen und hinübergeführt in den Namen des dreieinigen Gottes, des Schöpfers alles Lebens, des Versöhners aller Menschen, des Vollenders allen Glaubens.

Das Wasser, das wir dabei gebrauchen, das Abwaschen, bedeutet Befreiung, die Befreiung von jenem Zwang, immer den Menschen, das Ich, als Mitte von allem und jedem zu sehen. Nun, in der Taufe, wird Gott selbst zur Sonne, um welche die Getauften kreisen, zum Licht, das sie erhellt. Für den Christen, den Getauften gilt: Die Mitte, um die sich alles dreht, auch mein eigenes Leben, die liegt nun nicht mehr in mir, dem Ich, und der Philosophie, die mich zu mir selbst zwingt, sondern außerhalb meiner, in Gott, der mir als mein Schöpfer, Versöhner und Vollender näher ist, als ich mir selbst bin. Amen.

Anhang

Editorische Notiz

1. Text-Corpus
   Walter Mosterts Manuskript ist auf Din A8 Rechenpapier geschrieben. „Die einzelnen
   Blattfolgen des Manuskripts sind durch Senkrechtstrich mit folgender Nummerierung | 3,
   Erweiterungen und Ausarbeitungen des betreffenden Blattes sind durch den Autor mit hinzugesetzten kleinen Buchstaben | 3a gekennzeichnet.

Ergänzungen der Herausgeber sind durch eckige Klammern [...] kenntlich gemacht."

Ist ein Wort unterstrichen, so wird es *kursiv* gesetzt, Übertragungen des Griechischen finden sich in runden Klammern ebenfalls (*kursiv*).

Rechtschreibung:
   Die Rechtschreibung wurde vereinheitlicht.
   Einfache Rechtschreibfehler, sie kommen sehr selten vor, sind stillschweigend korrigiert.
   Folgt nach einem Doppelpunkt ein vollständiger Satz, so beginnt er in Großschreibung. Hier haben wir die nicht immer konsequente Handhabung durch Walter Mostert der Regel angeglichen.
   Wird ein Satz mit einer in Klammern gesetzten Anmerkung ergänzt, dann schreiben wir den Schlusspunkt nach der Klammer.
   Ist ein mehr selbständiger oder weiterführender Gedanke in Klammern ausgedrückt, dann setzen wir den Punkt innerhalb der Klammer und schliessen den vorhergehenden Satz ebenfalls mit einem Schlusspunkt.

2. Gliederung erhalten

Absätze sind im Manuskript sehr spärlich verwendet.
Überschriften sind deshalb
zur Verdeutlichung in eckigen Klammern [...],
je nach Standort auch *kursiv[...]* neu gebildet,
Absätze zur Leserlichkeit eingefügt.

3. Übersetzungen

Sie sind bei größerem Umfang in der Regel in Anmerkungen zu finden. Dagegen sind *Zitate, Literaturangaben* und *Verweise,* soweit möglich, im Text belassen.

Insgesamt haben die Herausgeber versucht, ein »Lesebuch« zur Ekklesiologie an die Hand zu geben. Sie wollten *keine* kritische Ausgabe erstellen.

REGISTER

2. Namen